WASTED

この世から すべての「ムダ」が 消えたなら

資源・食品・お金・時間まで 浪費される世界を読み解く

［著者］バイロン・リース＆スコット・ホフマン
［訳者］梶山あゆみ

白揚社

この世からすべての「ムダ」が消えたなら　目次

第II部 ムダと経済 135

第III部　ムダの科学――233

第IV部 ムダの哲学——285

〔　〕は訳者による補足を示す。

邦訳がある場合は、邦訳情報を付した。本文中に引用された文章は、すべて訳者による独自訳である。

本文中の書名は、未翻訳のものは初出に原題とその逐語訳を記した。

はじめに　ムダのない世界に向けて

ネットショップでパソコンのケーブルを注文したとしよう。商品の入った箱が配送トラックで自宅に届き、ハサミはどこだと一～二分ムダにしてから、重ね貼りされたテープを切りひらく。外箱はあとでゴミに出すとして、まずは中から商品を取りだし、包装をあけ、その包装も捨てる。購入したケーブルがようやく姿を現す。

ところが、パソコンにつなごうとあれこれ試して何分かムダにしたあげく、なんだよ、違うケーブルを頼んじゃったみたいだ。本当に必要なのはどれだろう？　さらに時間をムダにして調べる。返品するケーブルを梱包しなおすのに空しく時間を費やし、オンラインの返品手続にまた何分かが奪われる。

配送トラックが集荷に来て、どこかの返品センターに急行し、そこで担当者が箱をあけ、返金の手続きをし、商品をメーカーに送りかえすか、返品商品用の大箱に入れておくかし、後者の場合はどこかの会社がそれをまとめて仕入れるかもしれず、そうしたらその会社は商品をぜんぶ選りわけ、ジャンルごとに分類し、それを販売するための作業に取りかかり、それから……って、いや、もうわかってくれたと思う。

おまけに、交換してもらったケーブルが不良品だったらどうなる？

たった一回の購入ミスでどれだけの面倒が降りかかってくるか、考えるだけでうんざりする。しかもこんな大騒ぎをたいていの人がごく普通に経験している。こういうミスが積もり積もれば、はかり知れないほどのムダになる。

そうはいっても、この先本書で待ちうけるムダの大きさに比べたら、ケーブルの購入ミスなど可愛いものである。もっとカメラを引いて全体を眺めてみれば、広大なムダの海が横たわっているのに気づくはずだ。そこでは交通渋滞で時間をムダにしたり、車の排熱がムダになったりするのはもちろんのこと、戦争までもがムダと切りはなせない関係にある。こうしたムダの事例についてはすべて本書でじっくりと探っていく。しかしムダの元凶を追究するだけでは、問題の上《うわ》っ面《つら》をなでているにすぎない。さらに一歩下がってみると、もっともっと大きなムダの世界があらわになる。貧しい人たちの潜在能力が発揮されないままに終わり、死ななくてもいい人の命が意味なく失われ、ほかにもさまざまなムダのまかり通る世界が。

ムダはいたるところにある。見抜く目を養いさえすれば、ムダがそこらじゅうに転がっているのがわかるだろう。ガソリンスタンドで車を満タンにするときには、どうしても何滴かガソリンがこぼれてしまうものだ。今度そんなことがあったら、ぜひ思いだしてほしい。その数滴を毎度毎度ぜんぶ足していったら、わずか一年でエクソン・バルディーズ号の原油流出事故にも引けを取らない大変な量になるのだと。しかもそれが毎年続く。アメリカだけで。芝刈り機などの庭用機器にガソリンを入れるときに漏れる分も同じである。残らずためていったら、やはりそれだけでエクソン・バルディーズ級の原油流出事故が毎年起きているのと変わらない。

タンカーが座礁して原油が流れでたり、パイプラインが破裂したりすれば、かならずニュースの見出しを飾る。けれど、ほんの数ミリリットルのガソリン漏れなど話題にもされない。私たちだって「少しムダにしちゃったな」くらいのことを思いはする。だが、ムダや効率の悪さが暮らしの中で積みかさなっていくことには無頓着だし、それが最終的にどんな結果をもたらすかを深く考えることもない。

著者ふたりはこの本を書く際、さまざまなリサーチを通して現代生活にどれだけムダがつきものかを理解しようとした。するとたちまち、ムダにまつわるいろいろなことにいかに自分たちが無知だったかを突きつけられた。そこで、ありとあらゆる疑問をリストアップしてみることにした。たとえば次のような問いである。

・キッチンで液体をこぼしたら、ペーパータオルで拭くのがいいのか、それとも濡れぶきんのほうがいいのか。
・これまでただの一度も戦争が起きていなかったら、世界はどう変わっていたか。
・バルク品〔業者向けにロット販売された商品を個人向けにばら売りしたもの〕を安く買って浮いた金額と、それが早くだめになって失う金額とではどちらが大きいか。
・私たちは一日二四時間のうちのどの部分をムダにしているのか。

・ダイエットをして痩《や》せたとき、そのなくなった体重は具体的にどこへ消えるのか。

答えが楽に見つかる疑問もある。たとえばペーパータオルの件についていうと、濡れぶきんのほうがムダが少ない。ただし、蛇口から温かい水が出るまで待ったり、使用するたびにきれいにゆすいだりしないなら、という条件がつく。どちらかをやってしまうようなら、ペーパータオルを使うほうがいい。

ダイエットに関しては、減った体重の八四パーセントは二酸化炭素（CO_2）として口から吐きだされ、一六パーセントは尿、汗、涙となって水として出ていく。人間の排出するCO_2がムダな廃棄物なのかどうかはのちの章で取りあげる。尿は何の役にも立たず（あなたが尿内のミネラルを再利用する主義なら話は別だが）、汗はそこまでの決めつけはできない（いわずと知れた体温調節という役目を果たしているので）。涙がどの程度ムダかはみなさんの判断にゆだねよう。

ついでにいうと、減った体重の一パーセントたりとも実際に「燃やされる」わけではないし、それが体を動かす力や熱にじかに変換されることもない（体は特殊な分子の化学結合を切断することでエネルギーと体温を得ている）。要するに、口に入れた食物のひと噛みひと噛みが、最後は気体と水になって外界へ戻っていくということである（大便は最近食べたものが元になっているので、そもそも「身」になったことがない）。

しかし、それ以外の領域で生じるムダに目を向けると、そこまで明快にああだこうだとはいいきれない。直感と大きく食いちがう答えにもたびたび出くわす。ムダにしか見えない物事であっても、実際には常軌を逸しているわけではなく、少し掘りさげたら綿密な計算がひそんでいるケースは少なくない。たとえばアルミニウムを製錬するのに、地球を半周したところから船で鉱石を運ぶのがなぜ理にかなっているのか。スーパーボウルの優勝チームのロゴ入りTシャツや帽子を製作するのに、大一番で勝ちを逃すチームの分まで事前につくっておくのはどうしてなのか。

誰だって何かをムダにしたいと思ってはいないし、なんとかムダを避けようと懸命に知恵を絞っている。それはそれで立派な姿勢だ。しかし、良かれと思ってムダを省こうとすることが、省く以上にムダを増やしている事例も世間には事欠かない。

少し前にアメリカで「フリーガン」〔消費主義に背を向け、廃品回収や廃棄食料の利用などを通して生活する人〕の一家を特集したドキュメンタリーが放映され、一年のあいだ廃棄食料だけで暮らす様子が紹介されていた。放っておいたらゴミになる食料を飲み食いすれば、ムダと非効率から世界を救えるというのが一家の思いである。ところが、その「ムダにされた」カロリーを手に入れる際には、車を使ってあちこちへ移動していた。それを走らせるガソリンは再生可能な資源ではなく、結局は再生不能な資源を使って再生可能な資源（食料）を取りに行っている。ほかにも、運転にかかる時間や、車自体が消耗して価値が下がるなど、ムダと無縁とはいいがたい。

物事には目に見える部分と見えない部分があり、その両方が本書の大きなテーマのひとつになる。ムダを考えるとき、山ほどの食料が廃棄される光景なら難なく頭に浮かぶ。その一方で、ムダを避けようとするあまり、そこから第二・第三の余波が生まれていることにはなかなか気づけないものだ。ムダを理解するには、何層か深いところまでもぐっていかなければならない場合が多い。そこまでして初めて、うわべはムダに思える（もしくはムダがないように思える）ふるまいが、じつはその対極にあることがあぶり出される。

紙とプラスチックではどちらがいいか。飛行機と自動車ならどちらを利用すべきか。こうした問題はたやすく答えが出そうでいて、実際は恐ろしいほどに込みいっている。紙を再利用するのは素晴らしいことではあるが、そのためにわざわざトラックが回収に来なくてはいけない。トラックが古新聞を積んで町の端から端まで走ったら、マイナスの影響がプラスの面を上回る。

この種の判断を下すときには、どちらがまだましかという視点でさまざまな選択肢を検討する必要がある。たとえば、メタンとCO_2ではどちらのほうが環境への負荷が小さくて済むのか。大量の淡水と少量の燃料と、ムダにするならどちらのほうがまだいいのか。

もちろん、どんな燃料かによっても、その淡水がどこから来るかによっても答えは違ってくるし、アイスランドとパキスタンで正解は同じではない。おまけに、勘を頼りにしていたらあっさり間違えてしまうほどに、予想外の答えはたくさんある。ライフサイクル全体でのCO_2排出量を比べたときに、一家のSUV車より飼い犬のほうが大きいだなんていったい誰が思うだろう。

こういう事実を知ったとして、自分の行動をどう改めたらいいのだろうか。いちいち悩む時間がどこある？　生活のこまごまとした部分について一〇〇〇のルールを勉強して、ケチャップはプラスチック入りとガラスびん入りのどちらを買えばいいかまで理解することはできる。でも、そういうルールは不変の真理などではなく、たいていは状況しだいで変わるものだとしたら？　そこまで学びたがる人がどこにいるだろう。

私たちはたびたび選択を迫られる。「気候変動が思いきりひどくなるのと、強圧的な政治体制を支持することになるのと、ブラジルの多雨林で生物が絶滅する結果につながるのが選択肢だとしたら、どれを選んだらいい？」濡れぶきんのときのように明快な答えが出るケースと違って、何をどう判断するにも不確かさが消えることはない。どの道に踏みだしたとしても、そこはかとない罪の意識がつきまとう。

さらには、一部の人があり余る資源を浪費する一方で、利用できる資源がなきに等しい人もいる。この現実を思うと、やましさと罪の意識が一段とつのり、単純明快さはますます遠のいていく。どう考えていいかわからなくて身動きがとれないというのは、嘘偽りのない実感である。

この状況にけりをつけたくて、「考えないようにする」という答えに走る人は少なくない。悩んだあげくに、「まあ、どうせひとりの人間にたいしたことはできないからね」という姿勢に落ちつくのである。しかし、数滴のガソリン漏れが積もり積もってエクソン・バルディーズになるように、ひとりひとりの行動がすべて合わされば実際に違いを生むものだ。それに、なんだかんだいって、あらゆるムダを減らしたいというのがほとんどの人の本音であって、どの選択が「正解」かがわかりさえすれば普通はそれを選ぶ。

これが私たちの抱える矛盾の正体だ。いまは情報時代なので、理屈のうえではたいていのことについて知識が手に入るはずである。だが、現実にはそううまくはいかない。現代は生活のさまざまな側面がつながり合っているせいで、数々の複雑なシステムどうしの相互作用がかえってつかみにくくなっている面もある。イギリスの哲学者トマス・ホッブズは「地獄とは、真実に気づくのが遅すぎることである」という名言を残した。それでも、まずはとにかく真実に気づくことが私たちの課題なのである。

やはり消費を抑えるしかないだろうとの声もある。いまより少ないモノでどうにかやっていこう、と。なるほどと思える賢明な助言ではあるが、それこそが採るべき道だとはいいがたい。だって、どれくらい削減すればいい？　それに、どこを削る？　アンチロック・ブレーキシステムや出生前診断をちょっと省く？　冷蔵設備やがん治療薬を減らす？　ピザを食べる回数を少なくする？　それともトッピングを控えめにすればそれでいい？　世俗的な快楽と消費を遠ざけて修行僧のように生きるだなんて、西側に暮らす大多数の人間には無理な相談だし、そうしてみようとすら思わないだろう。だとすれば、これもまたどう見ても正解ではない。

こんなことを考えていたら途方に暮れるばかりだ。それでも、斜《はす》に構えて人の努力をあざ笑ったり、複雑さに嫌気が差してさじを投げたりしないことが大事である。ムダを最小限に抑えるような、あるいはせめてムダを減らすような生き方はかならず見つかる。とはいえ、そもそもどれだけのムダをなくせるものなのだろうか。

この疑問に突きあたったとき、本書のテーマは変わった。初めは、ムダとはどういうものかを学ぶ本にするつもりでいた。だが著者ふたりがそれ以上に興味をそそられたのは、ムダがなかったら世界がどんな姿になるかを考えることである。これっぽっちのムダも存在しない世界。紙ゴミも出なければフードロスもない。時間もムダにならず、優れた頭脳や人の命が空しく失われることもない。

こういう疑問を投げかけることにはどんな意味があるだろう。もちろんこれは頭の中のシミュレーションである。本当にムダのない世界に生きたければ、私たちが森羅万象についてほぼ完全な知識を得ていないといけない。だが、そんな日は絶対に来ない。それでも、どこまでなら挑めるのか、その限界までどうやって進めばいいのか、それを見きわめる作業に本書では取り組んでみたいと思っている。

一本の物差しを思いうかべてほしい。その右端には、完璧な効率に支配された世界がたたずむ。ここにはいっさいのムダがなく、一〇の力が一〇出る状況があらゆる場面で当たり前になっている。左端には、すべてがムダでしかない世界が広がる。時間という時間が、金という金が、何から何までがことごとくムダにされている世界だ。本書のためのリサーチをする過程で、いまの私たちは大きく左に寄っていることに著者ふたりは気づいた。ムダしかない世界は目と鼻の先である。いったいなぜ？　どうすればそんなことに？

人間がこれだけのムダをまき散らしているのは、ムダを正しく理解していないからだと著者ふたりは確信するようになった。効率の悪さと誤った情報が一緒になってムダだらけの世界をつくりだし、気づけば私たちはその中にいる。それはどういう仕組みによるものだろうか。

ムダのない世界に向けて先ほどの物差しを移動していくことはできるし、そうすれば誰もがいまより幸せで健康な暮らしを送れる。それが本書を通して伝えたいメッセージだ。

これは政策についてとやかくいうための本ではない。もちろん、政策の問題にいっさい切りこまないわけではなく、ペットボトルのデポジット制度はうまくいっているのか、レジ袋の使用を法律で禁止してどれだけの効果があるのかといった話は登場する。ただ、本書では政治的な選択よりも、科学や経済やシステムのほうに軸足を置いている。恥ずかしさや罪の意識を抱かせることで何かをさせようというのが本書の狙いではない。そうではなく、著者たちと同じ探究の旅に読者をいざなうことで、なぜムダが生じるのかを理解してもらうとともに、ムダのない世界がどういうものかを思いえがいてもらうことを目指している。

ムダとは何か

その昔、ソクラテスは次のように語った（少なくともプラトンは師ソクラテスの言葉だとしている）――「英知は用語の定義から始まる」。なるほど、取っかかりとしてはいかにもふさわしく思える。だが複雑な概念の場合、それが何かを説明するのは往々にしてひと筋縄ではいかないものだ。

たとえば「生命」には、万人に納得のいく定義が定まっていない。なんて奇妙な話だろうか。みんな生物として、これ以上ないほど身をもって経験している現実だというのに。「死」も同じで、定義はひとつではない。「時間」と「空間」をどう定義するかは激しい議論の対象になっているし、家族は「知性」の定義をめぐってつまらぬいさかいをしては、感謝祭のディナーを何度となく台無しにしてきた。

考えてみると、人生で遭遇する複雑な概念については、定義で理解するというより感覚で意味をつかんでいることが多い。正義や不正、愛や憎しみ、家族や友人、家庭、健康、信仰、芸術。こうした概念については、たいていの人が頭の中でぼんやりこうだと考えていて、そのとらえ方は周囲の人と自分とで違っているはずだ。

ここで問題になるのがムダである。ムダとは何だろうか。一見すると、定義に手こずりそうな言葉には思えない。だって、それがどういうことかはみんな何となくわかっているよね？　定義なんてすっ飛ばしちゃってもいいんじゃないかな。でもソクラテスが聞いたら、ダメに決まっていると首を横に振りそうだし、そんないい加減な本の始め方でどうすると説教されそうでもある。それも当然といえば当然だ。

何を隠そう、ムダ（waste）は非常に理解しにくい概念であり、それはいろいろな文脈で使われるからという理由が大きい。無用の副産物や、本来は有用なのに壊れたり傷ついたりしたものがムダとされることもある。体は衰えてムダになっていく（waste away）。役立たずのムダな土地を指す「荒れ地（wastelands）」という言葉は、実際の地形に対してだけでなく、テレビ番組のあり方に対する比喩として用いられる場合もある〔一九六一年に当時のアメリカ連邦通信委員会委員長が、アメリカの商業テレビ番組の現状を「広大な荒れ地」と批判し、もっと公益にかなう放送をせよと発言した〕。時間や可能性もムダになる。

ところが、実際はムダでも何でもないものまで「waste」と呼ばれるケースもある。たとえば水素を用いる燃料電池が発電すると、副産物として水のみが発生する。この水も「廃棄物（waste）」と表現されるが、それを本当にムダだと思う人はほとんどいないだろう。少なくとも、化石燃料を使った発電から生じるCO_2を見る目と同じではないはずだ。

まずは広い意味でのムダを考えてみよう。どんな場面でも、最適な結果が得られていなければムダといっていいだろうか。あるいは二四時間のうちで、しなくてもいい仕事や誰の役にも立たない作業をしていたら、その時間をぜんぶ足して「ムダ」と呼んでいい？　行きたい場所に向かうのに少し余分に歩かざるをえなかったら、それもムダのうちに入る？　渋滞に巻き込まれたときの一分一分もムダ？

そういえなくはないが、この見方にはふたつの欠点がある。ひとつは、どれも個人のとらえ方ひとつで決まるものにすぎず、絶対的というより相対的な基準だということ。少しのあいだ渋滞につかまったのは、心臓発作を起こした人を助けるために救急車が病院へ急いでいたせいかもしれない。社会全体として見たときに、ひとりひとりにあてがわれた渋滞時間が最適かそうでないかは知りようがない。もうひとつは、人間の能力や理解力に限界があるために、ある種の出来事が起きるのを避けられない場合もあるということである。だとしたら、それにムダのレッテルは貼れない。余分に歩く羽目になったといっても、歩道の真ん中に大きな穴があいていたのならよけないわけにはいかないだろう。

このように、広い意味でムダを定義すると多少の問題が顔を出しはするものの、使い勝手のいい考え方ではある。というのも、ムダを理解するうえで欠くことのできない三つの要素がそこから浮かびあがるからだ。ひとつ目の要素は、ムダは望ましくないということ。つまり、チョコチップクッキーを焼いているときの甘い香りはムダではないけれど、工場の煙突から立ちのぼる硫黄の臭気はムダである。ふたつ目の要素は、何らかのコストがいやおうなく発生し、しかもすべて差し引きした最終的な利益がコストを上回らないこと。この定義でいくと、あなたの隣の家のどんちゃん騒ぎや音楽がうるさくてろくに眠れなかったとしても、その夜自体が間違いなくムダだったとはいいきれない。利益は実際にあったわけであって、ただそれがあなたではなく隣家に与えられただけである。三つ目の要素は、ムダは避けられるものでなくてはならないということ。仮に避けることができず、津波が島を襲って町を破壊したような場合、それは悲劇であってムダとは呼べない。

ムダを支える三本の柱――望まれておらず、差し引きするとマイナスになり、避けることができる――が明確になったので、次の疑問へ進もう。ムダとはどういう種類の物事か、である。ムダという単語自体は、名詞（ムダ）としても動詞（ムダにする）としても、形容詞（ムダな）としても使われる。さらにややこしいのは、何かをつくることと壊すことのどちらに（もしくは両方に）ムダがかかわってもおかしくない点である。本書ではほとんど名詞としてこの言葉を使用していて、その場合はムダにされたモノそのものを指すこともあれば、ありえた姿と現実の差を意味することもある。

いま現在は特定の結末が避けられなくても、理論上はテクノロジーで解決できるケースはあり、そうした事例についても本書では目を向けていく。

こういうふうにとらえるとムダの間口は広くなり、天然痘や原油の流出や、早すぎる死も十分ムダに含められるようになる。ただし、ムダのカードを安易に切りすぎないように注意するのが肝心だ。たとえば水は本来、壊されるものでもつくられるものでもない。だとしたらそれを本当にムダにすることができるだろうか。紙のムダというけれど、それが再生可能な資源だとしてもそう思う？　怠け者が毎日のらくらマリファナを吸っているだけだからといって、やりたくてそうしているなら人生をムダにしているといえる？　その気になれば睡眠時間を削れるのにそうしていないのだとしたら、余分に寝ている時間はその人にとってムダにあたるのだろうか。こうした疑問については、本書を進めていく過程ですべて取りあげていく。

ムダに関しては、最後にもうひとつ目を向けておくべき側面がある。カメラを思いきり遠くまで引いて、二〇〇億年の時間軸で宇宙を眺めわたしてみてほしい。宇宙のスケールに比べたら何もかもが究極には無意味であって、人間のどんな活動もひとつ残らずムダだとの考えも成りたつ。シェイクスピアのマクベスのセリフではないが、それはしょせん「愚か者のしゃべる物語だ。響きと怒りはすさまじいが、意味など何もありはしない」のである。こういう視点に立つと、生きているあいだに私たちがどれだけ素晴らしい行動をとろうと、沈みゆく船の上で真鍮《しんちゅう》を磨いているのと大差がなくなる。

しかしそれがムダだといえるのは、人間という存在自体に永続的な価値がもともと備わっていない場合に限られる。右のような虚無主義に走りそうになったら、よくよく考えてみたほうがいい。

先ほども説明したように、本書でムダを定義するうえでは、それが「望ましくない」という点が重要な特徴のひとつである。この考え方には、暗に「人間にとって望ましくない」という含みがある。私たちは抗生物質を飲んで何十億という腸内細菌を虐殺しているのに、彼らの命を現代医学が容赦なくムダにしたことなどほとんど気にも留めない。さらにいえば、私たちがベーコンを食べるとき、豚からすればよくも命をムダにしてくれたなといいたくなるところだが、人間がそれをムダとみなすことはまずない。

物事に価値を割りふれるのは人間だけであるかのようにして、たいていの人は生きている。夕日が美しいのは夕日自体が美しいからではない。私たちがそれを美しいと宣言するからである。動物の命までもがその延長線上にある。私たちの目に可愛いらしく映るかどうか、私たちの役に立つかどうかという理由で、人間がいささか気まぐれに認めた場合にのみ動物は価値をもつ。だから私たちは、殺虫スプレーでゴキブリを大量死させる一方で、アザラシの子どもを保護する法律をつくる。だが人間の命に関しては、どんな人間であっても人間であるだけで価値が内在しており、それが根拠となって人権という考え方が生まれた。本書でもそういう視点をベースにしてムダを語っていく。

どうしてここで哲学めいた話が出てくるのかと、不思議に思っているかもしれない。なぜかというと、ソクラテスの勧めに従ってムダを定義する際には、それが純粋に価値判断の問題であることを定義に盛りこむべきだからである。絵のように美しい景色にゴミが散乱しているのが不快だとすれば、それは私たちがそうみなしているからにすぎない。つまり、価値は低いものから高いものへと塔のように積みかさなっていて、その序列のどこかに位置するかに照らしてすべてのムダを考える必要がある。この堂々たる塔の最上階にはいろいろな物事が収められている。いくつかあげるなら、個人の自由、母なる地球、困窮と不幸に終止符を打つこと、生きとし生けるものと仲良く暮らすこと、自分の子どもや祖国、あるいは自分の信仰する神の御心《みこころ》、などが思いうかぶ。

価値観はひとりひとり違うので、何かがムダかそうでないかで全員の意見が一致するとは限らない。絶対的な価値体系が存在しないのなら、こんな本は書きようがないじゃないかといいたくなる気持ちもわかる。でもそこまで悲観しなくても大丈夫だ。故ジョン・F・ケネディの次の言葉を見れば、その理由がよくわかるはずである。「われわれをつなぐ最も根本的な絆《きずな》は、誰もがこの小さな惑星に住んでいることです。みなが同じ空気を吸い、みなが子どもたちの未来を大切に思っています。そして誰もが限りある命を生きているのです」〔一九六三年にアメリカン大学で行われた演説の一部〕。基本的には価値観の重なりあう部分がそれなりに大きいからこそ、私たちは協力しあって平穏に暮らすことができている。そうでなければ、人類が文明を発達させることはなかっただろう。

したがって、私たちが一定の基本的価値観を共有しているという想定のもとにこの本は書かれている。たとえば、私たちの誰もがきれいな空気を好み、針の付いたままの注射器が海岸に漂着するのを望まず、人間が苦しむことをできるだけ少なくしたいと考えている、といったことである。また、人間には存在自体に価値があるという前提にも立っている。たとえ宇宙が冷えきって終焉を迎えても、ひとりの人間の生命の価値が失われることはないのだ、と。

平たくいえば、私たちひとりひとりがここにいることがそれだけで大事なのである。

第I部

ムダと環境

第1章　一〇〇万年後も残る発泡スチロール

一〇〇万年後には、いま存在しているような人類はとっくの昔に消えている。あなたがどんな哲学や宇宙観をもっていて、どんな神を信じていようと、私たちがもうここにいないことは間違いない。すでにホモ・ナンチャラエンスに進化しているかもしれないし、自身をコンピューターにアップロードしているかもしれない。もしかしたら能力を増強するためにアンドロイド化している可能性もある。生態系の壊滅的な崩壊によって命運尽き、自滅の道を歩んだとしてもおかしくないし、小惑星に衝突されたとしても不思議はない。WR104〔地球から約八〇〇〇光年離れた連星系〕のウォルフ・ライエ星が超新星爆発を起こしたせいで、人類が地上から消しさられているとも考えられる。地球という惑星を捨て、自ら星々の世界へと乗りだしているかもしれない。いや、ことによると賢い猿の集団がシーザーという名のカリスマ的リーダーに率いられ、反乱を起こして人間を支配下に置いているのではないだろうか〔映画『猿の惑星・征服』のストーリー〕。ほかにもどんな結末が待っているかは知る由もない。でも安心してほしい。どのみちその人間は私たちとは似ても似つかないものになっているから。

ところが、今朝飲んだホットコーヒーの発泡スチロールカップはしっかり残りつづける。どこかに埋められ、おそらくはまだ見分けのつく姿で。その気になればたぶん使えもするだろう。

土星の輪はすでに消え、ポラリスはもはや北極星ではない。夜空はすっかり趣《おもむき》を変えて、北斗七星もオリオンもその他大勢も見当たらない。なのに、あの白い発泡スチロールカップはまだそこら辺にある。数分で役立たずになる製品にしては、なかなかたいしたものではないだろうか。

しかし、そのカップの誕生から最期までの物語をたどってみると、それほど単純な話ではないのがわかる。そこで、『不思議の国のアリス』の王様の助言にならって、初めから始めることにしよう。出発点はスチレンという有機化合物であり、$C_6H_5CHCH_2$という化学式をもつ。スチレンは液体で、石油を原料として大量に製造されている。その量、ざっと年間三〇〇〇万トンだ。ラテックスなどの合成ゴムをつくる原料としてもスチレンは使用されるが、用途として一番多いのは、重合させてポリスチレンというプラスチック樹脂を合成することである。

そのポリスチレンはといえば、さまざまな種類の硬質プラスチック製品に加工できる。煙探知器のカバーもそうだし、カトラリーの収納トレーもそうだ。また、ポリスチレンのビーズに発泡剤を加えて高温の蒸気で加熱すると、体積が四〇倍ほどに膨張する。これがいわゆる発泡スチロールだ〔正確にはビーズ法発泡ポリスチレンという〕。四〇倍の発泡体なので、全体の約九七パーセントは空気でできている。おかげで断熱材や緩衝材としての効果が抜群に高く、使い捨ての保冷容器や食品のテイクアウト容器のほか、パッキングピーナッツ〔梱包用の詰め物に使われる発泡スチロール製の小片〕などにもってこいである。

もちろん、先ほどのコーヒーカップもこれでできている。

アメリカでは、ふだんの会話で発泡スチロールを「スタイロフォーム」と呼ぶことがあるが、これは厳密にいうと正しくない。スタイロフォームはデュポン社の開発した商品の商標名であり、押出発泡ポリスチレン（XPS）に分類される。膨張させるのではなく、押出成形で製造する点が発泡スチロールとは違う。本物のスタイロフォームは建材として利用され、使い捨て商品の素材になることはない。いろいろな発泡スチロール製品が何でもかんでもスタイロフォームと呼ばれることが、デュポン社はいやでいやでたまらないらしい。自社のウェブサイトに「スタイロフォームはカップではありません」と題したページをわざわざ設け、カップや容器に使用されるのは発泡スチロールであって、正真正銘のスタイロフォームとは製造技術がまったく異なりますと訴えている。

■嫌われものの発泡スチロール

使い捨て文化の元凶として、発泡スチロールが悪役を割りふられて久しい。たとえばマクドナルドは、早くも一九九〇年に発泡スチロール容器の段階的撤廃を発表している。以来、発泡スチロールが口ひげをひねりながら狂気じみた高笑いをする絵こそ表立って登場していないものの、悪役はこいつだと誰もが決めてかかってきた。

それが証拠に、性格にクセがありすぎる。微生物によって分解されることはないのに光を浴びると劣化し、食物連鎖に入りこんで動物の命を奪う。リサイクルも簡単にはできない。おまけに、リサイクルラインで発泡スチロールが細かく砕けると、ほかの品目を汚染して再利用できなくしてしまう。だからリサイクル業者から毛嫌いされている。仮に発泡スチロールを安価にリサイクルできるシステムがあったとしても、食品が付着していることが多いせいで処理は面倒になる。軽すぎて海に飛ばされ、排水管を詰まらせ、製造するにも消滅させるにも環境に負荷をかけやすい。

ほとんど空気でできているうえに、世界中で大量に使用されているため（年間一五〇〇万トン前後）、発泡スチロールはとんでもなく場所を取っている。ゴミの最終処分場（つまりゴミ埋立地）の容積全体の三割が発泡スチロールだとする試算もあるほどだ（もっと低い数字をあげる資料もある）。あまりにかさばるせいで、リサイクルしようという私たちの意欲を削いでもいる。アルミならトラックに満載すれば……そう、子どもひとりを大学に行かせるくらいの稼ぎにはなるだろう。ところが、荷台いっぱいに発泡スチロールを積んでも荷台いっぱいの空気も同然であり、肝心のプラスチックはほんの少量ちりばめられているだけである。リサイクル工場まで運んだところで燃料代にもならない。嫌われすぎて、世界のいくつもの国で「歓迎されざる材料」の宣告を受け、使用を禁止されている。アメリカでも同様の扱いをしている市や州が多数ある。

それでも、映画の魅力的なアンチヒーローと同じで、発泡スチロールにもいいところはある。少なくともほかの形態の容器に比べればそうだ。製造に必要な資源が少なくて済むうえ、重量比強度が高いので代替品より輸送費がかからない。それがエネルギー使用量とCO_2排出量の削減につながる。通常の用途（食品温度の保持や電子機器の梱包など）で使われる場合、これに匹敵する性能をもつ素材はごくわずかしかなく、これほど安価につくれるものとなると発泡スチロールの右に出るものはない。どれも紛れもない長所であり、それぞれに大事な意味がある。だが発泡スチロールに対する批判もまた真実をついていて、すべてに納得できるわけではなくても部分的には認めざるをえない。

批判をいくつか詳しく見ていこう。まず、発泡スチロールは分解されるのだろうか。最終処分場ではあまり分解されない。もっともそれをいったら、あの場所で分解されるもののほうがよほど珍しい。発泡スチロールにとっての宿敵は光なのだが、最終処分場では光がさえぎられるからだ。だが、海に浮いている状態であれば確かに分解される。そして重合体である発泡スチロールが分解されて、重合する前のスチレンに戻ると、生態系に悪しき影響を及ぼすおそれがある。粉々に崩れて微細なゴミとなり、海洋動物の体内に取り込まれてしまう場合があるのだ。

発泡スチロールはリサイクルできるのだろうか。不可能というわけではないが、それがやりやすいのはもっと中身の詰まったいとこのほう。つまり、そのものずばりの（発泡させていない）普通のポリスチレンの場合である。現に、プラスチックカップのようなポリスチレン製品の底面には、リサイクルコード6のマークがちゃんと付いている。一方の発泡スチロールの場合、アメリカでは一〇〇社あまりが再利用に取り組んでいるものの、その大半はやりたくてやっているわけではない。輸送や混入の問題を実務面で解決できても、そのコストは再生された材料の価格を上回るのが普通だ。しかも発泡スチロールは化石燃料の副産物なので、二次生産品（リサイクル品）の価格は原油価格並みに変動する。

ここまで読んでもらえればわかるように、発泡スチロールが大々的にリサイクルされるようになるかどうかはいまもって不透明である。これは有名な話だが、ニューヨーク市は二〇一三年に発泡スチロール容器を使用禁止にする法案を可決させた。するとたちまち飲食業界などから訴訟を起こされた。二〇一五年には法律の施行が一時的に延期され、その間《かん》に再生利用が経済的に成りたつかどうかが検討された。二〇一七年に市は「食品用発泡スチロール容器の再生可能性に関する決定」と題した報告書を公表し、次の点が明らかになったと記している。「食品用発泡スチロール容器は回収車内で圧縮され、粉々に砕け、残留食物にまみれ、資源回収施設（以下『ＭＲＦ』と呼ぶ）に到着したときには無価値なものに変わっている。それから風でＭＲＦ中に飛ばされ、人の手による選別をすり抜け、誤って紙資源と一緒に移動し、ほかの貴重なリサイクルライン、すなわち再生プログラムにおいて最も安定して高い価値を生めるはずの紙を汚染する」。発泡スチロールを安価に手間なくリサイクルするのは不可能だというのが報告書の結論だった。裁判所はニューヨーク市の検討結果に強い説得力があると判断し、最終的には禁止法を支持する判決を下した。

禁止すれば問題は解決するのだろうか。禁止はかえって逆効果だと発泡スチロールの支持者は説き、これには政治的な思惑が働いていると非難している。政治家にしてみれば、大変な労力を費やして発泡スチロールの路上リサイクルシステムを整備するよりも、環境を守る正義の味方面《づら》をするほうが楽だからだ、と彼らは訴える。

■これからの発泡スチロールとのつきあい方

しかし、誰もが認識しながら口に出さない疑問がひとつある――「発泡スチロールを禁止したら、代わりに何を使えばいいのだろう」。代替品が何であれ（ワックスコーティングした厚紙にしろ硬質ポリスチレンにしろ）、発泡スチロール以上に環境に悪影響を与えるおそれがないとはいえない。それに、結局ひとつの素材を別の素材と入れかえるだけなら、実質的なゴミの量は減らない。新しい素材にしたって、残留食物にまみれてしまえば発泡スチロール並みに再生不能かもしれないのだ。だからこそ環境活動家の多くは、発泡スチロールやレジ袋やストローをそれぞれ単発的に禁止することに反対している。すべてのプラスチック製品を対象にして、もっと包括的な法制定を進めたほうがいいというのが彼らの言い分である。現状では、使い捨てプラスチック製品全体が軒並み最終処分場行きになっているという大きな構図があり、そちらのほうをしっかり注視すべきだ、と。しかも、最終処分場行きになること自体が厄介というよりも、そもそも使い捨て製品がつくられることに問題がある。どれかひとつのプラスチック製品を槍玉にあげるのは、やってる感を出すパフォーマンスにはなっても、下手をしたら問題の本質から目をそらすことにつながりかねない。

この難しい状況を打開するには三つの方法しかない。ひとつ目は、プラスチック製であれ何であれ、あらゆる使い捨て製品を使わないような行動の変容を広く促すこと。そのためには、喫煙の場合と同じように悪の烙印《らくいん》を押して、使い捨て製品を使用することに負い目を感じさせるように仕向けるのも手かもしれない。ふたつ目は、コストを度外視して再生利用の取り組みを進めることだ。そこから利益を出すのはたぶん無理だとあきらめ、トラックに発泡スチロールを満載しても赤字になるのを覚悟する。三つ目は、テクノロジーが救世主となるのに期待をかけることである。本章で取りあげたように、発泡スチロールのリサイクルを阻む障壁はいろいろある。しかし、最近ではいくつものスタートアップ企業がその障壁を乗りこえる手段を模索したり、もっと持続可能なかたちで発泡スチロール並みの仕事のできる新素材を探したりしている。たとえば、ワシントン州立大学の研究チームはセルロースナノクリスタルを原料にして、発泡スチロールより断熱効果の高い素材を開発したと発表した。利用可能な植物性素材の中で、最も豊富に存在するのがセルロースなのだと彼らは説明する。また、生物の力を借りて問題解決を図るという、面白い可能性も少し見えてきている。近年の研究によると、ミールワーム〔動物の生餌《いきえ》として飼育されるゴミムシダマシ科の甲虫の幼虫〕は餌として発泡スチロールのみを与えられた場合でも、通常どおりブラン〔穀物ふすま〕を餌にする仲間と健康状態にまったく変わりがない。ブランの立場はどうなるんだという気がしなくもないが、それはさておき、じつはミールワームの腸内微生物が発泡スチロールを完全に分解できることが明らかになっている。

ムダのない世界にも発泡スチロールは残るだろうか？　おそらく。建物の断熱材のように、何の不都合もない用途が発泡スチロールにはたくさんある。だが、それ以外の場合に関していうと、使い捨ての発泡スチロール容器を使用するのは非常にムダが多く、もっとムダの少ない選択肢はほかに存在する。

第2章　ゴミ最終処分場はエコな選択？

地球に暮らす八〇億近くの人間は年間約二〇億トンのゴミを生みだしている。専門用語がお好みなら「一般廃棄物」というやつだ。ざっと計算して、ひとり当たり一日およそ〇・七キロ。この数字は国によってかなりのばらつきがあり、それぞれの国のひとり当たりGDP（国内総生産）と相関をもつ。ひと言でいうなら、お金が多ければゴミも多い。たとえばアメリカの場合、ひとり当たりのゴミの量は平均の三倍近くにのぼり、一日二キロほどにもなる。

世界全体のゴミのおよそ二割はリサイクルされるか、堆肥にされている。世界銀行の推定によると、残り八割のうちの半分はそこら辺にむき出しで捨てられるか焼却されるかし、もう半分は最終処分場にたどり着いて埋め立てられる。しばしばゴミ界の悪者呼ばわりされるのがこの最終処分場だが、そういう色眼鏡で見ていいものだろうか。

考えてみれば、最終処分場がどれも満杯になりつつあるという話を聞くことはあっても、日常的にその光景を目にする人はめったにいない。それもそのはず、街角ごとに処分場があってゴミであふれ返り、景観を損なっているというわけではないからである。意外かもしれないが、アメリカには現役の最終処分場が二〇〇〇か所程度しかない。新規の最終処分場の容量がどんどん大きくなるにつれて、この数字は減少傾向にある。しかし、数が少なくて目に触れにくいからといって、害がないわけではない。そう、最終処分場の物語はそんな単純なものではないのだ。

■最終処分場の仕組み

手始めに、最終処分場がどういう仕組みになっているかを見てみよう。基本的な発想はいたって明快である。大きな穴を掘り、いっさい何も漏れださないようにライナーシート（遮水シート）で穴の内壁をしっかり覆う。それから、来る日も来る日もゴミを圧縮して穴に落とす。においを封じこめながらゴミが飛ばされないようにするために、カバーが掛けられる。穴がいっぱいになるまでこれを続ける。

ところが、わかりやすそうに聞こえるこの話には厄介な面がある。最終処分場からは二種類の廃棄物が出るのだ。ひとつは浸出水《しんしゅつすい》と呼ばれ、穴の底にたまる水のことをいう。これはもともと最終処分場に降った雨水であり、それがゴミというゴミを通りぬけて下に落ちた。はっきりいって、相当におぞましい代物である。考えてもみてほしい。古い電池や、汚れたおむつや、捨てられた薬や、エンジンオイルや、腐った食品や、旧式の電子機器や、最終的にゴミとなったその他もろもろをぜんぶ通ってしみ出した水である。それが穴の底に居座り、腐敗していく。浸出水が増えすぎるとライナーシートが破損するおそれがあるので、くみ出して処理しなくてはいけない。楽な作業ではないが、やろうと思えばできる。この工程にはエネルギーがいるので、コストが発生する。

しかし、そのコストを相殺する可能性を秘めているのが、第二の廃棄物である埋立地ガスだ。埋立地ガスはメタンとCO_2の混ざった気体で、ゴミが分解されるにつれて放出される。最終処分場がゴミの生分解を防ぐ設計になっているのは、ほかならぬこの理由によるものである。そうはいっても、食品のように生分解しやすいものもいろいろ集まってきているので、結局は細菌によって分解されていく。

CO_2は確かに頭痛の種ではあるが、温室効果ガスとして見た場合にはおそらくメタンのほうがたちが悪い。短期的にはとりわけそういえる。大気中のメタンはCO_2の三〇倍近く熱を閉じこめる。このためアメリカでは、メタンの人為的発生源として埋立地ガスが第三位につけている（一位は石油・天然ガス生産。二位はアメリカ環境保護庁［EPA］が「腸内発酵」と呼ぶものであり、要は牛のゲップのことだ。厳密にいえば人為的発生源ではないものの、人間がひき起こした問題であることに変わりはない。人間がいなければ、牛の数はいまよりずっとずっと少なかったはずである）。

一九九〇年以降のアメリカでは、最終処分場が何らかのかたちでメタンに対処することが求められてきた。一番原始的なのはただメタンに火をつけて燃やすことであり、これを実施している処分場もある。一キロのメタンを燃焼させると二・七五キロのCO_2が生成される（何かを燃やすには環境中の酸素が加わる必要があるため、燃焼される大元の物質よりも、燃焼で生まれる物質のほうが重くなる）。

だが、これよりだんぜん優れた対処法がある。処分場に十分な広さがあれば、メタンからエネルギーをつくりだせばいい。大量にできる。埋立地ガス中のメタンは低品質炭と同程度のエネルギーを含有していながら、石炭よりもはるかにクリーンに燃焼する。メタンを使用すれば、浸出水を蒸発させるのに用いていた燃料をもっとクリーンなものに置きかえられるし、利用可能な余剰エネルギーも生まれる。

　アメリカ最大のゴミ最終処分場はロサンゼルス近郊のプエンテ・ヒルズにある。ここでは毎秒約一四立方メートルの埋立地ガスが発生しており、これを燃やして余剰電力を生みだせば四万世帯分を十分にまかなえるはずである。アメリカ全土で埋立地ガスを燃料にしたら、クリーンでない電力を置きかえられるうえにメタンの排出量も減らすことができ、その環境メリットはカリフォルニア州の面積〔約四二万四〇〇〇平方キロメートル〕と同じ森林一個分に相当するとＥＰＡは指摘している。

　ムダにしか見えないものから価値を生むことにかけては、埋立地ガスをエネルギーに転換することほど鮮やかな事例はそうないといっていい。もちろん、最終処分場で何でも解決できるわけではない。だが、ゴミの量と種類を根本から減らせるようになるまでは、しっかりしたつくりの最終処分場に一般廃棄物を捨てるほうがまだましである。

　いうまでもないが、最終処分に伴う廃棄物にはやはり大きな短所がある。埋立地ガスはメタンとCO_2だけでできているのではない。水銀などのように、人体と環境に有害な物質が含まれることもある。しかも、遮水材のライナーシートは絶対安全とはいいきれない。浸出水が漏れるおそれはあるし、それは実際に起きている。

　古い最終処分場の場合は浸出水漏れがけっして珍しくない。実際、一九八〇年代にはそれが頻発した。そのため当時のＥＰＡは、いずれたまった浸出水のせいでライナーシートが破れるか、有害化学物質に侵食されるかして、すべての最終処分場で浸出水漏れが起きると考えた。古い最終処分場の補修をするのは生易しいことではない。そのためには埋立ゴミを掘りかえさなければならないケースが多く、きわめて有害な影響を生じさせる。

漏れが絶対に起きないようにすることはできないのだろうか。これについては賛否両論が飛びかっていて、肯定派と否定派が何度となく激しい火花を散らしてきた。このテーマを研究する第一人者でさえ、人間にはただただ答えのわからない問題だと認めている。

以上のことをすべて考えあわせ、この先もゴミが出つづけるのが前提だとしたら、それでもなお最終処分場の全廃を目指すべきなのだろうか。

それはそうだ、と答える自治体はいくつもあって、「埋立ゴミゼロ」の状態に到達しようと努力を重ねている。つまり、ゴミの墓場へは何ひとつ送らないということだ。この方策をアメリカで一番意欲的に進めているのがサンフランシスコである。二〇〇三年にサンフランシスコ市は、二〇二〇年までに最終処分場の利用を完全に廃止するという目標を掲げた。

目標は達成できず、市は期限を「二〇三〇年まで」に先延ばしした。それでも、目標に向けて目覚ましい進展を遂げてきたのは事実である。平均的なアメリカ人の場合、自分の出したゴミ全体の三分の一をリサイクルか堆肥に回しているのに対し、サンフランシスコ市ではその数字が八割に達していて、しかもその比率は上昇を続けている。

もっとも、ゴミの削減はタダではできない。市はゴミの堆肥化を義務づける法律を制定し、特定の品目に税金をかけ、ゴミ箱のサイズを小さくし、処理手数料を上げ、数々のテクノロジーを駆使するなど、ほかにもさまざまな手を打っている。

ヨーロッパでは、コンタリーナという名の企業がサンフランシスコのさらに上を行くことに成功している。この会社は北イタリアで五〇万人あまりの一般廃棄物を処理しており、その八五パーセント強を最終処分場に送らずに済ませている。しかも少ない費用で。秘訣は徹底した教育と、利用者全員に五種類のゴミ箱を使ってもらうシステムをつくったことである。ガラス・プラスチック・缶をまとめて入れるゴミ箱がひとつ。あとは、庭ゴミ用、紙ゴミ用、有機ゴミ用、「その他」用にそれぞれひとつずつだ。回収に来るトラックもゴミ箱の種類ごとに違い、それを別々の場所に運んでいく。

素晴らしい削減努力に思えはするものの、環境の観点からいってそこまでする価値はあるのだろうか。

■リサイクルのまやかし？

考えようによっては、最終処分場自体が問題だらけとはいいきれない。理由を説明しよう。頭の中で、最終処分場行きになるあらゆるものをふたつのバケツに分けてほしい。ひとつのバケツには、人間の時間軸で見通せる限り分解されることのない（そして理論上は再生利用や転用が可能な）ものを入れる。具体的にいうと、金属やプラスチック、ガラスなどが該当する。もうひとつのバケツにはそれ以外の何もかもを収める。電子機器のゴミやバイオマス（食品と紙）、危険な化学物質までぜんぶだ。

このふたつ目のバケツの中身は、最終処分場にとってはどう考えても厄介の種になる。これを残らずただ穴にどさっと捨てて、はい今日はこれでおしまい、というわけにはいかない。

それに対して、ひとつ目のバケツのほうはどうだろうか。こちらは最終処分場にもってきたとしても環境への悪影響はほとんどない。分解されないので、ほぼ元の状態を保ちつづける。ＥＰＡによれば、こうした資源ゴミを埋め立てることによる排気ガスは、その大半を選別・輸送・再利用する場合より圧倒的に少ない。そこのところを考えてみてほしい。埋め立てるよりも、資源ゴミを再利用するほうが温室効果ガスを多く排出するのである。

そのうえ、資源ゴミを再資源化して最終処分場に行かせないようにしても、そこから永遠に遠ざけておけるわけではない。ペットボトルを再利用してレインコートをつくって、レインコートを公園のベンチに変えて、というのはできる。しかし、遅かれ早かれ結局は最終処分場に落ちつくか、もっとひどい場所に捨てられる羽目になる。転用は一時しのぎにすぎない。

「でも」と読者は思っているかもしれない。「それでも埋め立てるのはよくない。やっぱりプラスチックやガラスや金属はぜんぶリサイクルして、もう一度使ったほうがいい。まだ未使用の資源を守れるし、その資源を取りだすためのエネルギーも節約できる」

でも、それって本当？　何かをリサイクルすれば、手つかずの資源を使う量は実際に少なくて済む？そうに決まっているだろうと直感は告げる。ところが、環境問題を研究するトレヴァー・ジンク博士とローランド・ガイヤー博士は、「資源ゴミの再生利用と廃棄物転換のまやかし」や「循環型経済の復活」といった説得力ある論文の中で、再生利用に関しては私たちの直感のほうが間違っていると述べている。たとえばアルミはリサイクルが最も容易な資源ゴミだが、これを一キロ再生利用したからといって、採掘されて製錬される量が一キロ減ることにはならない。

著者ふたりはジンクと話をし、この意外な結論について聞いてみた。ジンクは環境保護に情熱を傾けていて、初めは私たちと口を利くことにすら警戒心を抱いていた。というのも、かつて自分の見解がねじ曲げられて、環境保護主義を貶《おとし》める目的に使われた経験があったからだ。ジンクが研究しているのは、掛け値なしに本物の効果のある方策は何か、である。そして論文の共著者ともども、ひとつの結論にたどり着いた。重さで比べた場合はどれだけリサイクルをしたとしても、未使用の一次資源の生産が不要になることはないということである。

現実には何が起きるかというと、再資源化した材料をすべて市場に出したら供給が増えて価格が下がる。そうなれば未使用の資源を生産する業者も、競争のために値を下げざるをえなくなる。それがジンクたちの主張だ。するとこの価格低下が新たな需要を促し、消費者は結局それまで以上にその材料を使うようになる。

なるほどと思える理論である。たとえばアルミ缶の場合、仮に二次生産（リサイクル）が不可能だったとしたら、個々の缶の価格が確実に上昇して缶の消費量は減少するだろう。

この現象は学術的な理論として面白いだけではない。ジンクとガイヤーは大変な手間をかけ、再資源化によって未使用資源の生産量が具体的にどれくらい相殺されるかを数値化した。物質によってかなりの違いがありはするものの、ここでもアルミを例にとるなら、アルミ缶を一〇キロ分リサイクルしても一次資源の生産は一キロしか減らない。スチールはこれよりましで、一〇キロ分を再生利用すると、ゼロから生産するスチールが六キロ減少する。

将来的には埋立ゴミを掘りおこして、再資源化可能な物質をひとつ残らず取りだそうとするようになるだろうか。そういう試みは限定的なレベルではあれ、すでにいくつかの処分場で実践されている。鉄を含む資源ゴミを引きあげるのには磁石を用い、それ以外はベルトコンベヤーの助けを借りて選別する。しかし、全体としては骨の折れる作業であるし、封じこめられていたゴミをかき回したらそれだけで環境に相当な害毒を与える。とはいうものの、埋め立てられていたゴミをロボットがより分ける未来は十分に想定の範囲内といえる。まさにディズニー映画『ウォーリー』のように。

第3章　透明なプラスチックの不透明な問題①

私たちの生活に欠かせない便利で厄介な素材

プラスチックは日常生活の隅々にまで浸透している。だからつい忘れがちになるのだが、じつはこれはかなり新しい物質である。化学的に合成された原料から初めてのプラスチックが製造されたのは、いまから一〇〇年ちょっと前のことにすぎない。このプラスチック第一号はベークライトという商標名で発売され、正式な一般名はポリオキシベンジルメチレングリコールアンハイドライドという（この本のオーディオブックを担当することになるナレーターさんが手ごわいやつを読みたいんじゃないかと思って）。

人間がプラスチックを製造して使用するようになったのはどうしてかというと、それまで象牙、皮革《ひかく》、木材、骨、角、金属といった天然物質が占めていたニッチにとって代わるためだった。これらの物質は高価であったり、供給が限られていたり、品質にムラがあったり、加工がしにくかったり、不純物を除くのに手間がかかったり、そのぜんぶだったりした。

それに対してプラスチックは安価なうえに、ほぼどんな形にも成形できる。それを裏づけるかのように、「プラスチック（plastic）」の語源となったギリシャ語は「形づくることができる」という意味である。考えようによっては、プラスチックが私たちに現代的な世界を与えてくれたようなものであり、その影響を受けていない時間は暮らしの中でほとんどないといっていい。

ところが、モノクロ時代の映画やテレビドラマを見る機会があったら、場面場面でプラスチックがひとつでも出てくるかどうか探してみるといい。見つかるのはせいぜい電話機くらいではないだろうか。一九六七年という比較的最近に公開された映画『卒業』でも、プラスチックが未来の物質としてもてはやされている。大衆文化の中のひとつの予言が実際にその通りになったわけである。今日では住宅でも車でもオフィスでも、そのほかのどんな場所でもプラスチックがあふれ返っている。あなたがたったいまどこにいようと、手を伸ばせばたぶんいくつものプラスチック製品に触れられるはずだ。ポリエステル製の服を着ているなら、いままさにプラスチックを身にまとっていることになる。

プラスチックでできたものは星の数ほどあるとはいえ、まずはごくごく小さな製品に目を向けてみよう。パンのクリップ〔正式にはバッグクロージャーという〕だ。そう、あれ。食パンの入った袋（これもたぶんプラスチック）を留めるプラスチック製の硬いやつ。嘘みたいな話だが、アメリカではあのクリップのほぼすべてを家族経営の一社のみが製造している。その数、年間数十億個。誤字じゃなくて本当に数十億個にのぼる。しかもあれはとんでもなく役に立っているといえるんじゃないだろうか。だって、どれほどのムダを防いできたことか。あの単純な仕掛けのおかげで、どれだけのパンの鮮度が保たれてきたかを考えてみてほしい。それもたった一個のちっちゃなプラスチック製品で。

プラスチックには数々の長所があり、なかでも特筆すべきはその耐久性の高さだ。分解するには最大で一〇〇〇年かかるといわれている。しかし、この耐久性は両刃《もろは》の剣《つるぎ》でもある。製造者と消費者を惹《ひ》きつけるまさにこの特徴が、プラスチックの処分を難しいものにしている。

■プラスチックのつくり方

現代の世界で使用されるプラスチックの大部分は化石燃料を原料としている。プラスチックの出発点が石油なのはよく知られた話だが、その石油の大元はあの黒くべとべとした原油か、目に見えず触れることもできない天然ガスだ。いったいそこからどうやって透明のペットボトルが姿を現すのか、どれだけの人が理解しているだろう。そこで、この錬金術がどのようになし遂げられているのかをひと通り見ていくことにしよう。

プラスチックはポリマー（重合体）である。つまり、もっと単純な分子を基本単位として、それがいくつも長くつながった構造になっている。現在使用されているプラスチックのほとんどは、水素と炭素からなる分子でできている。こういう分子を炭化水素という。地球の生命にとって水素と酸素は重要な構成要素であるため、それらは化石燃料に豊富に含まれている。私たちはプラスチックを「天然」の物資だとは思わないし、プラスチックに道を譲った（象牙のビリヤードボールのような）「天然」物質とは確かに質が異なる。しかし、考えてみればどちらも生物由来であることに変わりはない。

炭化水素のような物質を分解し、モノマー（単量体）と呼ばれる小さな分子にしたうえで、そこに触媒を加えるとモノマーどうしがつながっていって、私たちがプラスチックと呼ぶポリマーを形成する。もっとも、原料はかならずしも化石燃料でなくてもいい。生物由来のバイオマスプラスチックなら、家庭のコンロでもけっこう簡単につくれる。材料は水、タピオカ粉、グリセリン、それから酢だけだ。牛乳と酢でもできる。それをいうなら、鋳鉄製のフライパンの「シーズニング（油ならし）」のために、フライパンを高温で焼いてから油をなじませるのは、表面にバイオマスプラスチックのコーティングをしているのと同じことである。

■生分解性プラスチック

一般に、合成プラスチックが生分解して別の物質に変わることはない。耐用年数を終えるときにはゴミになるだけでなく、そのゴミの状態を長く続ける見込みが大きい。ただし、プラスチックは紫外線で劣化する。だから光にさらされると分解するが、それでどうなるかといえば、どんどん小さなプラスチック片になっていくだけである。この微細なプラスチック片が食物連鎖に入りこみ、プランクトンにたどり着く。そしてそのプランクトンはプラスチックをそっくり抱えもったまま、ほかの生物に平らげられる。こうしてプラスチックは食物連鎖の階段を上がっていって、ピラミッドの頂点にいるヒトや、ほかの捕食動物のところに返ってくる。

その一方で、ちゃんと生分解して構成元素に戻り（つまり二酸化炭素＋水というかたちで炭素・酸素・水素に戻り）、安全かつ持続可能なかたちで再び世界の仲間入りをするプラスチックもある。この種の生分解性プラスチックにはふたつの種類がある。

ひとつはバイオマスプラスチックで、農業廃棄物やトウモロコシ、あるいはサトウキビなどのバイオマスを原料としている。ただ、いくらバイオマスプラスチックとはいえ、放っておくだけで勝手に生分解するわけではない。そうするような設計をしておく必要がある。現時点で、バイオマスプラスチックの価格は炭化水素ベースのプラスチックのおよそ三倍にのぼる。

価格が高いだけでなく、汎用性が低いために用途も限定される。もっとも、価格と汎用性に難があるのは、バイオマスプラスチック産業がまだ新しくて規模が小さいことの表れだ。ゆくゆくは生分解性のバイオマスプラスチックが、コストの面でも機能の面でも合成プラスチックと張りあえるようになる可能性はあり、そう考えていいだけの理由は十分にある。ただし、技術の進展状況を見る限り、さしあたってそこまですぐには行けそうにない。現在製造されている合成プラスチックとバイオマスプラスチックの割合は、重さで比べると五〇〇対一だ。

生分解性プラスチックを手に入れるもうひとつの方法は、石油を原料にしながらも、生分解されるような方法で合成することである。技術的には不可能ではないとはいえ、実現の前には巨大な壁がそびえ立っている。機能や費用の問題はもちろん、いわゆる「負の外部性」がからんでくるためだ。どういうことかというと、この壁を乗りこえようとすると、製造とも消費とも関係のない第三者がかなりのコストを負担させられる羽目になるということである。

それに、生分解できるからといって、かならず生分解するとは限らず、適切な条件がそろわないといけない。また、理論上は堆肥化可能なプラスチックをつくることもできる（生分解性プラスチックとは異なる）のだが、これが本当の意味でゴミ削減に威力を発揮するには、その一生を堆肥の山で終えなくてはいけない。現状を見てみると、明らかに堆肥化可能なゴミであっても、人がそれをちゃんと堆肥にすることはめったにないものである。

■プラスチックの問題点

だったらリサイクルするのはどうだろう。スチールやアルミのように、何度も何度もくり返しプラスチックを使ったらいいのではないだろうか。ところがそう単純にはいかない。「プラスチック」というのは総称である。私たちが使う分には便利な言葉だが、ポリオキシベンジルなんとかとポリ塩化ビニル（ＰＶＣ）は別物だし、それとポリエステルはまた違い……と、いいたいことはだいたいわかってくれたと思う。触媒や添加物が異なるだけでも、プラスチックの特性はさまざまに変わってくる。成分の配合に応じて収縮包装のフィルムにもなれば、ぎゅっと握れるスクイズボトルにもなり、家の配管のＰＶＣパイプにもなる。

消費者とリサイクル業者にとって便利なようにと、アメリカでは番号を使った分類法を定め、それに基づいてプラスチックのリサイクルを進めている。具体的には次の七種類に分けられる。（１）ポリエチレンテレフタレート（ＰＥＴ）、（２）高密度ポリエチレン、（３）ポリ塩化ビニル、（４）低密度ポリエチレン、（５）ポリプロピレン、（６）ポリスチレン、（７）その他のプラスチック、である。数字が小さいほどリサイクルしやすいと思いこんでいる人がいるようだがそうではなく、番号自体に特段の意味はない。

種類によってリサイクルの工程は異なる。だから、違う番号のプラスチックが少しでも混じっていると、その処理一回分は台無しになりかねない。それだけではない。再生利用できるかどうかにはプラスチックの色が大きく物をいう。透明が一番良く、透明度のさらに高いプラスチックに加工するのも比較的容易だ。白は染色してしまえばいいので基本的には問題がない。だがそれ以外のほとんどすべて、とくに黒っぽい色のプラスチックについては商業利用ができないとして、リサイクル工場から最終処分場に送られることが少なくない。もちろん、技術革新を通してプラスチックゴミを削減したり、プラスチックゴミを転用して断熱材やレンガや公園の遊具などに変えたりする取り組みも進められている。

インテリアデザイナーまでもがこの挑戦を受けて立っている。エメコというアメリカの家具メーカーは、ネイビーチェアと呼ばれる特徴的な形のアルミ製の椅子を一九四四年に発売したことで知られるが、最近ではコカ・コーラ社と提携し、まったく同じ形の椅子をペットボトル（リサイクル番号1番）で製作した。コカ・コーラのペットボトル一一一本分を再生利用したものである。こちらの販売価格はアルミタイプの半分強だ。

ふと突飛な思いが浮かぶ。使用済みのプラスチックは、単に燃やしてしまうほうがムダが少ないのではないか。しょせんそのほとんどはもともと化石燃料だったわけだし、化石燃料なら発電のためにごく普通に燃やしている。プラスチックのエネルギー密度はじつは石炭より高い。石炭といえば、私たちの電力供給の主力燃料だ。プラスチックを燃焼させて電力を生みだすことは、何を隠そうかなり頻繁に行われている。現在、プラスチックの一五パーセントは燃料として燃やされていて、リサイクルに回される一〇パーセントより多い。いわずもがなだが、プラスチックを燃焼させるとそのこと自体がいろいろな問題を生み、廃棄物としてダイオキシンや酸性ガスが発生する。厳しい環境基準をクリアした最新のハイテク施設なら、こうした副産物を逃がさないようにできるが、それには相当なコストがかかる。

ムダをなくすという観点で見ると、そこまで面倒を起こさずに廃プラスチックを燃料に変える方法はある。高温かつ無酸素の環境でプラスチックをガス化させ、それを冷やすのだ。こうすると重油ができ、しかも有害物の発生をかなり抑えることができる。プラスチックゴミを細断して熱分解すれば、軽油にもなる。しかし、どちらの技術についても批判と課題がないわけではない。そのため、こうした工程に乗せられそうなプラスチックの大部分が、結局は最終処分場で埋め立てられているのが現状だ。

以上がプラスチックゴミの問題点である。プラスチックは簡単につくれはするが、リサイクルするのも、利用可能なエネルギーに転換するのも容易ではない。それでいて、地面に穴を掘って捨てたり、海に通じる川に投げこんだりするのはたやすくできてしまう。

■増え続けるプラスチックとどうつきあうか

私たちは相も変わらず、燃焼かリサイクルに回す分の三倍の量のプラスチックを毎年製造している。これがひたすら蓄積していき、その山は大きくなる一方である。人類がプラスチックを手にしてからまだわずかな時間しかたっていないのに、すでにマンハッタン全域を三キロあまりの厚さで埋めつくせるくらいのプラスチックを世界は生みだしてきた。新しいプラスチックをつくりだすペースは尋常ではなく、じつに一日一〇〇万トンである。実感も何も湧きはしない。誰か一〇〇万トンを具体的に想像できるだろうか。しかももう一度いうが、そのペースを毎日続けているのである。

次のように考えたら多少はピンとくるだろうか。エンパイアステートビルの重さと同じだけのプラスチックを八時間おきに製造する。あるいは、もっと身近な例にひき寄せるなら、平均的な家の重さと同じだけのプラスチックを四秒おきにつくりだす。来る日も来る日も、次の年もそのまた次も、プラスチックがただただ積みあがっていく。

しかも、この生産ペースはむしろ増加傾向にある。「これまでに製造された全プラスチックの生産、使用、およびその末路」と題した論文によれば、その全プラスチックの半分はここ一三年のあいだにつくられたものだ。一九世紀アメリカの詩人ウィリアム・カレン・ブライアントの言葉を借りるなら、人間のほうは「いま地球を歩める人々をすべて合わせても、大地の胸に抱かれて眠る者たちに比すればひと握りにすぎない」。ところがこれがプラスチックとなると話は逆になる。この先も同じ傾向が続くなら、私たちがつくりだすプラスチックの量は、これまでに燃やされ、埋め立てられ、もしくはむざむざ海に流されてきたものたちの量を上回ることになる。

このムダの連鎖からどうすれば抜けだせるだろうか。少なくとも三つの道がはっきりと見えている。第一の道は、人間の行動とプラスチックとのつきあい方を改めること。そのための方法はいろいろあって、たとえば法制定、市民の意識向上、デポジット制度の導入など、いずれも本書のさまざまな場所で取りあげている。

第二の道は、テクノロジーの力でプラスチック自体の性質を変えることだ。安価で汎用性が高いという特徴はそのままに、通常の環境下でも安全に生分解するように変化させることは不可能ではない。しかし、それを低コストで実現できる段階には至っておらず、たぶんまだしばらくは無理だろう。

第三の道は、プラスチックより優れた特性をもつ物質の製造方法を発見することである。もともと木材やブリキや、角や骨の代替品としてプラスチックが誕生したわけだから、さらにそれに代わるものが見つかっても少しもおかしくはない。

だが人間がいずれかの道を歩みだすまで、プラスチックはたまりつづける。

第4章 透明なプラスチックの不透明な問題②

いたるところに存在するプラスチック

前章でも取りあげたように、私たちが生みだすプラスチックの量は、リサイクルや燃焼によって処分する量の三倍にものぼる。だからプラスチックゴミはただひたすら、果てしなく積みあがっていく。レジ袋からプラスチック製ストローまで、シックスパックリング〔缶飲料を六缶パックで販売するために缶どうしをつなぎとめるプラスチック製リング〕から洗面用品のマイクロビーズまで、プラスチックゴミの影響をめぐる話題はプラスチック自体と同じくらいにいたるところで見られる。

かなりのプラスチックが最終処分場行きになり、それがけっして最悪の場所ではないのは第2章で考察したとおりである。一部は海に流れでるが、落ちつく場所としてはこちらのほうが圧倒的によろしくない。さらに一部は紫外線や物理的な力で分解され、マイクロプラスチックとなって空気中や土壌中に入りこむ。そして大量のプラスチックが人目につかない場所に隠され、あるいは野ざらしにされて劣化したり、どこかで山積みにされたりしている。

■海洋プラスチック

海洋に流出するプラスチックは目を疑うような量にのぼり、なんと毎秒およそ二五〇キログラムものプラスチックゴミが海に入りこんでいる。ところが、最近になるまで私たちはこの問題をほとんど気にも留めていなかった。なにしろ、著名なイギリスの自然史家サー・デイヴィッド・アッテンボローがこう嘆いているくらいである。「海洋はあまりに広大で、そこに数限りない生物が暮らしていることから、人間が何をしようと影響ひとつ与えられないと私たちは長らく考えてきた。だが、それが間違っていたことを私たちはいま思い知らされている」

毎秒二五〇キログラムのプラスチックを海に捨てているとすると、一年間では約八〇〇万トンである。毎年四億トンのプラスチックが製造されていることを思えば、たいした量ではない気がするかもしれない。しかし、いったんプラスチックが海洋に流出してしまったら、それはもうただひたすらに……蓄積していく。実際問題として、海から先には行きようがない。このままのペースなら、二〇五〇年までにすべての海洋プラスチックの重量がすべての魚の重量を上回ると、世界経済フォーラム（WEF）が予測したのは有名な話である。この予言は厳密にいえば正確ではないかもしれない。そもそも海にいる魚ぜんぶの重さを確実に見積もるなんて、どう考えてもできない相談だ。なのでWEFの試算は科学より政治に根差したものである。大まかにせよプラスチックと魚を比べられるということ自体、真剣に憂慮するに値する。

とはいえ、そもそもどうしてプラスチックが海に流れでてしまうのだろう。年間で見ると、海洋プラスチック全体の二割は船舶由来である。貨物船、海軍艦艇、クルーズ客船、プレジャーボートなどからのゴミも含まれるものの、一番多いのは漁船が捨てる網や罠である。

全体の三割は川を経由して海にたどり着く。地球には一六五本の大河があるが、そのうちのわずか一〇本のみ——アジアの八本とアフリカの二本——がほぼすべてのプラスチックゴミを運んでいる。その量、中国の長江だけで年間約一五〇万トン。ざっと計算して毎秒およそ五〇キログラムだ。

海洋プラスチックの発生源としては、このように船と川で全体の半分を占める。残り半分はさまざまな発生源の寄せ集めだ。不法投棄されたもの、風で飛ばされたもの、最終処分場に行きそこなったもの、自然排水や雨水管によって流されたものなど、それこそありとあらゆるところから来ている。

海の中でプラスチックはどれくらい集まっているのだろうか。これは難しい質問である。悪名高い「太平洋ゴミベルト」についてはたぶん聞いたことがあることと思う。テキサス州大の面積をもつ太平洋の海域が、プラスチックゴミだらけになっているというものだ。これに関する記事には、水にゴミがひしめくストックフォトを載せたものが多い。だが、こういう視覚表現は実態を正しく表しているとはいいがたい。そこにはいくつかの理由がある。まず、海洋プラスチックの重さの半分は一種類のゴミ、つまり漁網であること。それから、どれだけゴミの密集している海域であっても、一平方キロメートル当たりに漂っているのは二〇〇キログラムに満たないことである。この海域の真ん中に入っていっても、ゴミがいっさい見当たらない可能性は十分にある。それどころか、このゴミベルト全域でのゴミの量は「たったの」八万トンであり、海に捨てられるゴミの四日分くらいでしかない。海のプラスチックは、簡単に掃除ができるように都合良く一か所にまとまっているわけではない。プラスチックは海の隅々にまでたどり着き、地球で最も深いマリアナ海溝の底にまでもぐってみせる。

すべて合わせると、現時点での海洋プラスチックの量はおよそ一億六〇〇〇万トン。プラスチックには紫外線を受けて劣化する性質があるものの、実際にうまく崩れてくれるのは乾燥しているときに限られる。だから、びしょ濡れでおなじみの海にいるあいだは劣化が妨げられる。仮に細かく分解されても、その過程で有害物質を放出するか、もしくは化学的な性質が変わらないままミクロのサイズになって、食物連鎖に入りこむかのどちらかだ。

海洋プラスチックはどれだけ分散していようと、多大な害を及ぼす。海洋生物の命をいろいろな恐ろしいやり方で奪うのもそのひとつだ。世界のいくつかの地域では、ほぼすべての海鳥の消化管にプラスチックが入りこんでいて、その同じ海鳥はヒナにプラスチックを食べさせている。すでにヒナが死亡する一番の原因はプラスチックを摂取することになっており、鳥の種類によってはヒナの半数近くがその犠牲になっている。しかも、プラスチック自体が海水から有機汚染物質を吸着する場合があるので、海洋生物にとっては体内に取りこんだときの危険度がなおさら高くなる。

海だけでなく、プラスチックは空気中や土壌中にも入りこむ。「大気輸送および僻遠の山の集水池におけるマイクロプラスチックの堆積」という論文を発表した研究チームは、およそ考えられないような場所でマイクロプラスチックを見つけた。フランス側ピレネー山脈の清浄無垢な頂《いただき》である。これほど人もまばらで工業化の進んでいない地域で、なぜ土壌や水のサンプルにマイクロプラスチック（ウイルス大や大きめの砂粒大までさまざまなサイズ）が含まれていたのか、研究チームは興味をそそられた。装置を使って大気を調べたところ、その種のプラスチック粒子がおびただしく漂っていることがわかった。空気の流れをシミュレーションした結果、それらの粒子が少なくとも一一〇キロほど先から、ことによるともっとはるか遠くから運ばれてきた可能性の高いことが示唆された。このようにして地球の表面にプラスチック粒子が降りそそいでいることは、遠い未来の考古学者にとって恰好の手がかりになるかもしれない。ちょうど、恐竜を根絶やしにした隕石の衝突による高濃度のイリジウム層が、白亜紀と古第三紀の地層の境界を定めるのに使われたのと同じ理屈である。

■マイクロプラスチックは人に危害を与える?

「人間によるマイクロプラスチックの摂取」と題した論文によると、アメリカ人は年間で平均およそ一〇万個のプラスチック片を吸入もしくは摂取している（個人差は非常に大きい）。世界保健機関（WHO）の推定によれば、ボトル入りの水には一リットル当たり平均三〇〇個あまりのプラスチック粒子が含まれている。調査対象とした数百本のうち九割をゆうに超えるボトルで、多少なりともプラスチックが水に漂っていた。

こんなにいろいろなかたちで人体にプラスチックを取りこんでいて大丈夫なのだろうか。でも考えてみてほしい。私たちが毎年どれだけの異物を食物と一緒に口に入れていることか。リストアップして眺めたらそれはそれは……げんなりして食欲も失せる。なにしろアメリカ食品医薬品局（FDA）は、粉末シナモン五〇グラムにつき四〇〇個までなら昆虫片が混入してもいいと定めているのだから。ほかの食品についても、カビやらネズミの落とし物（毛や糞《ふん》）やらが測定できるレベルで紛れこんでいても許される。トマト缶に至っては、五〇〇グラムにつきウジが丸々一匹入っていてもおとがめ無しである。だが、ウジにしろプラスチックにしろ、長期的に見て問題になってくるのはどれだけの量を摂取するかだ。一六世紀スイスの医師パラケルススはこんな名ゼリフを吐いた。「*Sola dosis facit venenum*――服用量が毒をつくる」。別の言い方をすれば、どんなものでも量がそれなりに多ければ毒になり、それなりに少なければ毒にはならない。では人間のプラスチック摂取についてはどうなのだろうか。年間一〇万粒は危険なレベル？

直感的にはそう思える。ところが、環境科学を専門とする著名な研究者のあいだでは、現状レベルのマイクロプラスチックへの曝露《ばくろ》が人体や海洋生物に有害だとの見方を否定する声が少なくない。たとえば、ミシガン大学のアレン・バートン教授は水生毒性学で博士号を取得し、環境毒性学に関する一流科学雑誌の編集長を務める人物である。そのバートンは自らの論文の中で、科学者がその手の考えを広めていることへの不満をあらわにしている。「マイクロプラスチックが環境への重大な脅威だとする研究結果が、一流科学雑誌に掲載されつづけているのは憂慮すべき事態だと私は考えている。そういう研究がすぐにニュースメディアに取りあげられるのをわれわれはこれまで見てきており、それが市民と政策決定者に誤った情報を伝える結果となっていることはほかの研究者も指摘するとおりである」

そういう結論に飛びつかないほうがいいという意味で、バートンと共同研究者は正しい。とはいえ、実際がどうなのかはわからないというのが本当のところだ。プラスチックを食べてしまっても、体を通りぬけるだけで絶対に悪影響はないし、吸いこんだとしても、空気中のほかの汚染物質に比べたらプラスチックなどたいしたことはないと大勢が断言する。マイクロプラスチックの問題にばかり固執するせいで、本当に懸念すべき環境問題や健康問題から目がそらされていると心配する声も多い。欧州委員会の「欧州アカデミーによる政策のための科学的助言」は、この状況を次のようにまとめている。「現時点で入手できる信頼性の高い証拠から判断する限り、一部の小集団や小地域を除けば、マイクロプラスチックとナノプラスチックが人体や環境に対して広範なリスクを有するとは考えにくい。しかしその証拠は限定的なものであり、汚染が現状ペースで継続していけば状況が変わる可能性もある」

プラスチック問題の困難きわまりない点はここだ。明らかになっていないことがとにかく多すぎる。海洋の大部分は私たちの理解を阻んでいるし、海洋マイクロプラスチックの量に関するさまざまな推定値には何桁もの開きがある。どうすればそこらじゅうでプラスチックが見つかるような状況になるのか、はっきりしたことはわからない。落ちてきたプラスチックに海がどんな作用を及ぼしているのかも定かではないし、こうしたすべてが地球の生態系と私たちの生命にどう影を落としているのかも判然としない。ただ、プラスチックがこれだけ蔓延している状況が、関心をもって注視していくにふさわしいことだけは確実にいえる。

第5章 透明なプラスチックの不透明な問題③

使い捨ての代名詞「レジ袋」と「ペットボトル」

プラスチックは耐久性の高さが特徴でありながら、全体の半分近くは使い捨て目的でつくられている。その大半が包装用である。

なかでもとりわけ目立つものがふたつあり、使い捨ての代名詞ともいうべき存在になっている。それは、レジ袋とペットボトルだ。このふたつには注目すべき共通点がいくつもあって、とくに面白いのはどちらもほぼ同じ（驚異的な）ペースで消費されていることである。具体的には、どちらも一分当たり約一〇〇万点。それが毎分、毎日続いていく。おおまかにいって、アメリカではひとりの人間が毎日一本のペットボトルと一枚のレジ袋を使用している。

さっそくこのふたつについて掘りさげていき、それぞれに特有のムダをなくせる世界に向かうにはどんな困難が待ちうけているかを見ていこう。

■ペットボトル

若い読者には、ボトル入りの水というものがどれだけ斬新だったかが実感できないかもしれない。一九八〇年代までは、ボトル入りの水を味わうことがあるとすれば、オフィスのウォーターサーバーのてっぺんに載った巨大なボトルからがほとんどだった。これは何リットルも入るような大きな代物であり、たいていはガラス製で、きれいに洗って再使用するタイプだった。昔は水をボトルに詰めるだなんて冗談以外の何物でもなかった。蛇口をひねればタダ同然で飲めるものを、わざわざガソリン代並みの金を払って手に入れるのは馬鹿げたこととみなされたのである。コメディアンのジム・ガフィガンはコメディ・セントラル〔コメディ番組を中心としたアメリカのケーブルチャンネル〕の特番で、水をボトルに詰めるという発想自体を笑いのネタにした。「なんでボトル入りの水に金を払う羽目になっちゃったんだろう？　きっとフランスで変てこりんなマーケティング会議が開かれたに違いないね。で、会議に出たどこかのフランス人が、『アメリカ人がどれだけ間抜けだと思うかって？　あんなに馬鹿なら、絶対に水だって売りつけられるよ』ってね」

ところが、いまや世界はがらりと様変わりした。ボトル入りの水が世間に浸透しきっているので、競技場が新設されてもウォータークーラーなんてもはや一台も設置されない。一本五ドルもするような水を販売できるようにするために。

水道はアメリカのインフラの中でとびきり重要なものでありながら、ボトル入りの水と比べると質が劣ると思われがちだ。しかし、ときおりニュースになるような一部の例外を除けば、それは事実ではない。カーディフ大学のジョン・ジュエルは『ザ・ウィーク』誌に寄せた記事の中で、ボトル入りの水を

「世紀のマーケティング・トリック」と表現した。

問題は水のほうではなく、使い捨てのプラスチック製飲料ボトル全般だ。コカ・コーラ社というたったひとつの企業だけで、全世界のプラスチック製ボトルの二割を送りだしていると見られ、その大部分に詰められているのはただの水ではない。

ペットボトルのほとんどはリサイクルできる。だがほかの章でも見てきたように、リサイクル率には世界中でかなりのばらつきがある。アメリカではリサイクルに回るのが四本に一本。この国のプラスチック全般のリサイクル率を考えると、じつはこれはかなり高い数字といえる。ペットボトルがリサイクルできるのを国民のほぼ誰もが知っているのが功を奏しているわけだ。ペットボトルのリサイクルボックスには、アイコンの一部としてボトルの絵が描かれていることが多い。しかし、アメリカの回収率二五パーセントは、いくつかの国と比べるとかなり見劣りがする。なかでも圧倒的なのはノルウェーであり、やりすぎとも思える九七パーセントものリサイクル率を達成している。

なにしろ、ノルウェーのリサイクルシステムはじつに進んでいて効率も良いため、透明のペットボトルを新たな透明のペットボトルにくり返しつくり直しても採算が取れる。よその国には真似できないことをどうやってなし遂げているのだろうか。

秘訣は二種類の金銭的なインセンティブ（動機付け）である。

ひとつはペットボトルの製造元にかかわるもので、ノルウェー政府は製造者に課税している。ところが、国全体でのリサイクル率に応じて税金は減額され、最大限減額されると税金はゼロになる。具体的には、ノルウェー全国のリサイクル率が九五パーセントに達したら、税金はいっさいかからない仕組みだ。過去一〇年ほどは毎年この基準ラインをクリアしている。

もうひとつのインセンティブはボトルの消費者に対するものだ。ノルウェーでは、もともと消費者がペットボトル一本につき結構な額（一〇～二五セント程度）をデポジット（預り金）として上乗せして払い、空《から》になったボトルをリサイクルセンターにもち込むとその分が返金される制度を導入している。リサイクルセンターは何箇所もあるうえに、作業は完全に自動化されている。だから、消費者がペットボトルをリサイクルの流れに乗せるのに手間はいらないし、自分にとってもそれがメリットになる。

ノルウェーを成功へと導いたもうひとつの鍵は、プラスチック製のボトル自体を悪者扱いしないことだ。ノルウェーのリサイクル制度を監督するインフィニタム社で物流管理と業務の責任者を務めるステン・ネルランは、次のように説明している。「環境にかかわる企業なのだから、プラスチックを避ける努力をすべきだと皆さんは思うかもしれません。ですが、効率的に取りあつかって再生利用すれば、プラスチックほど使い勝手のいい製品はそうはありません。軽量で成形しやすく、安価なのですから」

ドイツも似たような制度で似たような成果をあげている。ドイツの場合、二五セントのデポジットが製造者に支払われる。ところが、ボトル全体の二パーセントはリサイクルされないためにデポジットを払いもどさなくてもよく、企業はそこからささやかな利益を得ている。

こうした取り組みの結果、いまやドイツでボトルを製造する際には、ガラスのような再利用可能な材料よりもプラスチックを原料とすることがはるかに多くなった。そこには、デポジットやボトルの回収や、払いもどしといった取り扱いに関して、信頼できる高度なインフラを整備しているという理由が大きい。

どちらの国もこれだけ高いリサイクル率を達成できているのは、リサイクルが望ましいことをごく普通の市民が自覚しているという理由がもちろんある。だがそれだけではなく、金銭的に恵まれない市民がゴミの中からペットボトルを探しだし、それでどうにか暮らしを立てているという状況もある。こういう慣行があるのは、文化の観点からは容認できるとの意見もある。富める者に対する一種の税金として受けとめ、それが貧しい者のためになるなら、また仕事のない人たちに雇用の機会を提供することになるなら、それでいいという考え方だ。ただ、このふたつの国の誰もが、諸手をあげてこのシステムに賛同しているわけではない、との見方もできる。

■使い捨てレジ袋

ペットボトルとは対照的に、プラスチック製の袋のリサイクル率はきわめて低い部類に入り、だいたい一パーセント前後である。なぜこんなに低いのだろうか。そこにはいくつか理由がある。ひとつには、薄いプラスチック製のフィルムなので（ドライクリーニングの服や雨の日の新聞を包む袋を思いうかべてほしい）、ペットボトルの場合とは別の工程でリサイクルする必要がある。もうひとつは、そもそもリサイクルボックスに捨ててはいけないとしている地域がほとんどだからであり、それはリサイクルセンターがいやがるためだ。

なぜ嫌われているのかというと、まず袋類はベルトコンベヤーに大人しく運ばれて選別されてくれない。わずかに風がそよいだだけでも飛ばされてしまうし、機械に詰まるおそれもある。あるリサイクル工場の報告によると、消費者が（ルール違反をして）リサイクルボックスにプラスチック製の袋を入れたために、工場の全システムが数時間おきに停止したという。カリフォルニア州のサンノゼ市などは、プラスチック袋のせいで故障した装置を修理するのに年間一〇〇万ドルあまりをかけている。リサイクルセンターにとってレジ袋は大変な厄介の種であり、歩いていてチューインガムを踏んでしまうくらいにいやなものなのである。

とりわけ一身に憎しみを浴びているのが使い捨てのレジ袋だ。それは、使用されている時間に比べて、分解されるのにかかる時間が長すぎるためである。平均的なレジ袋は三〇分ほどで捨てられるのに、袋自体は一〇〇年残りつづける。長居しすぎて迷惑がられる客、といったところだ。おまけにレジ袋はゴミとしてはかなり目立つ。ベルトコンベヤーの上でじっとしていてくれないのと同じ理由で、最終処分場でも落ちついていてくれない。どうも樹木に惹かれるようで、まるでチャーリー・ブラウンの凧《たこ》である。

袋なのでゴミ全体の量に占める割合は小さいものの、それとは不釣りあいなほどに破壊力が大きい。それは海洋動物に悪影響を与えるためだ。イルカやクジラやウミガメが、クラゲと間違えて頻繁に飲みこんでしまう。そのうえ袋の表面に藻類が付着すると、その酵素によって袋が分解され、その過程で出るにおいによって動物はそれが食べ物だと勘違いする。陸上の動物も被害を受けていて、牛はとりわけこれを口に入れてしまいやすい。プラスチック製の袋を食べても何ひとついいことはない。

レジ袋の使用率には国によって相当な開きがある。平均的なアメリカ人が年間三五〇枚（ほぼ一日一枚）を使用するのに対して、平均的なデンマーク人ではたったの四枚だ。なぜわずか四枚？　使用率が低い背景には、レジ袋に税金がかけられていることと、それに代わるものとしてくり返し使える便利で耐久性の高いバッグが提供されていることがある。その四枚はたぶん、魚市場で魚を買うときか、レストランのテイクアウトに必要になる程度なのだろう。デンマークでは食料品店に行ってもレジ袋を見かけることはない。この文章を書いていた時点で、デンマークは（アメリカの多くの自治体と同様に）レジ袋使用の全面禁止を検討しており、再利用できない袋を店側が客に渡すことも併せて禁止することを考えていた――少なくとも二〇二〇年三月までは。

使い捨てのレジ袋、というよりあらゆる種類の使い捨てプラスチック製品から遠ざかろうとする動きは、新型コロナウイルス感染症のパンデミック（世界的流行）とともに急ブレーキをかけて止まった。アメリカではもはや消費者は綿製の買い物袋を店にもち込むことができなくなった（食料品を配達してもらうように切りかえていたとしたらなおさらできるはずもなく）。いくつかの州では、使い捨てレジ袋を奨励しない法律や禁止すらする法律をすでに成立させていたのに、その施行を一時停止している。カリフォルニア州もそのひとつであり、信頼できる筋による推定によれば、コロナ禍でレジ袋の消費量が五億枚増えた――しかもカリフォルニア州だけで。たとえこの先プラスチック対策が元に戻されても、すでに消費者の行動が大きく変わっていて、再び軌道に乗せるのは難しくなっているのではないかと懸念する声も聞かれる。

コロナ禍前、ヨーロッパではほとんどの国でレジ袋に税金がかけられ、世界を見てもインド、フランス、イタリアなど数十か国でその使用が禁止されていた。中国ではレジ袋をタダで渡すことが禁じられていた。アフリカでも禁止措置を取る国は多く、そのひとつであるケニアでは全国の牛の半数の胃袋からレジ袋が見つかった。この国は、どこよりも厳しい法律を定めていると豪語する。レジ袋の製造や販売に対しては四万ドル相当の罰金または四年間の禁固刑が科されるおそれがあり、レジ袋を一枚使用しただけでも、五〇〇ドル相当の罰金もしくは一年の禁固刑をくらう羽目になりかねない。国連によれば、世界の国々の三分の二がレジ袋に対して国として何らかの規制をかけている。

パンデミックの影響を除けば、すでにレジ袋対策がそれなりに長く実施されているので、かなりのデータが集まっている。法律で禁止するやり方と税金をかけるやり方のあいだで、効果にどれだけの差があるかもいまなら確かめられる。興味深いのは、レジ袋への課税額が一見すると小さいようでも（たとえば一枚一〇セント）、使用量の九割近い削減につながることだ。法律で全面的に禁止した場合と非常に近い数字である。ワシントンDCでは五セント課税しただけで、似たような成果が達成されている。

環境活動家は概して法律による禁止を好むものの、消費者の見解は割れている。特定の場面では使い捨ての袋を選べる余地を残してほしいと考える者もいるし、レジ袋に課税されて増税になるのが面白くない者もいる。

当然ながら、プラスチックの製造会社は禁止も課税もどちらも忌み嫌っている。小売店も同じで、施策が市単位で実施される場合にはたいがいそれに反対している。顧客が離れて、禁止も課税もない地域の店に買いに行くのを恐れているからだ。しかもレジ袋税は逆進税とでもいおうか、貧困層もビル・ゲイツも一枚当たり同じ金額を支払うところが気に食わない点のひとつでもある。

ペットボトルの場合と違って、レジ袋でデポジット制度というのはほとんど聞いたことがない。理由はいわずと知れている。ペットボトルならバーコードをつけて返却しやすいようにできるけれど、袋はそういう整然とした取り扱いに従ってくれない。とはいえ、袋に課税するのもボトルをデポジット制度にするのも目的はほぼ同じだ。どちらも消費者が負担するコストを大きくして、その品目を使う（そしてそのあと捨てる）頻度を減らすことを狙っている。

■ペットボトルとレジ袋のムダは減らせるか？

では、ムダをなるべく減らそうと奮闘するなかで、私たちはペットボトルとレジ袋をどう扱ったらいいのだろうか。どちらも禁止する？　課税する？　デポジット制度を導入する？　極端な話をすれば、使い捨てプラスチック製品を違法にして、使用した者を死刑に処すこともやろうと思えばできなくはない。そうしたら使用量は限りなくゼロに近づくだろう。なんなら、レジ袋への課税額やペットボトルのデポジットの金額を一点につき一〇〇ドルにしてもいい。これまた使用量はゼロに近づく。もしくは、ひと昔前の状態に、つまり何の規制もない状態に戻る手もなくはない。あなたならどうやって選択する？　一番ムダが少ないのはどの戦略だろう。

判断するのはたいして難しくないはずである。少なくとも理屈のうえでは。まずはすべてのレジ袋がもたらすあらゆるコストを数値化する。牛とウミガメの死。木の枝に引っかかったレジ袋によって台無しにされる都会の景観。ゴミとなった袋を最終処分場へ運ぶ輸送費と、それに伴う環境への影響。最初にレジ袋を製造・輸送するのにかかる費用のうち、袋自体の価格には反映されていないコスト（たとえば製造・輸送にかかわる外部性）などである。

仮に、一年間に使用されるレジ袋五〇〇〇億枚によって、世界が合計五〇〇〇億ドルのコストを負わされるとしよう。ということは、レジ袋一枚につき、世界にとっては外部費用が一ドル発生することになるので、一ドルの税金をかけていいことになる。あなたにとってのレジ袋の価値が、世界に与える損害としての一ドルより大きければ、あなたはその金額を払う。そうでなければ払わない。

一ドルのデポジットをレジ袋に上乗せした場合も結果は同じだろうか。そうとはいいきれない。一本のボトルをゴミ箱に入れた（もしくはそこら辺に捨てた）場合に社会が負担するコストが一ドルであっても、一本のボトルを返却してリサイクルセンターに送る場合に社会が負うべきコストがゼロであるなら、結果は確かに先ほどと同じになるだろう。なぜならこの場合、人は（1）一ドルのデポジットを払い、袋を使い、それを捨て、世界に一ドル相当の損害を与えるか、または（2）一ドルのデポジットを払い、袋を使い、それをリサイクルセンターに戻し、社会には何の影響も及ぼさず、自分の一ドルを取りもどすかのどちらかになるからだ。

ところが実際には、ボトルをリサイクルセンターに戻しても社会にはコストが発生する。これもまた、第3章で触れた負の外部性のひとつの例である。

この場合、ボトルが社会に与えるコストは実際にはデポジットに反映されていない。デポジットとして一ドル支払っても、九〇セントしか戻ってこないのであれば反映されているといえるかもしれないが、そうすると今度は、その戻ってこない一割分が実質的に税金ということになる。

ドイツの事例からはこの原則が見事に浮きぼりになる。ペットボトルに上乗せされたデポジットはほぼ全額返金されていたため、生産を控えるような事態にならなかった。ペットボトルをつくるのを妨げる要因がなかったわけである。むしろ市民はボトルを捨てると損になるので、進んでリサイクルしようという気になった。その結果、こういう制度がなかった場合より生産量は増えた。

望ましい結果が一番得られないのは法律による使用禁止かもしれない。禁止法を定めて施行するのにかかるコストはほかより小さいかもしれないけれど（少なくとも広く法令が遵守されている国においては）、レジ袋が環境に負わせるコストは無限大だとの暗黙の前提がそこにはある。別の言い方をするなら、たとえ一枚のレジ袋がその瞬間のあなたにとっては数十ドルにも数百ドルにも等しいとしても、それを売ってもらえない。禁止法が最も効力を発揮するのは、禁止対象となるものに社会にとっての有益な用途が存在しない場合である。たとえば覚醒剤や手榴弾などがそれにあたるが、レジ袋は同じカテゴリーには入らない。

　このため、この種のムダを減らすには知識が必要であり、その品目を製造することで社会にどれだけ損害を与えるか、またそれを処分することが社会をどれだけ害するかを把握しなくてはいけない。そのふたつの情報がそろえば、課税、禁止、デポジットのうちどれが最良の選択なのかを見極められる。

　再利用可能な綿製の買い物袋や、ガラスびんといった代替品を検討する際にも考え方は同じだ。そしてその場合、代替品のほうが製造と処分のもたらす経済的なコストが格段に大きい可能性がある。ペンシルベニア大学とジョージ・メイソン大学の学者による二〇一三年の研究では、サンフランシスコ市が二〇〇七年にレジ袋を禁止して以来、食品媒介疾患（いわゆる食中毒）で救急外来に運ばれる件数が増加したと見られることが指摘されている。さらには二〇二〇年以降のコロナ禍での経験から、すべてをプラスマイナスしたうえで再利用可能プラスチック製品にどれだけ実質的な価値があるのかを見直す動きが世界的に起きている。本当にどれくらいムダなのかを判断するには、その点に目を向けることが欠かせない。

もうひとつ、シドニー大学の研究者によると、カリフォルニア州の複数の市で使い捨てレジ袋を禁止したとき、消費者が使用するレジ袋の量は確かに大幅に減って年間およそ一八一〇万キロの削減につながった。しかし、代わりに小型ゴミ袋の販売が増えたために、最終的には全体として約一二七〇万キロの削減にとどまった。消費者が以前はレジ袋をゴミ袋に転用していたので、それを「正式な」ゴミ袋に置きかえたためと見られている。

こうした各種プラスチック対策の波及効果を余すところなく把握できるなら、ゴミを極限まで減らせるだろう。だが、そこまで見通せる日がこの先来るとは思えない。

仮にさまざまな影響を残らず知ることができたとしても、ひとつひとつを数値化するのは不可能に等しい。ウミガメ一匹の命の価値はどれくらいなのか。レジ袋の引っかかっていない樹木にはどれだけの値打ちがあるのか。結局は主観的な価値判断に頼ることになるため、広く意見の一致を見るまでにはまだ至っていない。

第6章 アルミ缶のカンどころ

のちの章でも見ていくように、清涼飲料やビールの缶に使用するアルミニウムの採掘をめぐっては、途方もないムダが存在する。膨大な量の土を掘って、原料となるボーキサイトを探すのは、控えめにいっても効率の悪いプロセスだ。しかも使い物になるアルミ金属へと鉱石を変換するには、信じがたいほどのエネルギーが必要になる。

とはいえ、アルミのリサイクルのほうならムダが少ないのではないだろうか。すでに存在するアルミから新しいアルミをつくる――つまりリサイクルする――ことを二次生産という。それに対し、土から採掘して製錬するのは一次生産と呼ばれる。アメリカではアルミ全体の六割が一次生産で、四割が二次生産である。

アルミ、銅、スチール（鋼鉄）といった金属の場合、利用可能な金属を供給する際には、ゼロから生産するよりリサイクルのほうが効率が良い。この点は、別の章で取りあげるほかのいろいろな材料とは対照的である。とくにアルミはリサイクルが短期間で安価にできるうえ、ほぼ無限にくり返し再利用できる。だから、あなたが清涼飲料の空き缶をリサイクルボックスに今日入れたとしたら、たぶんわずか二か月でそれが新たなアルミ缶に姿を変え、そこから誰かが飲んでいる。

アルミの二次生産は一次生産と比べてどれくらい効率が良いかというと、電力の使用量だけを見ても一次生産の一五分の一で足りる。つまり、一次生産に一万五〇〇〇キロワット時（ｋＷｈ）の電力を消費するとしたら、同じ重さをリサイクルする際にはわずか一〇〇〇ｋＷｈしか必要としない。

電力消費量が少なくて済むので、アルミのリサイクル工場はエネルギーコストの格安な場所に建てる必要がない。事実、北米大陸には一次生産のアルミ製錬所がわずかに点在するのみなのに、二次生産に関してはアメリカの三一州とカナダの二州にまたがって一〇〇を超える拠点が存在する。

ふだん利用しているリサイクルボックスがどこにあろうと、捨てた缶はせいぜい数百キロ移動するだけで溶かされて再利用される。一次生産のために原料が五〇〇〇キロの彼方から旅してくることを思えば、大幅なムダの削減である。

輸送の問題以外で、リサイクルにはどんな利点があるだろうか。ひとつは化石燃料の消費量を減らせることだ。世界は依然として電力の大部分を化石燃料からつくりだしている。なかでも圧倒的に大きな割合を占めるのが石炭で、全体の四割近くにのぼる。大まかに計算すると、一ｋＷｈの電力を生みだすには約〇・五キロの石炭が必要なので、アルミを一トンリサイクルするたびに約七〇〇〇キロの石炭を燃やさずに済むことになる（これは、一トンのアルミをリサイクルしたら一次生産のアルミが一トン減るという前提で計算しているが、実際にそうなるとは限らないのは最終処分場に関する第2章でも触れたとおりである）。

それだけではない。その七〇〇〇キロの石炭を燃やさないことで、約二万キロのCO$_2$が発生するのを防ぐこともできる。誤植ではない。燃焼によって炭素が大気中の酸素と結びつくため、CO$_2$のほうが大元の石炭の重量より重くなる。このCO$_2$削減効果は、木を二一〇本植えて一〇年間生長させるのと変わらない。

いまの一連の計算では状況を単純化するために、一次でも二次でもアルミ生産に用いる電力が石炭由来であるとした。しかし、実際にはそうとは限らず、一次生産ではもっと環境にやさしいエネルギーが使用されるのが普通である。それは、製錬所が安価なエネルギー源の近くに立地することが多いからだ。このため、一次生産で発生する温室効果ガスの量は二次生産の七倍程度にとどまる（両方とも石炭だったら一五倍になることが予想される）。

アルミをリサイクルすることでこれだけのムダが省けるのだとしたら、どうしてすべてのアルミが二次生産で供給されるようにならないのだろうか。同じアルミをひたすら再利用できるだけの鉱石は、すでに掘りだしているのでは？

じつはそうではない。アルミの需要は年間三〇〇万トンほどのペースで増えつづけており、この先も増加が見込まれている。アルミは長期の使用を想定した用途（インフラや住宅・商業施設の建設など）に利用されるケースが多いため、新たな一次生産が絶えず必要とされているのである。

新型コロナウイルス感染症の流行は、缶産業に面白い――地域によっては思いがけない――影響をもたらした。バーやレストランが閉まったせいで、アメリカではあらゆる種類の缶入り飲料の需要が大幅に伸びた。これは、店のソーダ・ファウンテンや樽ビールを利用していた人が、家で使い捨て容器から飲むようになったからである。一方、多くのリサイクル施設が人手不足に陥ったために、缶のリサイクル能力は低下した。結果的に缶が不足した。もっと具体的にいえばアルミ不足である。アメリカの製造業者は手当たりしだいにアルミを買いあさった。とりわけ頼りにしたのがメキシコとブラジルである。というのも、どちらの国でもコロナ禍によって突如としてアルミが余ってしまっていたからだ。メキシコとブラジルではレストランやバーで缶入りドリンクを提供するのが一般的だったため、その方面からの需要がなくなって缶入り飲料全体の売上が落ちこんでいたのである。

■アルミ缶ビジネスは個人でできるのか？

仮に個人でアルミの二次生産ビジネスを始めようと思ったら、何をどうしたらいいのだろうか。のちの章では、自宅の地下室でボーキサイトを製錬して採算が取れるかどうかを取りあげるつもりなので、そちらについてはいまは何もヒントを出さない（勘を働かせてとりあえずの答えにたどり着く人はいそうではあるが）。だが、そもそもアルミの二次生産は誰にでも簡単にできるものだろうか。ごく普通の人が二次生産でアルミを一トンつくりだそうと思ったら、何が必要になるのだろう。

まずは原料、つまりリサイクル可能なアルミを手に入れなくてはいけない。アルミはさまざまな目的に使用される。大まかにいって、全体の一割が電子機器の製造に、二割は建設に、やはり二割が輸送や交通に、さらに二割が飲食物の容器に使われている。リサイクルと聞いて一番に思いうかぶのがこの最後の用途であり、要はアルミ缶だ。

一トンのアルミを二次生産するのに六〇〇〇個あまりのアルミ缶がいる場合、それをぜんぶ自分で飲んで調達しようとしたらいつまでかかるかわかったものではない。だから空き缶を購入する必要がある。

一二オンス（約三五五ミリットル）入りの缶が三二個あれば、重さが一ポンド（約〇・五キロ）になる。リサイクル工場では空き缶一ポンドを平均四五セント程度で仕入れるので、私たちもその仕入れ価格に合わせることができるなら、一トンの使用済みアルミ缶が九〇〇ドルほどで手に入ることになる。処理に必要な電気代は、住宅用のレートで計算するとおよそ一〇〇ドル。リサイクルしたアルミも一次生産のアルミも化学的にはまったく同じなので、ほぼ同じ値段で売れる。だいたい一トンで一五〇〇ドルくらいだ。

だとすると、家庭用リサイクルマシンの固定費を度外視すれば、アムウェイやメアリー・ケイのようなマルチ商法ビジネスで内職するより自家リサイクルのほうが儲かりそうではある。ところがどっこい、これもまたご多分に漏れず、そうは問屋が卸さない。

まず、途中でほかにいろいろなコストが発生するというのがひとつ。もうひとつは、一トンのアルミを売りさばくのに、「次のガレージセールで」とはおそらくいかないという難もある。しかも、産業としてのリサイクル事業より小さい規模で実施する場合、原料の投入価格が変動したときの影響を受けやすい。そのうえ、諸経費が利益を削りとるので、大規模に操業する場合ほど儲からない（ちなみに、この事業を合法的に行うには許認可の申請が絶対に不可欠だし、商品の配送契約を作成する必要もある。しかし、この文章を書いている時点で、オンライン法律サービス大手のロケット・ロイヤー社のサイトを見る限り、「自分でやる」というオプションは提供されていない）。

完成したアルミの価格はもろもろの要因――中国のエネルギー助成金からインドの関税まで――の影

響を受ける。その点を考えあわせると、こんな副業には手を出さず、本業にしがみついておくのがたぶん身のためだ。

第7章 リサイクルの真実①

空回りする再利用のシステム

リサイクルされた物体はその後どうなるのだろうか。水のペットボトルを青いリサイクルボックスに放りこんだとして、そのボトルはどこへ行く？　オフィスで使用した紙をリサイクルに回したら、どういう仕組みでその木材繊維がよそで再利用されるようになるのだろう。こうしたすべてはどのように起きるのか、そしてリサイクル産業はどういう経済原理で動いているのか。答えを聞いたら読者は驚くのではないだろうか。

初めに、どういう仕組みになっているはずかを見ていこう。

一般的な流れとしては、まず私たちが資源ゴミと普通ゴミを分別してふたつの容器に入れる。資源ゴミはリサイクル工場に運ばれ、そこでさらに種類別（各種プラスチック、紙、段ボール、ガラスなど）に選別されて圧縮梱包される。それぞれの資源ゴミは別々のリサイクル業者に別々の価格で売りわたされ、表向きはその金でこの事業全体がまかなわれる。これだけの活動を行うにはエネルギーも輸送費も、インフラも労働力も、その他もろもろも必要にはなるが、資源ゴミ自体が元来もっている価値によって諸経費が支払われることを私たちは期待する。

こうした私たちのリサイクルのやり方に、「害を与えてはならない」というヒポクラテスの誓いのようなものが当てはまるとしよう。だとしたら、ゴミを埋め立てたり、リサイクル品の代わりに一次生産品を使ったりするよりは、結果的にムダや汚染が増えるようなことにだけは少なくともならない。私たちがつくろうとしているのは「ゆりかごからゆりかごへ」のシステムである。そのシステムのもとでは、ひとつのプロセスやひとつの製品から出るゴミが別のプロセスや別の製品の原材料となり、一から始めるよりムダの少ない生態系ができあがる。

それはあくまで理論のうえでの話である。いまのように書くと循環経済が見事に機能しているかのようで（リサイクルのロゴ自体もそれをほうふつさせる）、エコ版ノーマン・ロックウェルの絵にでもしてほしいくらいの平和で豊かな光景だ。だが現実はこれとはかけ離れている。確かにリサイクルがうまくいっている資源ゴミはある。たとえば、産業廃棄物は素材が同じことが多いので、金属プレス加工所や製紙工場でリサイクルしやすい。鉄くずのリサイクル事業などは活況を呈していて、ムダも少ない。

しかし、私たちの思いえがくリサイクル工程のかなりの部分は、実際にはバラ色とはいいがたい。どうしてだろう。プラスチックや紙やガラスの需要は大きいんじゃないんだろうか。資源ゴミには大きな経済的価値があるはずなのでは？

問題は人間の行動にあり、それは私たちの生みだすたいていのムダに当てはまる。リサイクルできるはずの資源ゴミが目的地にたどり着いたときには、ゆうにその四分の一が何らかのかたちで使い物にならなくなっている。私たちのせいだ。アメリカでゴミ処理を手がけるウェイスト・マネジメント社によると、私たちが何かをリサイクルボックスに入れるとき、四回に一回は分別を間違っている。これはかなり高いエラー率である。

エラーの原因は何だろうか。ひとつは「リサイクルする気が満々すぎること」である。私たちのほとんどは良かれと思って、いや、良かれと思いすぎるあまり、ゴミ箱に捨てるべきものをリサイクルボックスに入れてしまい、それでいいことをした気になっている。だが、考えなしにそういうことをすると、ほとばしった脳内快楽物質が結局は仇《あだ》となる。

服のハンガーってリサイクルできるの？　わかんないなあ、念のためリサイクルボックスに入れとくか。ペットボトルのキャップは？　ジュースの紙パックは？　水道のホースは？　クリスマスの電飾は？　卵パックは？　ちなみに、これらはぜんぶリサイクル不可なのが普通だが、しばしばリサイクルボックスから顔を出す。

さらに厄介なのは、どれがリサイクルできてどれができないかというルールが地域や時代によって異なることである。会社ではリサイクル可能でも、休暇先のホテルや自宅ではリサイクルできない場合もある。

おまけに、リサイクル可能な原材料ばかりでつくられていても、完成品そのものがリサイクルできるとは限らない。たとえば牛乳の入った紙パック。厚紙がワックスコーティングされていて、プラスチック製の注ぎ口がついている。どう分類したらいいのか、まったくもってわかりにくいが、実際には埋め立てられるか、燃やされるかのどちらかにするのが正解だ。にもかかわらず、どう見てもリサイクルしたほうがいいような顔をしているせいで、リサイクルボックス行きにされることが多い。

アメリカがリサイクルに「シングルストリーム方式」を採用しているのが良くないとの声も聞かれる。シングルストリームとは、資源ゴミをなんでもかんでもひとつのリサイクルボックスに集め、あとで選別するやり方をいう。じつはこれを採用している国は少ない。シングルストリーム方式だと工程でムダが発生しやすい。たとえば、飲み物のガラスびんと新聞紙が同じ回収ボックスに入っていて、それを回収トラックに投げいれるときにびんが割れたとしたら、紙類もぜんぶ台無しになるおそれがある。ペットボトルに水が残っていたら、資源ゴミの段ボールは役立たずのどろどろになりかねない。分別の責任を一般市民に負ってもらい、デュアルストリームかトリプルストリーム方式にするほうが、資源ゴミどうしが入りまじることの弊害を減らせるのは間違いない。ただし、きちんと分別ルールに従ってくれるかどうかわからないというリスクをはらむ。

シングルストリーム方式のいいところは、消費者にとって楽な点である。二個や三個や四個のリサイクルボックスに分けて入れたり、複数のリサイクルボックスを維持管理したりするなんて、消費者にはとても続けていけないという前提でそもそもこの方式は始まっている。個々の人間はミスを犯すから、それなら専門家がぜんぶ分別したほうがいいという発想だ。それに、分別済みの資源ゴミを受けとる側の施設では、それぞれの資源ゴミが混じりあっていないことを想定している。そのため、個々の品目をより分けられるような構造になっていない。シングルストリームの施設なら、訓練を受けた従業員が担当するので分別の精度は高い。

資源ゴミが混じりあうのを防ぐには、理屈のうえではリサイクル工場にもっと人手を投入すればよさそうである。だが、そうすると相当なコスト増になる。しかも、これから見ていくように、ただでさえビジネスモデルとしてはろくに機能していないのだ。

この方面では、いずれテクノロジーが救いの手を差しのべてくれるかもしれない。人工知能搭載のロボットであらゆる品目を認識・分別するのは、すでにいくつかの施設で実施されている。今後はその技術がより良く、より速く、より安価になる一方だろう。長い目で見れば、人間より機械の分別能力のほうがはるかに高いと考えられるが、あいにくまだまだその段階には至っていない。

これが理想のリサイクル？

当然ながら不思議なのは、本章の冒頭で描いたような理想のプロセスとしてのリサイクルが、一度でも、うまくいったためしがあるのか、ということである。

見方によっては、その答えはイエスだ。というのも、手っ取り早い解決策の存在した時期が過去にはあったからである。資源ゴミを中国に送り、そこで手間のかかる資源ゴミの入念な分別を低賃金労働者に肩代わりしてもらえばいい。ＥＰＡ（アメリカ環境保護庁）によれば、アメリカのリサイクル工場で処理される資源ゴミの量は年間六〇〇〇万トン。最近になるまで、中国はその四分の一相当をひき受けていた。なぜ中国がゴミを輸入することになったのかというと、そこにはムダを減らすための面白い理由があった。長らく中国のコンテナ船は中国製製品を満載してアメリカに向かい、荷を下ろしたら向きを変えて空《から》のまま帰っていた。このため、アメリカから中国へコンテナを送る料金は、その逆に比べるとごくわずかで済んだ。あまりにも安かったために、ゴミ同然のもの、どころか文字どおりのゴミをコンテナに積んでもいいと思えるほどだった。だからアメリカ人は実際にそうした。

当初、この事業は一部の中国人に多大な恩恵をもたらした。とりわけ有名なのは張茵《チャン・イン》で、女性実業家番付で世界でもトップクラスに入る人物である。張は貧しい境遇から身を起こし、古紙回収事業を始めた。中国では原材料となる古紙が不足しているうえ、品質が良くないことに張は気づく。そこでアイデアがひらめいた。一九八〇年代に夫とともにアメリカに渡ると、ダッジ・キャラバン〔クライスラー社製のミニバン〕で走りまわって大量の古紙を見つけた。古紙を車に積みこんで港に向かい、少しずつコンテナをいっぱいにしていった。そのコンテナが中国に着いたら古紙を段ボール箱に再生し、それを中国の製造業者に売り、今度はその業者が段ボール箱に商品を満載してアメリカに送りかえして、またサイクルが始まる。張茵は一大企業帝国を築きあげ、このビジネスモデルのおかげで数十億ドルの資産をたくわえた。

しかし、その後は状況ががらりと変化している。二〇一八年三月、中国は「国剣行動〔国の剣作戦〕」と銘打った方針を打ちだした。これは「洋垃」、つまり外国からのゴミのほぼ全廃を目指すものである。この新しい方針によって、さまざまな種類の資源ゴミの輸入が禁止された。さらには、禁止されない資源ゴミについても、異物混入の度合いを〇・五パーセント未満とすることが定められた。達成がほぼ不可能といっていいような数字である。人の手で分別する場合、どんなに調子の良い日でもそこまでの精度を一貫して続けることはできない。この新方針は劇的な影響を及ぼし、一年のうちにアメリカから中国への資源ゴミの輸出量は九割減少した。

なぜ中国はこのような方針を定めたのか。しかもこれほどに唐突に？　中国政府によれば、それは市民の健康を守って汚染を軽減するための措置だった。その言い分は確かに正しい。ゴミを輸入していた中国企業の多くは責任ある処理をしておらず、結局ゴミは中国の景観を損なうこととなった。おまけに、ゴミを輸入するのは対外的な見てくれも良くない。世界の超大国が世界のゴミを買っていたのでは、どうにも収まりが悪いではないか。それに、中国の国内市場だけでも、処理の必要な資源ゴミは山ほどある。

面白いのは、中国のこの方針転換によって、アメリカの量販向けペーパーバックビジネスの凋落《ちょうらく》に拍車がかかったことだ。売れ残ったペーパーバックは、ハードカバーのように値引きして販売するわけにはいかない。だから表紙をはがされて紙ゴミになる。数十年のあいだ、中国の古紙市場が活況を呈しているうちは、小売店がペーパーバックの在庫を大量に抱えていても別に不都合はなかった。買い手がつかなかったとしても、古紙として売りわたせばコストの一部は回収できる。ところが古紙市場が崩壊したために、売れ残りのペーパーバックを処分することが一〇〇パーセント小売店の責任となった。これを受けて小売店はペーパーバック向けだった棚スペースを転用し、もっと実入りのいい商品を置くようになった。

だったら、アメリカの資源ゴミはどこへ行けばいいんだろう。インドのような人件費の安いほかの国々でも、すでに似たような輸入規制を定めている。まだ資源ゴミの輸入を続ける小国もあるにはあるが、中国が受けいれていた量とは比べ物にならない。ほかにはどんな選択肢があるだろうか。これは容易には答えの出せない問題だが、ゴミを他国に輸出すべきではないと説く声は多い。ひとつの国がある程度の量のゴミを生みだしたのなら、その国が自分で処理すべきだということである。

「国剣行动」は決定的な分岐点となる出来事だった。リサイクル産業では一夜にして経済の底が抜けた。それまでは一トンにつき五〇〜一〇〇ドルで売れていた資源ゴミが、いきなりほとんど値が付かなくなってしまったのである。金の流れが完全に逆転したケースもある。圧縮梱包した資源ゴミに対して金がもらえる代わりに、自治体は一トンにつき五〇〜一〇〇ドルを払ってそれをどこかへ片づけてもらわなくてはいけなくなったのだ。そんなビジネスを想像してみてほしい。トラックで資源ゴミを回収し、人を雇って選別させ、完成品――たとえば雑紙《ざつがみ》の圧縮梱包――ができたら、さらに誰かにお金を払ってそれを運びだしてもらう。未来のないビジネスであることはウォーレン・バフェットでなくてもわかるだろう。

リサイクル産業の嘆きを目の当たりにしたからといって、諸悪の根源は中国だと非難するのはお門違《かど》いである。要因はほかにもあった。たとえば水圧破砕法（フラッキングとも）などのように、地下資源を採掘する技術の開発が進んだおかげで、石油や天然ガスは安価になり、プラスチックを一次生産するコストも以前より下がっている。結果的に、使用済みペットボトル――いわば徹底的な加工を施した化石燃料――の価格も低下している。それは、新たに生産されるボトルと張りあうためだ。

こうしたいくつもの経済的要因により、自治体は戦略を見直すか、もしくはリサイクル計画をすべて断念することを余儀なくされつつある。いくつかの地域では、消費者が普通ゴミと資源ゴミをより分け、二種類のトラックが列をなしてそれを残らず取りにきたあとで、結局は最終処分場で再び一緒くたにされて埋められている。しかもこれは単発的な現象ではない。二〇一九年の『ニューヨークタイムズ』紙の記事にはこうある。「アメリカ全土で数百の町や市がリサイクル計画を中止したり、受けつける資源ゴミの種類を制限したり、処理費用の大幅な上昇をのんだりしている」

たとえばペンシルベニア州のフィラデルフィアがそうなのだが、自治体によっては資源ゴミの大半を黙って燃やして発電の燃料にしている。こうしたことはたいていファンファーレなしにひそやかに行われている。それは、自分たちの資源ゴミが焼却炉や埋立地に消えていると知れたら、消費者がリサイクルをやめてしまうのを恐れてのことだ。いまやめられたら、いずれリサイクル産業の経済状況が回復したときに、消費者の行動をもう一度改めてもらわなくてはならなくなる。リサイクルできるものとできないものの区別を町が頻繁に変更していたら、住民はうんざりするか混乱するかのどちらかだ。だから、住民にはこれまでどおりに分別をさせておけばいい。たとえその結果として、入念により分けてもらったその資源ゴミが埋め立てられるにしても。それが自治体の理屈である。いまや高くつくようになったリサイクル計画に、単純に終止符を打つ自治体も現れている。

先ほども触れたが、すべてのリサイクル事業が破綻しているわけではない。海岸から遠く離れ、中国に資源ゴミを送ったら費用が余分にかかるような地域では、中国政府による海外ゴミ輸入禁止措置の影響をあまりこうむらなかった。ガラスについても、重量があるためにそもそも船で安価には送れないものなので、リサイクル事業の経済状況はそれほどひどくない。銅、アルミ、鉄、スチールといった高価な品目についても同様である。また、アメリカの中でも、地域の力学が働いてリサイクル事業が利益をあげている場所はある。だが全体で見れば、リサイクルがおおむね利益を生んでいると考えるのは間違っている。

経済の観点からいって、リサイクル事業はこれまでもずっと危うい綱渡りだった。リサイクル事業に関する経済分析には、関連する外部要因をすべて測定しているものがきわめて少ない。資源回収トラックの経済的・環境的コストなら計算できるし、実際に計算がなされることもある。しかし、資源ゴミを洗うための水や、市民が自分のゴミを分別するのにかかる時間といった外部要因は、分析に含まれることがめったにない。こうした要素をすべて勘案したら、経済的に意味あるかたちでリサイクルが「うまくいっている」かどうかは不透明な品目が多いのが実情である。

■リサイクルの未来

とはいえ、それで何か問題があるだろうか。リサイクルの主眼は経済ではなく倫理にあると考えればいいのだと、社会として決めることはできる。もちろん、幅広くリサイクルしても採算が取れるならそれにこしたことはないが、たとえそうでなくても別に構わない。かえってコストがかさむとしても、リサイクルするのが正しいことだからそうするまでだ。仮に国民の総意としてそうとらえる道を選ぶなら、自由市場がリサイクル産業を動かすという幻想をきっぱり捨てたうえで公共政策を決めなくてはいけない。その場合はゴミに税金をかけ、資源回収に助成金を支給し、リサイクル可能なゴミの埋め立てを法律で禁止し、すべての資源ゴミにデポジット制度を導入すべきである。

世界には、高いリサイクル率を達成するためにこの種の手段を用いている地域がある。つまり、課税と助成金と、社会の圧力を通して、ということだ。そのひとつが台湾である。企業は自らが出した廃棄物を自らで処理するか、政府のリサイクル活動に支援金を拠出する。リサイクルできないゴミについては消費者が有料のゴミ袋を買わなければならないので、ゴミに税金がかかっているのと同じである。一方、リサイクル可能な資源ゴミなら処分に費用はかからない。回収トラックが音楽を流しながら町なかを巡回し（アメリカのアイスクリームトラックみたいに）、資源ゴミを出す日であることを住民に知らせる。リサイクル方法の改善を助言する役目のボランティアもいる。さらには、再生材料から製品をつくるための技術革新に対して政府が助成金を支給してもいる。この最後の施策には、再生材料の実質的な原価を下げるという思いがけない効果もあり、その使用が促されることにつながっている。そのことからも、台湾のリサイクル政策が徹底的に考えぬかれていることがうかがえる。

「豚の耳から絹の財布はつくれない」ということわざがある。だがそんな言葉はものともせずに、ゴミという豚の耳から価値あるものを、しかも市場の力だけでつくれるようにする道はないものだろうか。リサイクルを全国で大々的に実施して、なおかつ利益をあげるのは無理なのだろうか。

市場は社会を動かす強い力をもっている。真新しいプラスチックからではなく、使用済みのペットボトルから新しいペットボトルを製造して利益をあげられれば、誰にとってもメリットがある。いろいろな状況を見る限りこれが実現する可能性は十分にあり、その大きな鍵を握るのがテクノロジーである。

重要な技術革新はいくつも生まれていて、しかも開発のペースを上げている。たとえば、AMPロボティクス社は「コーテックス（Cortex）」というAIロボットを開発した。コーテックスは最大九八パーセントの精度で資源ゴミを選別できると謳《うた》われており、個々の品目のバーコードを読んでそれが何でできているかまで判別できる。テキサスA&Mアグリライフ研究所の科学者は、紙ゴミを高品質のカーボンファイバーに再生する手法を発見した。質が高いので、新製品の原料にするのにも適している。リーボック社は綿とトウモロコシで堆肥化可能なスニーカーをつくっており、レゴ社は製品の一部に植物由来のプラスチックを用いている。オーストラリアのメルボルンでは、再生プラスチックをアスファルトに混ぜて幹線道路を舗装する取り組みが進められている。再生プラスチックを新品プラスチックと品質面で遜色ないものにする技法の開発が進められる一方で、再生ガラスに関しても同様に大きく前進している。新しいベンチャーキャピタルが次々に誕生しては、リサイクルの技術革新に資金を提供している。また、若い世代は理屈抜きでリサイクルが体にしみついている。彼らの頭の中では無数のビジネスプランが育まれていて、ゴミで儲けるための暗号を解読しようとしている。

リサイクルは恐ろしく複雑なテーマであり、不確定要素がたくさんある。リサイクルの生態系を眺めわたしていると、あれもこれもうまくいっていないのが目について、やる気が削がれやすい。だからといって、「ふーん、だったら何でもかんでもゴミ箱に捨ててやれ」という結論に飛びつくのは禁物である。何かしらの違いを生みたいと思うなら、絶対確実な方法がひとつある。消費を減らすことだ。カリフォルニア州バーバンク市のリサイクルコーディネーターを務めるクレイグ・ハンペルが『ロサンゼルスタイムズ』紙に語った言葉ではないが、「リサイクルしたからといって、消費によって加えられたダメージが元に戻せるわけではない」のだから。

第8章 リサイクルの真実②

かえってムダが増える再利用の罠

マルティン・ルターはおよそ五〇〇年前、ドイツ（当時は神聖ローマ帝国）にあるヴィッテンベルク城教会の扉に「九五か条の論題」を釘づけにして貼りだした。カトリック教会への批判を九五個並べたてたわけだが、そのうちの少なくとも四〇か条で教会による免罪符の販売に触れている。免罪符を購入すれば、犯した罪への罰が全面的ないし部分的に免除されるという慣行のことである。ルターが批判の中でとくに強調したのは、罪を帳消しにする「魔法の切り札」を金で買えるようにすると、人はかえって多くの罪を犯すという点だった。

今日では、自分のカーボンフットプリント（商品・サービスのライフサイクル全体を通して排出される温室効果ガスの量をCO_2に換算した指標）を気にしている人たちのための免罪符がある。カーボンオフセットを購入すればいい。簡単にいうと、誰かに金を払って木を植えてもらい、自分の行動で生まれた余分な炭素を吸いとってもらうというからくりだ。何本か木を植えて相殺《オフセット》しさえすればいいなら、あの燃費の悪いSUV車を買わない手はないではないか?

■リサイクルという名の贖罪

二〇〇七年、気候変動を「人類にとって最大の脅威」と表現していたイギリスのチャールズ皇太子(当時)は、二〇人のお供をひき連れて空路アメリカを訪問することになった。目的は賞を授与されるためであり、その賞というのが……環境保全の取り組みが評価されてのものだった(「国際環境市民賞」を受賞)。当時、そんなに大勢の手伝いが必要だなんてどれだけ重たいメダルなのかと、揶揄《やゆ》する声も聞かれた。皇太子は激しい非難の矢面に立たされたため、アメリカ行きで発生するCO_2を相殺しようとスイスへのスキー旅行を中止した。これをわが身に置きかえてみてほしい。あなたの車から平均以上の排気ガスが出るという事実を突きつけられたとき、スキー旅行をキャンセルしたからいいんだと開きなおったら、周囲からどんな反応が返ってくることか。

原則論でいえば、相殺すること自体が悪いわけではない。しかしそれによって人間の行動が良からぬほうへ変わってしまうなら、そしてあげくの果てにはオフセットという選択肢のなかった時代よりゴミや大気中のCO_2が増えてしまうなら、批判の集中砲火を浴びるのは当然だろう。この理由から、オフセットが本当に触れこみどおりの成果をあげているのかどうかが以前から議論の対象となってきた。多少なりとも変化は積みかさなってきているのだろうか、と。

リサイクルについてはどうだろう。リサイクルすること自体も「免罪符の購入」がかたちを変えただけだとはいえない?『ニューヨークタイムズ』紙の科学コラムニスト、ジョン・ティアニーはそう考えている。ティアニーは一九九六年、『ニューヨークタイムズマガジン』誌に「リサイクルはゴミだ」と題した記事を寄稿し、リサイクルは時間と金と天然資源をムダにしているだけだと説いた。「アメリカ人はリサイクルを神秘的な体験として受けいれてきた。罪を贖《あがな》うための行為として。私たちはただ単にゴミを再利用しているのではない。過剰の罪に対する贖罪の儀式をとり行っているのである」。ティアニーはこの一九九六年の記事のフォローアップとして、二〇一五年にも署名入りの特集記事でほぼ同じメッセージを伝えている。一九九六年の記事が掲載された当時、抗議の投書がかつてないほどに殺到した。二〇一五年の記事にもほぼ同じくらいの批判の声が押しよせた。

ティアニーの言い分が正しく、リサイクルが一種の贖罪なのだとしたらどうだろう。それで何か不都合があるだろうか。多少の罪滅ぼしをしてみんながほんの少しいい気分になるのなら、それでいいではないか？　残念ながら、そう単純にはいかない。

■リサイクルが変える、人の消費行動

本書のいくつかの章では、さまざまな商品の一次生産につきもののムダを取りあげ、いろいろな方法でリサイクルすることでそのムダがどう減るかを検討している。結論をいうと、リサイクルの場合は一次生産よりエネルギー消費量が大幅に削減されるケースが多い。だがそれらの章では、リサイクルによる直接的な影響にしか目を向けていない。「ほかの条件がすべて同じだとしたら、リサイクルによってムダは増えるか、もしくは減るか？」という問いに答えているだけだ。そして、そういう前提なら答えは明らかに思える。つまり、リサイクルは実際にムダを減らすということである。

しかし、違う問いの立て方をしたらどうだろう。ほかの条件がすべて同じではないとしたら？　リサイクルそのものが人の行動を変容させている可能性はないだろうか。リサイクルという手段が存在するせいで、そうでない場合よりじつはムダが増えているおそれはない？

幸い、この仮説を検証するのは難しくない。現にボストン大学のふたりの准教授、モニク・ソンとレミ・トルーデルは、まさしくその検証のために一連の実験を実施した。その結果は「リサイクルと廃棄が消費に与える影響の比較」と題した論文で報告されている。

一回目の実験では被験者を集め、四種類のフルーツジュースの味を比べる調査に参加してもらいたいと伝えた。ジュースの入ったセルフサービス式の容器を四つ設置し、それぞれの脇には使い捨てカップを大量に積みかさねた。ソンとトルーデルが本当に知りたかったのは、被験者が一個のカップをくり返し使って四種類を味わうか、それともそれぞれで新しいカップを使うかである。被験者の半数については、普通のゴミ箱だけをテーブルのそばに出しておき、残り半数についてはリサイクルボックスを置いた。すると、近くにリサイクルボックスを置かれたグループのほうが、そうでないグループよりカップの使用量が三〇パーセント多かった。

次にふたりは別の実験へと進んだ。被験者にプレゼントを包装してもらい、ロール状のラッピングペーパーをどれくらい切りとって使用したかを測定するというものである。今回もやはり、被験者の半数にはテーブル脇にゴミ箱を、残り半数にはリサイクルボックスを置いた。結果、リサイクルボックスのグループのほうが紙を二〇パーセント多く使った。

第三の実験では被験者にいろいろな課題を実行してもらったあとで、無料のペンを提供した。ペンは一本一本包装されていて、好きなだけ取っていいが、会場を出る前に包装は捨ててほしいと被験者には伝える。今回もやはり、被験者の半数はゴミ箱を、残り半数はリサイクルボックスを目にするようにしてあった。はたしてリサイクルボックスのグループのほうが三〇パーセント多くペンをもち帰った。

じつに興味深い実験結果である。私たちはまるでパブロフの犬ではないか。あの青いリサイクルボックスを見ると、よだれは垂らさないまでも条件反射的に物をムダにするのである。

これをどう考えたらいいのだろうか。リサイクルは悪だという判決を下す？

ロヨラ・メリーマウント大学の教授で、第２章にも登場したトレヴァー・ジンクの見解は少し違う。私たちの本当の問題は消費なのだとジンクはいいきる。「リサイクルをしても、環境のプラスになる効果は埋め立てる場合とたいして変わらないことに消費者が気づき、そのどちらに対してもしかるべく罪悪感を抱くのであれば、たぶん『なるほどね、じゃあ少し消費の量を減らそうかな』と思うのではないでしょうか」

ついでにいうとジンクの考えは、リサイクルに対して複雑な思いを抱く、などというレベルをはるかに超えている。本質的に、「エコな」製品とか「エコでない」製品などというものは存在しないというのがジンクの主張だ。そうではなく、この世には環境に悪影響を与える製品と、環境への悪影響がわずかに少ない製品しかないと説く。現実には、「環境へのダメージは製品を購入した時点や、それが生産された時点で起きているのであって、製品を処分したときではありません」

映画『ウォー・ゲーム』の中で、マシュー・ブロデリック演じる主人公は、意識をもったコンピューターに核戦争の不毛さをわからせるための実験を考案する。コンピューターに指示をし、自分自身を対戦相手にして○×（マルバツ）ゲームを延々とくり返させたのである。果てしなく引き分けを続けたあげくに、コンピューターはそれが「奇妙なゲーム」であることを悟り、「勝つための唯一の手はプレーしないことだ」という結論に至った。ジンクにとっては、埋め立てもリサイクルも、エコな製品もその他もろもろもぜんぶこれと同じだ。つまり、勝つための唯一の手は消費しないことなのである。

もちろんこれには限度がある。少なくとも現時点では、生きている限り食べることと息をすること、そしてある程度のムダを出すことを避けては通れない。だからムダは必要悪なのだとしても、それをできるだけ抑えることを私たちは目指すべきである。消費の仕方によっては、罪の赦《ゆる》しなど絶対に得られない場合もあるのだから。

第9章 水問題に深くもぐる①
水がどこから来て、人々に供給されるか

ある名言が誰のものかについては三通りの説がある。ラジオアナウンサーのポール・ハーヴィー説、ミネソタ州とサウスダコタ州の農機具協会説、そして孔子説。その名言とはこうだ――「人類はこれだけのことをなし遂げてきたにもかかわらず、私たちが存在していられるのは一五センチの表土と、雨が降るという事実のおかげである」

誰が言ったにせよ、これは議論の余地なく正しい。水は地球上の生命の中心をなすものである。陸で暮らす動物であっても、海と完全に切りはなされてはいない。いってみれば私たちは、海水入りの袋に手足が生えているだけの存在である。現に、私たちの血液の液体部分（血漿《けっしょう》という）を調べてみると、塩化ナトリウムやさまざまなイオンの濃度が愕然とするほど海水に似ている。

宇宙から眺めたら、地球はさながら水の惑星だ。地球は三分の二以上が水だと小学校では教わり、体積ではなく表面積だけを考えるなら確かにそのとおりである。だがそういうとらえ方は誤解を招きやす

い。というのも、その水というのは、岩石でできた惑星の表面をベニヤ板のように薄く覆っているだけだからである。地球の体積はおよそ一兆八三〇億立方キロメートルであり、海水はその一〇〇〇分の一程度を占めるにすぎない。

近年では、地球の内部に大量の水（全海水の約一～三倍程度）が閉じこめられていると信じる研究者が増えているものの、地球全体は乾いた骨も同然である。いや、骨よりも乾いている。骨の三〇パーセントは水でできているのに対し、地球の水は体積全体の一パーセントにも満たない。

淡水となると輪をかけて少ない。海洋にはおよそ一三億立方キロメートルの水が存在するのに、液体の淡水となるとその一パーセントほどの量にすぎない。地上の氷もぜんぶ計算に入れ、グリーンランドや南極大陸を覆うあの分厚い氷も残らず含めたとしても、地球全体の水に占める淡水の割合はわずか三パーセント程度である。

肝心なのは、そのささやかな液体の淡水が私たちひとりひとりの生命を支えているという点だ。私たちはこの現実をほとんど潜在意識のレベルで認識しているので、それが「水をムダにしてはいけない」という戒めに何度となくつながる。しかし、水というのは実際にムダにできるものだろうか。私たちがいま飲んでいる水は、恐竜が地球をうろついていた頃の水と同じだし、数億年前だろうが現在だろうが地球上の水の量はほとんど変わらない。水のムダについて理解するには、何かが破壊されることでムダになるという以外の視点が必要であり、それは水の破壊が現実に起きるわけではないからだ。だが、人間にとっての価値という観点からいうと、汚れているかきれいか、海水か汽水か淡水かという意味で水がムダになる場合はある。さらにいえば、水が「ここ」にあるか「よそ」にあるかは死活問題になりうる。

人類が直面する水問題の全貌をつかむには、私たちの使用する水がどこから来るのか、そして私たちが利用できる水の量はどれくらいあるのかを把握することが重要である。

■水はどのように生まれるのか

まずは大元のところから始めよう。海からは毎日およそ一二五〇立方キロメートルの水が蒸発している。その水は雲になり、雨に変わる。雨の九割はじかに海に落ちるので、何のための大騒ぎかという気がしなくもない。しかし、ここが大切なポイントなのだが、残り一割は陸地に降る。地球の陸地面積は約一億五〇〇〇万平方キロメートルなので、その雨を陸地全体に広げたとすると、年間平均降水量は二八〇ミリ程度となる。

もっとも、海由来ではない雨も陸地には降る。年平均四一〇ミリほどの雨は地球の陸塊から「蒸発散《じょうはっさん》（evapotranspiration）」を通じてもたらされる（「一八文字の英単語をひとつあげなさい」というクイズ問題の答えになりそうだ）。蒸発散とは、土壌と植物から発生する水蒸気が大気へ移動する現象をいう。私たちの目にはほとんど見えないものの、植物からは気孔を通じて大量の水が放出されている。たとえば、成熟したオークの木一本からは一日で約三八〇リットルの水が葉を通じて蒸散しているし、一エーカー（約四〇五〇平方メートル）のトウモロコシ畑ともなるとそれが毎日一万一四〇〇リットル近くという驚異的な量に及ぶ。

蒸発散由来の雨によって、地球の陸地に降る年間平均降水量は合計およそ六九〇ミリに引きあげられる。しかし全体で見ると、蒸発散からの雨はほとんどゼロサムゲームといえる。植物と土壌は水を放出する一方で、吸収しもする。オークの木は何もないところから魔法のように一日三八〇リットルの水を吐きだすわけではない。地面と空気から毎日ほぼ同じ量を吸いとってもいる。

したがって、水のムダについて理解するうえでは蒸発散はいっさい考慮に入れず、おもに海由来で陸に降る雨だけに集中していい。蒸発散による雨の量が植物の吸収分で相殺されるように、海由来で陸に落ちた一日約一二五立方キロメートルの雨は再び海に戻ろうとする。誰もが知っているように、水はそれ相応のレベルに落ちつこうとし、そのレベルとは最終的には海水面《シー・レベル》だ。いずれはかならず故郷《ふるさと》の海へ帰る。

この場合もやはり、海は毎日一二五立方キロメートルの水をただ陸地にくれてやっているわけではない(もしそうだったらいま頃は海が干上がっている)。むしろ陸に貸しだしているのに近く、いずれは返してもらう。つまり私たちは水を海から借り、一時的にせよそれを吸いあげて暮らしを営んでいる。これが地球の再生可能な淡水であり、それは水問題において重要な意味をもつ概念だ。再生可能な淡水とは、陸地に降る雨から蒸発散由来の分を差し引き、地球の帯水層(地下水をためたり移動させたりしている地層)から流出する地下水を加えた水の総量をいう。

水のムダについて十分に理解するには、あとふたつの概念を登場させる必要がある。貯水量と水供給量だ。貯水量とは、特定の場所の特定の時点に存在する淡水の総量を指し、河川、湖沼、帯水層の水からなる。水供給量とは、年間の降水量(蒸発散分を除く)に地下水の年間流出量を加えたものをいう。貯水量は銀行口座の残高のようなものだ。水供給は所得に相当し、一年を通して入ってくる。すぐに使わない所得は貯金に回す場合もあるし、所得だけでは日々の支出をカバーしきれないときには貯金を切りくずす。

たとえばアメリカの五大湖は貯水源のひとつであり、ここだけでおよそ二万三〇〇〇立方キロメートルの淡水がたくわえられている。これはアメリカ全体の再生可能な年間水供給量、つまり水の所得のほぼ八倍にのぼる。金銭の場合もまさしくそうだが、支出をつねに所得より抑えて、貯金には手をつけないのが賢いやり方である。貯水量を使い果たしてしまうのは――この例でいえば五大湖を空っぽにしてしまうのは――得策ではない。

こうした水の大きな動きを実感するには、アラル海に目を向けるといい。ソビエト連邦は一九六〇年代に、アラル海――当時は世界第四位の面積をもつ内陸湖――にそそぐ複数の河川から水を引いて綿花栽培の灌漑《かんがい》用水にする決定を下した。綿花はことのほか水を欲しがることで知られる作物である。この結果、アラル海の貯水量は八割あまり減少し、残された湖水の塩分濃度が上がった。もはや淡水に適した魚や植物を淡水湖として養うことができず、塩湖となって海水の生態系をつくりだした。沿岸はかつて漁業が盛んで、最盛期には六万人に職を提供していたが、湖とともに漁業も干上がり、気づけば沿岸にあった漁師町は湖岸から六〇キロ以上も離れてしまった。この災いに追い討ちをかけるように、以前は湖底だった土地から塩が舞いあがり、作物の畑に吹きこんで甚大な被害を与えた。

■地域ごとの水ストレス

たぶん少しも意外ではないだろうが、地域によって水の供給量にはじつに大きな開きがある。グリーンランドに住んでいれば、ひとり当たりの水供給量は何十億リットルにもなるのに対し、クウェートではひとり当たり数百リットル程度だ。世界全体で見ると、陸地における年間降水量はおよそ一〇万四二〇〇立方キロメートル。その六割は植物によって放出されて植物によって吸収されるので、再生可能な淡水の総量は地球全体で四万一七〇〇立方キロメートルほどである。そこに帯水層からの約一万二五〇〇立方キロメートルが加わるので、水供給量の合計は年間およそ五万四二〇〇立方キロメートルだ。そのうち最も供給量が多いのはブラジルで、年間八三〇〇立方キロメートルほどにのぼる。これは世界全体の約一五パーセントにあたる。第二位はロシアで、水供給量はおよそ四六〇〇立方キロメートルである。

アメリカの再生可能な水供給量は年間で合計二九〇〇立方キロメートル程度であり、それが三日につき四立方キロメートルほどのペースで使われている。ということは、一年が経過する頃には総供給量の六分の一程度が使用されていることになる。これくらいの使用率であれば、アメリカは水ストレス〔水不足により生活や産業に悪影響が及んでいる状態〕の低い部類に入る。それに対して、水ストレスの著しく高い地域はじつはたくさんあって、年間の水供給量をほぼすべて使いきっている。

前述の通り、地球全体で見れば、再生可能な水供給量は年間およそ五万四二〇〇立方キロメートルである。そのうち人間が利用しているのは年間四二〇〇立方キロメートルほどなので、地球全体としての水ストレスレベルはかなり低い。とはいえ、平均深度が一五センチ程度の川でも溺れる人がいるように、そういう分析の仕方は間違ってはいないものの完全に的を外している。

地球平均というのは概念としては役に立っても、水のムダの影響を見極めるための材料にはあまりならない。というのも、たまたま水のある場所に人間や農地が存在するとは限らないからだ。さらに厄介なことに、世界の年間水供給量のかなりの部分が、雨季などの時期に一度にまとまってもたらされている。こういう水はうまく利用しようにもできないものなので、計算に含めないほうがいいだろう。しかも、再生可能な水供給量の多くは、船舶が航行できる水路を維持するのに使われている。ほとんどどんな地域であっても、輸送や娯楽に利用したいがために川が海に流れこんでいてほしいと思う。このように、地球全体での水ストレスレベルは低くても、見かけほど低くないというのが実情だ。

水ストレスが高いとどういう状況になるのだろうか。アメリカの水系を考えてみるといい。ライチャスブラザーズ〔おもに一九六〇年代に活躍したソウルデュオ〕は「孤独な川が海へと流れ」〔ヒット曲「アンチェインド・メモリー」の歌詞の一部〕と歌ったが、あれはコロラド川のことではなかった。コロラド川では水が海までたどり着けるとは限らず、その状態がもう何十年も前から続いている。なぜかといえば、私たちがコロラド川の水をすべて農業にふり向けているからだ。コロラド川水系では水供給量の一〇〇パーセントが使用されている。アメリカの川という川が、あのミシシッピ川ほどの大河でさえも、いっさい海に流れこめないとしたらどうなるだろう。ざっくりいって、そうなればアメリカは再生可能な水を毎年ぜんぶ使いきることになり、水ストレスの高い国々の仲間入りをする。いうまでもないが、水がどの程度不足しているかは同じ国でも地域によってかなりのばらつきがあり、ラスベガスはシアトルより水ストレスが相当に大きい。

基本情報を押さえたところで、次のふたつの章で水にまつわるムダを探っていきたい。

第10章 水問題に深くもぐる②

水がどのように使われているのか

水利用について語る際には、覚えておくべき重要な概念がふたつある。取水と消費だ。取水《しゅすい》とは、大元の貯水源（湖や河川など）から水を一時的に脇にそらすことをいう。消費は読んで字のごとくであり、費やされた水は地面からも湖からも河川からも永久に消えうせる。

具体的にどう違うのだろうか。たとえば釣りに出かけ、バケツに水を満たして釣った魚を中に入れ、帰り際にその水を湖に戻したとしよう。これは取水であって、消費はいっさいしていない。しばらくのあいだ水を借りただけである。ところがそのバケツを水ごと自宅にもち帰り、庭にその水をまいたとしたら消費したことになる。

アメリカを例にとってみよう。アメリカでは、ひとり当たりの取水量は一日につき三八〇〇リットルほどだ。一方、消費量のほうはひとり当たり一一〇〇リットル程度にすぎない。この差がどこから来るかを突きとめるために、そもそもどうして取水するのかを考えてみたい。

取水する理由としてだんぜん大きいのは火力発電と灌漑であり、それぞれが取水量全体のおよそ四割ずつを占める。

火力発電は主流の発電方式である。石炭、石油、天然ガスなどを燃やして熱を生みだし、それで水を蒸気に変え、蒸気がタービンを回し、タービンが発電機を駆動して電気をつくりだす。原子力発電も似たようなもので、核反応の熱で蒸気を発生させている。こういう原理で発電する場合、関係する機械類はすべて大量の冷却水によって過熱を防ぐ必要がある。冷却に使われた水は温度が上がり、発電所にとってはもはや価値が低いので環境に戻される。アメリカの大多数の発電所では「貫流冷却」と呼ばれる方式が用いられている。冷却水を環境から取りこみ、発電の工程で使用し、それから放出する。放出する前に巨大な冷却塔で水の温度を下げてから、ミスト状にして散水する場合もある。このように膨大な量の水を必要とすることから、発電所のほぼすべてが水源近くに位置している。この場合、農業と同程度の量の水を取水していながら、実際に消費するのはその三パーセントくらいだけである。使用後の水を冷却して、再利用するような仕組みにすることもできなくはない。そうすれば取水量ははるかに少なくて済み、蒸発で失われた分だけを取水して補えばいいことになる。ただ、そのやり方だと同じ量の燃料を用いても発電効率が下がるため、結果的にムダが増える。

消費量は比較的少ないとはいえ、発電のための取水にはいくつか問題がある。川から冷たい水を引き、その代わりに高温の水を吐きだしたら、水生動物は生きていけない。しかも、環境に戻される水は、概して発電所に取りこまれたときと同じ水質ではなくなっている。

同様に大量に取水して使用しているのが農業だ。アメリカでは、一日につきひとり当たり約一五〇〇リットルが農業向けに取水されている。火力発電の場合とは違って、こちらの消費量はかなり高く、全体のおよそ六五パーセントにのぼる。

そう聞くと、灌漑用に水を取水しながら消費しないい分があるなんて、どうすればそうなるのかと不思議に思うかもしれない。水が蒸発したり、植物に吸収されたりした場合は、水は地域の水系から離れてしまうので消費とみなされる。しかし、水の一部は土壌の中をしたたり落ちていって地下水面に達する。そうなれば消費ではなく、取水としてカウントされる。農業は取水量が多いうえに、それを消費する割合も高いことから、アメリカの淡水消費量の八五パーセントを占めている。

■水道水の使われ方

ここで思いだされるのが水道水である。アメリカ人が淡水の貯水源から取水する一日およそ一兆三二五〇億リットルの水のうち、地域の浄水場を通るのは約一五〇〇億リットル——全体の一割強——にすぎない。そのうち、家庭で利用されるのは半分程度のみである。残り半分は商業や工業、あるいは公共の場（公園内の池など）で使われている。消費者が一日に使用するのは七六〇億リットルほどであり、これをひとり当たりに換算するとだいたい二六五リットルとなる（井戸水で生活する人が人口の一五パーセント程度いるので、その分は含めずに計算している）。

この二六五リットルのうち、約七五リットルは屋外で、おもに芝生に使用されている。ただし、この数字にはばらつきがかなり大きい。ニューヨーク州マンハッタンの集合住宅に暮らしていたら、バルコニーのペチュニアの鉢にすら水をやらないかもしれないし、ニューメキシコ州サンタフェの近郊なら、家の広大な敷地の端にゴルフコースが設けられているかもしれない。残り一九〇リットルについては、それぞれ二割ずつをトイレ、シャワー、洗濯機、そしていろいろな蛇口からの水に使っている。あとの三八リットルはそれ以外のすべてであり、その半分は漏水して失われ、ムダにされている。

水道水として取水された分のうち、実際に消費される量はわりあい少ない。下水は地域で処理されて、再び地域の河川や貯水池などに戻されるケースが多い。だから、トイレの水を一〇〇〇回流しても（節水タイプであろうがなかろうが）、消費量は（たとえあるにしても）たいしたことにはならない。芝生に水をまいたらかなりの部分が消費されるものの、屋内で使う水の消費量はごくわずかである。市が水不足になったときに、屋外での洗車や芝生の水やりを制限するのはこのためだ。そのふたつが実際に水を消費するからであり、入浴のように取水するだけなのとはわけが違う。

世界全体で見ると、意外でも何でもないだろうが取水と消費の数字には地域によって開きがある。アメリカでは一日につきひとり当たり約三八〇〇リットルの淡水が取水されているのに対し、世界平均はわずか一五〇〇リットル程度にすぎない。いうまでもないが、きわめて少ない水でやりくりしている地域もある（注目すべきは、ひとり当たりの取水量が、電力使用量の場合ほど所得との相関を示さない点だ。発展途上国は水資源に恵まれていることが多いためである）。

ここまでの分析には含めてこなかったものの、これ以外の用途で取水される場合もあり、養殖、採鉱、家畜の飼育などがそれにあたる。ただし、ぜんぶ合わせても比率としては小さい。また、取水にも消費にも分類されない用途もいろいろある。たとえば娯楽用の湖を造成したり、魚の繁殖に水を使用したり、船舶航行のための水路をつくったり、といったことだ。さらには、世界の総電力の約一六パーセントはおよそ五万か所の大型ダムから生まれているが、水をどこかよそへ引いているわけではないので、水使用という観点からは何の影響も及ぼしていない（そういいきってしまうと語弊があるかもしれない。継続的に水力発電を行うにはダムの後ろに巨大な貯水池を設ける必要があり、蒸発によって失われる水の量が実際にはそのせいで増えている）。

水道水の大部分は取水されるだけで消費はされないので、理論上は国際宇宙ステーションのような閉じた水再生システムを町に構築することもできなくはない。下水は残らず再処理されて純水に戻され、再び同じ水道管に通される。こうした「飲用再利用」システム（「トイレから蛇口へ」という表現で揶揄されることもある）は一部地域で導入されてはいるものの、いくつかの要因から大々的な普及が阻まれている。まず第一はコストだ。一般に、下水を再生利用するよりも、地表水や地下水を処理するほうが圧倒的に安く済む。少なくとも近くに淡水源がある地域については、そうするほうが理にかなっている。

普及を阻む第二の要因は「うげっ」という気持ちの悪さだ。下水を処理した飲用水のほうがペットボトルの水よりはるかにきれいだとしても、アンケート調査をすると少数派ではあれ相当数が絶対に飲まないと答える。これは多分に印象の問題にすぎない。なぜって、私たちがコップで水道水を飲むたびに、その中には何かの動物がおしっこして出した分子がおそらく含まれているし、しかもその分子は数えきれないくらいいろいろな動物の体を出入りしてきていて、一番最後に排出されたのはつい先週のことだったかもしれないのだから。

そもそも水源となる貯水池には生物がひしめいていて、それらがつくりだす物質もたっぷり含まれている。なかには死んだり腐敗したりしている有機物だってある。それに、下水処理をした水は、取水したのと同じ川や帯水層に戻されることが多く、結局はそれを下流の町が利用するだけである。

とはいえ、この「うげっ」は嘘偽りのない感覚だ。どれだけきれいでも最近までは下水だったわけだから、人に飲んでもらうとなったら相当程度の激しい反応が予想される。ダラス・スウォンガーという一九歳の若者がオレゴン州ポートランドの貯水池で放尿したとの嫌疑がかけられたとき（本人は否定したが）、水道局のデイヴィッド・シャフ局長は貯水池の水およそ一億四四〇〇万リットルをすべて抜く決断をし、次のように述べた。「誰かのおしっこを飲みたいですか？……水を抜けという規則はたぶんないでしょうが、やっぱり、おしっこを飲みたがる人がどこにいるでしょう？」

じつはこういう状況はけっして珍しくない。安全性がどうのという問題ではいっさいないのだ。たとえばこの場合でいえば、動物の死骸が貯水池に浮いているのを近隣の住民はたびたび目にしていた。池の上を飛ぶ鳥にしたって、つねに「こらえきれる」わけではないだろう。

コストがかさむことと、印象が悪いために売りこみが難しいこと以外にも、飲用再利用をめぐる問題はある。「濃縮物」――下水の汚泥が凝縮した物質――をどう処分するかだ。これには市民を守るために定められた法規制の壁もあるし、政治や技術にかかわる問題もどっさりある。

技術的な問題がどこから来るかというと、下水に高濃度で見つかるような物質は貯水池の水を処理するのと同じようにはいかないからである。細菌やウイルスならフィルターで水から取りのぞくのはわけないが、ホルモンの分子はサイズがそれより二桁小さいのでフィルターでは除去できない。下水には貯水池の水よりその種の汚染物質が格段に多く含まれているので、電気透析や逆浸透といった工程を用いる必要がある。だがどちらの場合も、エネルギーを使って非飲用水を膜に通して汚染物質を濾《こ》しとらねばならず、特殊性が高いために費用もかかるのが普通である。

もっとムダの少ない方法はないだろうか。灌漑用に取水した水のかなりの部分が消費されていることを踏まえ、下水に最低限の処理を施して灌漑用に再利用する手がある。このシステムはうまくいっており、処理にかかる費用もはるかに少なくて済む。ただし、灌漑用の非飲用水を取りあつかうために配管がもう一セット必要になる。

飲用と非飲用とで、再利用する場合にどちらのコストが高いかは一概にはいえない。どちらも海水を脱塩して淡水化するよりは費用がかからず、システムを稼働させるためのコストは飲用の再利用のほうが大きい。一方で、非飲用の再利用には専用の配管が必要になり、これはばかにならないコストだ。工場であれば、非飲用の再生水をトイレで使ったり、敷地にまいたりが難なくできるかもしれない。しかし、たとえばニューヨーク市に配管をもう一式設置するとなったら話が別である。

■海水の淡水化の課題

海水の淡水化についてはどうだろうか。利用可能な淡水をつくりだすうえでは、一般にこれが最もコストを食う。きれいな水を調達するコストはおもにエネルギー使用というかたちで発生するのだが、淡水化の工程ではその量が半端ではない。

にもかかわらず、海水の淡水化は世界中で実践されていて、およそ二万か所のプラントで毎秒合計一〇〇万リットル近い淡水が生みだされている。水不足の問題を解決するうえで、このやり方が乾燥した国々（北アフリカ、オーストラリア、中東など）で好まれているのは無理もない。たとえばクウェートでは、水はほぼ一〇〇パーセントが淡水化によってまかなわれている。とはいえ、淡水化には三つの問題点がある。ひとつ目は、大量の海水を吸いあげる過程で生態系に多少のダメージを与えること。ふたつ目は、塩分濃度のきわめて高い濃縮物が副産物として生じることだ。これは処分しなければならないが、通常は海に戻されているために、海水の塩分濃度を上げてしまう（アラル海の話を覚えている？）。三つ目は、たぶんこれが一番重要なのだが、先ほども触れたようにとにかくエネルギーを食うことである。

比べてみると、淡水を処理して人間が安全に飲める水に変える際、必要になるエネルギー消費量は海水淡水化の一〇分の一程度で済む（水を移動させるためのエネルギーは地域差が大きいので計算に含めていない）。

市場に目を向けて、水をどう配給するのが一番いいのか、またどういう価格設定にすれば理屈のうえではムダを最小限にとどめられるはずかを考えると、状況はますます混沌としてくる。アメリカの場合、水の小売価格——つまり水道料金——はたまたまどこに住んでいるかや、どれくらい水を使用するかによってかなりの差がある。しかもその理由には、需要と供給との厳密な相関が見られない。水道料金は段階制になっていることが多く、使用量が増えるにつれて料金は急速に上昇する。こういう仕組みだと、実際問題として芝生に税金がかけられているようなものだ。住宅地での水使用量が多くなる一番の理由が住宅用灌漑だからである。

たとえばテキサス州ダラスの場合、水の使用量が数千ガロンまでなら料金は一〇〇〇ガロン（約三八〇〇リットル）につき二ドルに満たないのに対し、累積で一万五〇〇〇ガロン（約五万七〇〇〇リットル）を超えたら一〇〇〇ガロン当たりの単価はその四倍以上になる。全体で加重平均すると、アメリカ人は住宅用の水道水に一〇〇〇ガロン当たりおよそ二ドルを支払っている。ただし、水使用量をメーターで計ることをいっさいせずに、月々定額料金を請求している市がいくつもある（かなり大きい市も含む）ことは指摘しておきたい。

これだけの手頃な料金を実現するために、自治体は多額の補助金を支給している。そのため、水道以外の淡水源（海水淡水化など）では経済的に成りたたないケースが多い。長期的な生存に最低限必要とされる一五ガロン（約五七リットル）しか一日に水を使用していない人については、とりわけそれが当てはまる。そのうえ、水道事業会社には法律の足かせがあって、水処理や配水などのコストをカバーできる程度の金額しか請求してはいけないことになっている。そうするために、商品である水自体は実質的に無料として見積もられている。

いうまでもないが、水道事業に補助金が支給されていると、消費者にとっては「自分以外の誰か」が支払っていることになるので、結果的に水のムダ使いが起きやすい。そのうえ、水道料金があまりに低いせいで、もっと生態系の維持に役立つ供給源があっても現状では金額面で太刀打ちできない。

■私たちの生活を支える帯水層

コロナ禍は私たちの水消費にどんな影響を及ぼしただろうか。手短にいうなら、たいした影響はなかったというのが答えだ。芝生は依然として水やりを必要としていたし、トイレも流さなくてはいけなかった。だがそれは全体として眺めたときの構図だ。もっと近くに寄ってみると、以前とは違う部分が見えてくる。おもに企業に配水していた浄水場では需要が落ちこみ、住宅地に水を供給していた浄水場では需要がうなぎ上りになった。要はトイレを流す回数は前と一緒でも、流している場所が同じではないということである。この需要のシフトは水道事業にとって一大事である。なぜなら、長期的な需要の変化が急速に起きた場合に対応できるシステムになっていないからだ。

ここで問題になってくるのが帯水層であり、私たちはそこに深くもぐる必要がある（シャレのつもりじゃないのだが）。というのも、水とムダをめぐる物語の中で帯水層は大きな役割を果たしているからである。前の章でも触れたように、地球上の水のうちで液体の淡水はわずか一パーセントにすぎない。そこにはありとあらゆる河川や湖沼や、帯水層などのさまざまな水が含まれる。じつはびっくり仰天の事実がある。その一パーセントしかない液体の淡水のうち、湖や河川などの地表水はたったの一パーセントであり、残り九九パーセントの水は帯水層に存在するのだ。アメリカの淡水湖をすべて合わせると水はおよそ八万三〇〇〇立方キロメートル、沼には約一万三〇〇〇立方キロメートル、河川には二〇〇〇立方キロメートル程度なのに対し、淡水帯水層にはおよそ一〇四〇万立方キロメートルもの地下水がたくわえられている。

帯水層とはどういうものかというと、要は広大な湖か、信じがたいほどゆっくり流れる川が地下に存在すると思えばいい。帯水層からはおもに谷や地表湖に自然と地下水が流出している。だがそれだけでなく、人間が井戸で水をくみ上げることで人工的に地下水を流出させることもある。雨の多い時期に帯水層に水を注入しておき、のちにそれを取水することがないではないが、普通は人間が帯水層から一方通行で水をくみ出している。

水循環の収支は、それなりに長い時間軸で考えた場合には全体として釣りあっている。雨として降る水の量は蒸発する水の量と等しい。水循環の収支計算をする際には、そういうふうに釣りあいがとれるのを前提とすることが多く、帯水層からの自然な流出と人工的な流出についても同じように扱っている。確かに地質学的な時の流れでとらえればそうなのだが、年ベースで見た場合にはそれがまったく当てはまらない。

再生可能な淡水には、帯水層から流出する地下水がすべて含まれる。しかしほとんどの帯水層の場合、地下水涵養《かんよう》〔地表水が帯水層に吸収されること〕は数百～数千年単位で進行するのであって、数年ではない。帯水層は気の遠くなるような時間をかけて水をたくわえる。だから、いま帯水層に含まれている地下水は、最終氷期が終わったときに氷河が融けて流れでた水であってもおかしくないほどである。

前章で指摘したように、社会は貯水ではなく水供給を使って生活しなくてはいけない。では帯水層はどういう位置づけになるのかというと、それは状況による。涵養と河川への流出が短期間でくり返される帯水層であれば、確かに水の供給源といっていいように見える。川のようなものだ。だが、途方もない時をかけてゆっくりと満ちていくのであれば、それはどちらかというと五大湖に近く、貯水源といえる。しかし実際には、帯水層からの地下水の流出はすべて水供給量としてカウントされる。

このため、帯水層は水供給界のクレジットカードのような働きをしている。しばらくのあいだ母なる自然をだましてお金を借りられるということであり、実際に私たちはそうしている。地域によっては、年間降水量よりはるかに多量の水を帯水層から取りだして使っている。毎年毎年。私たちは五大湖の水を抜いたりはしないのに、帯水層からはしっかりと水をくみ上げている。だがどちらも本質的な違いはない。

たとえば、アメリカのオガララ帯水層は地球最大級の規模をもつ。面積はカリフォルニア州より大きく、グレートプレーンズ〔ロッキー山脈東方に位置する大草原地帯〕の広がる八つの州〔ワイオミング、コロラド、ニューメキシコ、サウスダコタ、ネブラスカ、カンザス、オクラホマ、テキサス〕の地下に位置する。二〇世紀のなかば頃、車用のエンジンを改造して安価なポンプをこしらえ、この帯水層から地下水をくみ上げられるようになった。以来、オガララ帯水層はアメリカを、ひいては世界を養う一助となってきた。

帯水層から遠く離れた地域まで水を運ぶのはあまり意味がないが、帯水層のある土地で地下水を使う分には農業や牧畜がじつに効率良くできる。何を隠そう、世界の穀物生産量の六分の一はこのたった一個のオガララ帯水層の水によって栽培されている。しかも、アメリカ全体で灌漑に使用されている地下水のうち、三割がオガララの水だ。この帯水層の上で暮らす住民の五人に四人はそこから飲み水も得ている。オガララ帯水層からは膨大な量の地下水がくみ上げられており、すでにいくつかの地点では水が枯渇してしまった。

こうして一時的に借りたとしても、クレジットカードと同じでいずれは返済しなくてはいけない。そして実際に返済期限が来たら、地域全体に影響の広がることが予想される。自然流出は停止し、地域の湖は涸《か》れるだろう。ある試算では、オガララからの流出水を水源としていた河川約三〇〇キロメートル分が二〇六〇年までに消失するとしている。降雨を通してオガララに完全に水が満ちるには一〇〇〇年以上かかる。

この帯水層を再生可能な水資源ととらえるのはどう考えても無理がある。したがって、無用の用途にオガララの水を使えば、ムダ使いとなって重大な結果をもたらすことは容易に見てとれる。

一方、涵養に時間のかからない帯水層も少数ながら存在する。エドワーズ帯水層がそのひとつで、テキサス州の一一の郡にまたがるかたちで地下に広がっている。この帯水層からは毎日およそ二六億五〇〇〇万リットルの水が流出しており、その半分は人間がくみ上げ、残り半分は地域の河川の水源となっている。およそ二〇〇万人が飲料水をエドワーズから得ていて、そこにはオースティンやサンアントニオといった大都市の住民の一部も含まれる。なのにこの帯水層は枯渇することがない。雨の少ない年には水位が下がるものの、降水量の多い年には涵養する。したがって、エドワーズは本物の再生可能な水資源といえる。水のムダ使いの影響をランクづけするとしたら、オースティンで蛇口をあけっぱなしにして歯を磨いたとしても、同じことをカンザス州ウィチタでやるより最終的な影響は小さい。

水消費全般を考えるうえで注意が必要なのは、オガララ帯水層とエドワーズ帯水層からの取水がどちらも再生可能な淡水からのものとして括られていることだ。だが、実際には再生可能となるまでの速度に大きな開きがある。アメリカ全体の一日の淡水取水量およそ一兆三二五〇億リットルのうち、四分の一は地下水から来ている。ぜんぶ合計した場合にその地下水がどの程度再生可能なのかについては、誰ひとりとして確かな答えをもち合わせていない。アメリカで地下水を最も多く使用しているのはカリフォルニア州で、複数の帯水層から一日六四〇億リットルほどをくみ上げている。スタンフォード大学の資料によれば、乾季におけるカリフォルニア州の水需要の三分の二が地下水でまかなわれている。カリフォルニアのセントラルバレーのような場所では、地下水がなければいまのように豊富な作物を栽培することはできなかっただろう。

非難するのは簡単である。「アーモンドの実を一粒育てるのに水が一ガロン〔約三・八リットル〕いるんなら、そもそもセントラルバレーなんかで農業をやっちゃいけないんだよ。その一部を帯水層からくみ上げなくちゃいけないじゃないか」。だが、この言い分は物事の一面しか見ていない。セントラルバレーでアーモンドを栽培するのにかなりの水が必要なのは確かだが、作物の栽培に投入されるものは水のほかにもたくさんある。たとえば土壌がそうだ。セントラルバレーにはクラスⅠの土壌（作物への使用にわずかな制限しかない土壌）が地球最大の面積で広がっていて、これはいわば土壌界のキャデラックである。年間を通してたっぷりと日差しが降りそそぎ、極端な気温差もなく、作物を栽培するにはこれ以上ないような環境だ。

水の使い道の少ない場所から水を取って、使い道の多い場所へ運ぶというのが、これまでのアメリカの一貫した水政策だった（少なくとも理論のうえでは）。セントラルバレーはその原則を地で行っている。そのためには、ロッキー山脈分水嶺の向こうから灌漑用水を引いてこなければならないのだが、実際にそのとおりのことをしている。こういう状況では、その水が持続可能でないとすると問題がもち上がる。そして、これまた実際にそうなっている。

■帯水層の枯渇により沈みゆく都市

世界全体で見ると、二〇〜三〇年ほど水をくみ上げただけで帯水層が完全に枯渇してしまった事例が実際にあった。ＮＡＳＡ（アメリカ航空宇宙局）は衛星を利用して場所ごとの重力レベルを測定し、世界の帯水層にたくわえられた水の容積を推定した。すると、世界最大級の三七の帯水層のうち、二一は水が涸れつつあるとの結論に至った。

その影響が目に見えるかたちで現れているのが、沈みゆく都市である。メキシコシティがいい例だろう。メキシコシティはメキシコの首都であり、首都圏には二〇〇〇万人あまりが暮らす。年間およそ六四〇ミリというまずまずの降水量がありはするが、その八五パーセントは雨季の五か月間に集中している。そのために洪水が起きて、降った分をぜんぶつかまえることができない。それ以外の時期は深刻な水不足に見舞われ、首都圏の人口の七割は水道水の使用を一日一二時間に制限されている。人口の二割は、トラックで配達される水に全面的に頼っている。聞くところによると、所得の四分の一を水の購入に充てる世帯もあるという。標高二二四〇メートルという高地にあるので、地下水をくみ上げるには多大な費用がかかる。また、水インフラの老朽化が進んでいるせいで、水全体の四割が漏れたり盗まれたりしている。メキシコシティの水需要を満たすために、水が再び満ちる速度の二倍ものペースで住民は帯水層から水をくみ上げている。結局、帯水層の水が使いつくされていくにつれ、年間三〇センチを超える地盤沈下が確認されている。

北京も人口二〇〇〇万あまりを擁する大都市だ。見事なまでに広大な帯水層の上に位置しているものの、その帯水層はやはり枯渇しつつある。いまや北京は年一〇センチ程度のペースで沈下していて、さまざまな問題が生じている。市内の地区によって沈下の度合いがかなり異なるために、列車が脱線する不具合も起きている。中国政府は問題の緩和を図るため、史上最大規模の大胆きわまりない土木工事を進めている。およそ六〇〇億ドルを投じて複数の水路を建設し、湿潤な南部から乾燥した北部へ年間約四〇兆リットル、毎秒約一二六万リットルもの水を引こうという計画だ。これがどれくらいの規模かをつかむために、世界最大級であるロシアのドルジバパイプラインと比べてみると、こちらで運ばれる石油の量は毎秒二〇〇〇リットル程度にすぎない。

川の水を人口集中地域と農業地帯に送る取り組みは、中国で何十年も前から場当たり的に行われてきた。ある試算によると、そのせいで中国の河川の半数が消失したという（中国政府はこれを否定している）。

沈みつつあるのはこの二都市だけではない。インドネシアの首都ジャカルタは地下水をくみ上げすぎたために年一五センチほどのペースで地盤が沈下しており、テキサス州ヒューストンも同じ理由で年五センチ程度のペースで沈下が確認されている。しかも、ヒューストンのような沿岸部の都市の場合は地盤が下がれば下がるほど、ハリケーンなどの嵐で被害を受けやすくなる。二〇世紀には、カリフォルニア州のサンホアキンバレー全体が一〇メートル近く沈下し、いまなお沈みつづけている。

第11章 水問題に深くもぐる③

なぜ世界は水のムダにあふれているのか？

ここまでの二章では、人間と水がどのようにかかわり合っているかをさまざまな事例を通して見てきた。理解の土台がしっかりできたところで、今度はそれらをすべてつなぎ合わせ、なぜ世界は水とムダの問題に直面しているのかを具体的に探っていこう。

すでに指摘したように、水自体が不足しているわけではない。淡水でさえ、限りある資源でないのは考えてみればわかる。理論のうえでは、果てしない量の水を地球上のどこにだってパイプで送ることができるのだ。海水を脱塩して、飲用に適した水に変えることもできる。ただしどちらもエネルギーを食う点に難があり、それはすなわちコストがかかることを意味する。

考えようによっては、問題などひとつもない。化石燃料と違って、この先私たちがどれだけ水を必要としようと、それをすべてまかなえるだけの原料を私たちは手にしている。電力を使って水をきれいにしさえすればいい。おまけに、テクノロジーとエネルギーを駆使すれば、都市は同じ水をくり返し再利用することもできる。だったら、水のムダの問題なんて本当に存在するんだろうか。

　する。しかもどでかい問題が。

　数字を見ればわかる。世界人口の半数は、少なくとも年に一か月は極度の水不足を経験する。地球上にいる人間の一〇人にひとりは、洗濯や農業に最低限必要な非飲用水のサービスすら受けられず、一〇人に三人は、安全に管理された清潔な飲み水を手に入れることができない。国連の予測によれば、今後一〇年間で七億人が水不足のせいで移住を余儀なくされるおそれがある。この現象の根本原因として大きいのは貧困だ。しかし経済面だけでなく、そこに水特有の問題が五つ加わることで、状況がなおのことややこしくなっている。

■水にまつわる五つの問題

　第一の問題は、水が「間違った」場所に存在することだ。水不足は一〇〇パーセント位置の問題なのである。都市地域と農業地帯の近くに大きな水源があるとは限らない。たとえばロサンゼルスがそうだ。年間降水量はおよそ二八〇ミリにすぎず、砂漠とみなされるレベルより三〇ミリほど多いにすぎない。それをいうならラスベガスもそうで、年間降水量はわずか一〇〇ミリ程度である。ラスベガスだけではない。テレビアニメの『キング・オブ・ザ・ヒル』では、生粋のテキサス人であるペギー・ヒルと息子のボビーが、アリゾナ州フェニックスに出かけてこんなやりとりをする。

　ボビー「四四度？　フェニックスがそんなに暑くなるの？　うわあ、太陽の上に立ってるみたいだ！」
ペギー「こんな街は存在しちゃいけないんだよ。人間の傲慢さの記念碑だね」

ポートランドで貯水池の水をぜんぶ抜いた話を前章でしたが、改めて考えてみると、水の失われたことを嘆く必要はないのかもしれない。決断を下した水道局長のデイヴィッド・シャフはこうも語っていた。「一億四四〇〇万リットルといっても、すぐに補充できますよ。ここは南西部のような乾燥地帯ではありませんし、テキサスやオクラホマの一部地域のように干ばつに見舞われているわけでもありませんから」。いいたいことはよくわかる。ポートランドには年間約一一〇〇ミリの雨が降るので、フランク・ハーバート著の『デューン』に出てくる砂漠の惑星アラキスとはわけが違う。人口密度の低い地域に複数の大河が流れているのだから、一億四四〇〇万リットルを一本の川にぶちまけ、もう一本から一億四四〇〇万リットルを引っぱってきたところで痛くもかゆくもない。シャフの決断は過剰反応だったにせよ、悲劇ではなかった。

ところが人口の集中している地域は、再生可能で豊かな淡水資源には恵まれていない地域に位置することが少なくない。涵養に時間のかかる帯水層が都市の主要な水供給源の場合、その都市は時限爆弾を抱えているようなものだ。都市には食料も必要なので、近隣には往々にして農業地帯が広がっている。そこが本来なら耕作に適さないような土地であっても、再生不能な地下水を使って灌漑する。皮肉なもので、帯水層を利用できる状況にあると、長期的に見たときに水問題はかえってこじれる。地下水を豊富に利用できる時代には、人がそこに移り住んで農業や牧畜を始める。人口は増加する。なのにある日、帯水層は枯渇する。

第二の問題は、水インフラが劣悪であったり、そもそも存在しなかったりする地域が世界にいくつもあることだ。国連の報告書によれば、世界人口の四割は家に手洗いをする場所がない。つまり、水道水と石けんを利用できる場所がないということだ。世界の医療施設の四つにひとつでは、基本的な飲み水〔ユニセフの定義によると、改善された水源から往復三〇分以内でくんでこられる飲み水〕を利用できない。医療施設なのに、である。この水不足がどれだけの影響をもたらすかは、ほとんど想像を絶する。水問題に取り組むアメリカのNPOウォーター・プロジェクトによれば、汚染されていないきれいな水を誰もが利用できるようになったら入院患者は半減する。

さらに困ったことに、かろうじて水インフラが存在していても水漏れがあり、しかも漏水の箇所が特定できずに修理できないケースもよくある。南アフリカではただでさえ水が不足しているのに、利用できるはずの水の三分の一が漏水で消えている。インドのムンバイでは漏水がさらにひどい。しかもこれらはけっして極端な例外ではない。

第三の問題は、水の所有をめぐる損得勘定のせいで、最善とはいえない結果がもたらされやすいことである。生態学者のギャレット・ハーディンは「共有地《コモンズ》の悲劇」という考え方を編みだした。これは、個々の人間ができるだけたくさん消費しようとするあまり、全体として見たときに乏しい資源が過度に浪費されてしまうことをいう。たとえばエビを釣りにきた人たちのことを考えてみてほしい。エビ全体が乱獲されてもいいと思う者は誰ひとりいなくても、自分個人は人より多く釣りたいと誰もが心に秘めている。こういう場合には行政が介入して、一日の漁獲量に厳密な上限を設けるのがひとつの手だ。そうすれば状況は改善する。

水をどう配分するかに関しては、共有地の悲劇が大きな力となって働く。前章でも触れたように、水の経済的な価値はどう考えてもゼロではないのに、消費者は真実が見えずにタダだと勘違いしやすい。これが使いすぎを招く。地表水の灌漑権は一〇〇年くらい前に与えられたケースが多い。それをもつ土地所有者は、自分の権利として認められた水を引きこむことができるし、実際にそうしている。もっと価値ある水の使い道が下流にあるとしても、意に介することはない。なぜって、どうして思いとどまらなければいけない？　やめたら何かの見返りが得られるような、納得のいく仕組みがあるわけではないのだから。

この状況をさらに複雑にしているのが地下水のくみ上げだ。誰かが地下水を所有しているわけではないのなら、自分ができるだけたくさん使いたい。そう思わない理由がない。だってきっと近隣の人たちもそうしているからと、理屈をつける。経済の原則がこれほどはっきりと学べる事例はめったにない。欠陥のない商品の価格が下がると、人は消費量を増やす。その商品がタダだと、それを浪費しない理由を見つけられない。

タダの水は過剰に消費されるという点は、昨日や今日に誰かが気づいたものではない。これにまつわる話は昔から山ほどある。人間は何千年も前から、驚くほど洗練された技法で地下水を灌漑や飲用に利用してきた。その極め付きが古代ローマ人である。彼らがどれだけ応用工学に熟達していたかは、いまも残る数々の遺跡からしのばれる。ローマ水道は大量の水をはるか遠く――一〇〇キロ以上の彼方――にまで運ぶことができた。しかもきわめて精密に建設されていたために、水道の長さ一キロにつき勾配がせいぜい二～三センチといった箇所もあったほどだ。一七〇〇年前、都市ローマには一一本の水道が引かれ、毎秒およそ一万一〇〇〇リットルあまりの水が供給されていた。当時の人口が一〇〇万人だったとして計算すると、ひとりにつき一日当たり一〇〇〇リットルほどとなり、これは現代の多くの国とくらべても遜色がない。

歴史の皮肉な成りゆきといおうか、現代のローマは水不足にあえいでいる。キケロの時代には公共の水飲み場に水がいくらでもあふれていたのに、いまではそれを閉鎖しなくてはならなくなった。現在のローマでは水道システム自体もいくつかの問題に悩まされている。ことによると五割近い漏水率もそのひとつだし、水圧が低すぎて、集合住宅の最上階ではバケツで水を運ばなくてはならないことがあったのもそうだ。イタリア全土で見ると、全水道管の四分の一が設置から半世紀以上たっている。

水がタダだと過剰な消費につながるというなら、灌漑用に地下水をくみ上げた農家に料金を請求する手はないのだろうか。そうすればもっとムダなく使ってもらえるのでは？

理屈のうえではそのとおりである。だが、その理屈を農家に納得させるのは容易ではない。ぎりぎりの暮らしをしている者が少なくないからである。自分の土地に井戸があるのに、そこから水をくんだらこれからはお金を払ってくださいねといわれても、とうてい受けいれられないだろう。とはいえ、このやり方を試みている地域は世界にいくつもある。たとえばコロラド州南部のサンルイスバレーがそうだ。帯水層の水量が減少しつつあるので井戸に水道メーターを設置し、地下水を一〇〇〇ガロン（約三八〇〇〇リットル）使用するごとにおよそ二五セントを徴収する仕組みを始めた。以来、その料金は二倍になっている。こうして集めた資金は、休耕する農家に支給されている。以前は灌漑していた一二〇エーカー（約四〇五〇平方メートル）の農地に水をまかないことに同意した場合、一エーカーにつき年間二〇〇ドルを受けとれるという制度である。地域の当局はこの方式を四万エーカーの農地に導入したいと考えているものの、いまのところ採用されるペースは遅く、まだ目標の四分の一しか達成できていない。四万エーカーの土地を帯水層からオフラインにすることで、帯水層を安定させるのが当局の狙いだ。このコロラドの計画がうまくいくかどうか、現段階ではまだ不透明である。

第四の問題は、「バーチャルウォーター（仮想水）」の輸出が簡単にできることである。バーチャルウォーターとは何かを理解するには、ネイサン・ハルヴァーソン記者によるサウジアラビアのレポートを見るとよくわかる。この砂漠の国の地下に広がる帯水層には、最近までアメリカのエリー湖に匹敵する大きさがあった。この帯水層の地下水が満ちるには一万年以上かかるうえ、すでに全土に散らばるいくつもの都市やオアシスに水を供給してきた。聖書にその名が登場するほど古い場所もなかにはある。この地域で何千年ものあいだ生命と文明が存在してこられたのは、この地下水があればこそだ。ところが、サウジアラビア人が一九八〇年代に小麦栽培に乗りだすと決めたとき、すべては変わった。彼らは帯水層から毎秒およそ五七万リットルの水をくみ上げはじめ、たちまちサウジは世界第六位の小麦輸出国となった。このお祭り騒ぎは二五年間続いたが、地下水はあらかた失われた。井戸は干上がり、小麦の収穫高も同じ運命をたどった。いまのサウジは使用する水の半分を海水の淡水化でつくりだし、あとの半分近くはまだ水の二割残っている帯水層から取りだしつづけている。そのための井戸の深さは時とともに深くなる一方である。こうした状況を受けて、サウジの企業はひとつの方策を思いついた。水利権付きの広大な土地を世界中でいくつも購入したのである。その土地で牧草用のアルファルファを栽培して母国に輸出し、牛の餌にするのが狙いだ。アルファルファは大量の水を必要とする作物なので、サウジ本国ではもう栽培が許されていない。いってみればこれは、自分たちがほとんどもっていない水をカリフォルニア中部のような場所から輸入しているのと同じだ。これがバーチャルウォーターである。

ハルヴァーソン記者がナショナル・パブリック・ラジオ〔非営利ラジオ放送局のために番組を制作・配給するアメリカの組織〕のインタビューで語ったところによれば、サウジの食品会社アルマライはアリゾナ州の砂漠におよそ四〇平方キロメートルの土地を購入したという。「土地を買ったときには井戸が一五基ほどありました。いまでは、それぞれの井戸から五七億リットル程度の水をくみ上げることができます。これは信じがたい数字であり、それだけの量の水を地下の帯水層から引きだそうとしているわけです」

だが、サウジの事例は氷山の一角にすぎない。バーチャルウォーターはいたるところで取り引きされている。たとえば、牛肉やトウモロコシを生産するには莫大な量の水がいる。だからそれらの産物を輸出すれば、バーチャルウォーターを輸出しているのと同じである。北アフリカからロシアへは、柑橘《かんきつ》類というかたちで巨大なバーチャルウォーターの流れが存在する。柑橘類はモロッコやエジプトで豊富に産出するからだ。

　こういうからくりを通して、純粋に経済上の理由から、水はそれを切実に必要としている場所から離れる場合がある。飢えに苦しむ人々の八割が食料輸出国で暮らしているように、渇きに苦しむ多くの人々が大量のバーチャルウォーター輸出国で生活している。地域住民より世界市場のほうが水に高値をつけられる場合、水はよその地域へ出ていく。

そして第五の問題は、現代農業が大量の灌漑用水に頼っていることである。とはいえ、これに解決策はあるだろうか。灌漑なしに、もしくはせめて地下水だけは使わずに、雨水だけで作物を栽培できる？　この疑問をいくつかの部分に分けて見ていくことにしよう。

まず最初は、現状のやり方は変えずに雨水だけを使って栽培できるかどうかを考えてみたい。答えはまず間違いなくノーだ。

アメリカ地質調査所は次のように説明している。「川、湖、貯水池、および井戸から引いた水で作物の畑を灌漑しなければ、大規模農業で世界の大きな人口に食料を供給することはできない。灌漑がなければ、カリフォルニアの砂漠や、イスラエルや、わが家のトマト畑で作物が育つことは絶対にない」。これはアメリカの場合である。ほかにも例をあげるなら、バングラデシュとパキスタンでは自国の牧草地と農地の半分以上に灌漑を施している。インドの場合は三分の一である。

難しいのは、最低限の灌漑を行わないと実りが良くならない場合があることだ。低収量の作物なら年間三八〇ミリの雨でも足りるのに対し、トウモロコシを豊作にするには五六〇ミリの雨が必要である。雨の少ない年には、灌漑の有無が「収穫ゼロ」と「多少の収穫あり」を分ける。さらなる問題は、灌漑をすると、多量の水を必要とする作物の生産が促される点である。マメ類はわずか三〇〇ミリの雨で十分だが、小麦とモロコシは五〇〇ミリ、綿花と米は一〇〇〇ミリだ。灌漑用水がなくてもたぶん農家は農業を続けていけるものの、栽培する作物の種類ががらりと変わる。地下水を灌漑に利用しない農業がどんな姿になるかは知りようもないとはいえ、私たちの食生活がいまとは違うものになることだけは断言できる。

だがここでもう一度、問いの立て方を変えてみよう。先ほどの疑問は、現状の農業のあり方を変えないことを前提としていた。そうではなく、まったく新しいやり方をすれば、現状よりはるかに少ない水で作物を栽培できるだろうか。こちらの答えはイエスだ。のちに食品ロスについての章でも見ていくように、オランダは農作物の輸出額において世界第二位でありながら、国土の面積はアメリカのメリーランド州程度である。オランダでは高集約型で多段式の温室を利用して、重さ一キロのトマトを育てるのにわずか一五リットルの水しか使用しない。一方、アメリカをはじめとして世界のほとんどの地域では一キロ当たり八〇リットル以上の水を必要とする。オランダがこれだけ水を節約できるのは、じつにさまざまなテクノロジーを駆使しているからである。温室内の空気の組成もきめ細かく管理するし、ロボットやドローンも活用する。愛《いと》しいわが子を育てるかのように、一本一本の作物を毎日丁寧に世話している。

別の科学技術を使う手もある。遺伝子組み換え技術を利用し、少ない水で栽培できる作物をつくるのだ。灌漑や肥料投入のやり方はもちろん、ほかのすべてについても考え直すことはできる。精密農業やナノテクノロジーを用いるのもいい。土壌の細菌叢《さいきんそう》を変える手もある。農業関連の特許は毎年それこそ何千何万と発行されており、そこにはもっともな理由がある。なにしろアメリカだけを考えても、農業生産高は年間一三〇〇億ドルを超えるのだから。

このように、いまより少ない水で、場合によってははるかに少ない水で、増えゆく地球の人口に食料を供給する道はある。とはいえ、灌漑に「タダの水」を使える国が、オランダのようにハイテクの屋内農業にシフトするとは考えにくい。それに、いまあげたいろいろな方法は世界の限られた地域で理論上は可能だというにすぎない。必要な設備投資を行える国力がなければ、ハイテクな「未来の農場」などつくりようがない。

■水のムダ使いは防げるのか？

以上が五つの大きな問題である。水が間違った場所にあり、水インフラが劣悪か存在せず、「タダ」の水を過剰に消費し、バーチャルウォーターが簡単に輸出でき、現代農業が灌漑に頼っている。こうした問題を前にして私たち個人に何ができるだろうか。

ひとりの人間にできることは限られてはいるものの、個人の力で問題の改善を助ける方法は三つ考えられる。ひとつは節水である。もっとも、自然保護活動家が効果絶大と考えそうな節水のやり方は、まったく役立たずとはいわないまでも、思うほどの効果はあげられないかもしれない。節水タイプのトイレに変えたり、シャワーの時間を短くしたりしても、効果は限定的である。住宅での水使用は取水量全体のわずかな部分にすぎないし、消費量となれば比率は輪をかけて小さい。もちろん、常識で考えて良さそうなことはぜんぶやったほうがいい。水ストレスの高い地域に住んでいるなら、水を欲しがるセントオーガスチン種の芝生で庭を飾ってはいけないし、道に出てホースで洗車するのも禁物である。

しかし、住宅での節水はここで限界につき当たる。レジ袋やペットボトルなら、それを直接使用するのは消費者である。気になるなら、使う量を減らせばいい。みんながみんなそうすれば、まあ、早い話が一件落着だ。だが水の使用に関しては話がまったく違う。本来ならその地域で育たないような作物のために、途方もない量の水がいまも使われていることを思うと、私たちが蛇口をあけっぱなしにして歯を磨こうが、要求されたときだけレストランが水を出すようにしようが、効果は微々たるものだ。大量の水を必要とする作物を乾燥地帯で栽培するのは得策といえない気がするものの、自分自身が農家でない限りあまり口は出せない。

ひょっとして読者はこんなふうに考えているんじゃないだろうか――「よしわかった、大量の水を吸いこむ農産物は買わないようにしよう」。それが個人でできることのふたつ目の選択肢である。要は消費行動を改めて、水を大量に必要とする品目を避ければいい。いってみれば、自分の財布で一票を投じるようなものである。だが、この作戦がうまくいくかどうかは怪しいものだ。

△△をつくるには水がこれだけいりますよと、数字をずらりと並べた資料をたぶん見たことがあるだろう。たとえば、一キロの小麦を栽培するには水が一〇〇〇リットル必要、一キロの米や一キロのサトウキビなら四〇〇〇リットル、一キロの綿花は二万リットル、ステーキ肉一枚は二二〇〇リットル、コーヒーやワイン一杯なら九〇リットルといった具合だ。食品一キロカロリー当たりの水の量として表される場合もある。牛肉の場合は一キロカロリー当たり水が七・六リットルなのにたいし、鶏肉では一キロカロリー当たり四リットルに満たない。かたやジャガイモや穀物は、一キロカロリーを生みだすのに水二カップだけで足りる。

こうした数字はデタラメではないし、いろいろな団体が良かれと思って掲載している。さまざまな品目について答えを割りだすのに大変な時間をかけ、間違いがないかどうかを学術的な視点から厳密にチェックしてもいる。しかし、手軽に参照できることを目的にしているから仕方がないとはいえ、計算が単純化されすぎていてあまり意味のない数字になってしまっている。それは、水源の性質が違っても同じものとして計算しているからだ。水の豊かなオレゴン州で、灌漑されていない牧草を食べた牛と、アリゾナの砂漠から輸入したアルファルファで育ったサウジの牛とでは、環境に与える影響がまったく違う。ついでにいうなら、ハワイで飼育されたあとにボーイング747でアメリカ本土に飛ぶ牛（こういうことは実際にある）とも違う。どういう土地で水が調達されたかはきわめて重要である。しかしその点を知ったとしても、それだけではたいしたことはわからない。水の種類によっても、たとえば雨水なのか（これも「必要なリットル数」にカウントされる）、地表水から取水してきたのか、再生不能な帯水層の水なのか、再生可能な帯水層の水なのかによって、影響の大きさにはかなりの開きが生じる。

こうした微妙な違いをぜんぶ反映できるような分類法はつくれないものだろうか。それがなければ、綿一〇〇パーセントのTシャツのように原材料がたった一種類の商品についてでさえ、何か意味のあることをいうのはほぼ不可能だ。まして相手がピザならお手上げである。もっとも、仮にそんな分類法があったとしても、一個の商品を測定する基準は絶えず変化するだろうし、その基準が正しいのかどうかを検証するすべもない。ということで、リンゴとミカンのように異質のものではなく、リンゴどうしを比べられると喜んだのもつかのま、残念ながら水使用量を比較する場合はその期待を脇に置く必要がある。私たちが本当に気にかけているのは、ひとつの品目に水がどれだけ投入されているかではない。現代では、その水使用が世界にどれくらい影響を与えるかだ。それを割りだすのはひと筋縄ではいかない。

雨水だけで栽培された綿のTシャツを着たいと誰かが思っても、まあせいぜい頑張ってみれば、としかいいようがない。それを突きとめるのは、自分の車に入れたガソリンが水圧破砕法で採った石油由来でないことを確認するくらい難しい〔水圧破砕法には、水不足、化学物質による地下水汚染、地震誘発の危険性といった問題が指摘されている〕。世界はそんなことが測れる設定になっていないのである。

　わかった、だったら水のオフセットは？　カーボンオフセットが購入できるんだから、ウォーターオフセットを買えばいいのでは？　これが個人でできる三つ目の方法だが、それはそれで問題がある。オハイオ州アクロンでCO_2を排出し、トルコのアンカラに木を植えることでそれを相殺したのであれば、よかったね、いいことをしたね、といってあげられる。私たちはみんな同じ空気を吸っているのだから、カーボンオフセットがどこで起きるかはたいした問題ではない。しかし、砂漠に住む人がただ華々しいことがしたくて一億四四〇〇万リットルの水をムダ使いしたあとで、良心の呵責《かしゃく》に耐えかねてオレゴン州ポートランドの水を買って相殺しようとしても、表彰状を期待してはいけない。ポートランドは豊富な淡水に恵まれていて、一億四四〇〇万リットルごときは誰かがそこにおしっこしただけで捨ててしまうくらいなのだ。水が不足するかどうかは、場所と時間に恐ろしいほど大きく左右される。

　本当にそれが現実なのだろうか。全世界で水問題が起きているのに、私たち個人は手をこまぬいて見ているしかない？　これだけ長々とああでもないこうでもないといってきたあげくに、結論がそれではどうにも納得のいかない気がする。

　もしかしたら状況はそれほどひどくないのかもしれない。実際に何らかの影響を与えられる対策は三つある。ひとつ目は、消費習慣を大幅に改めて、水を多く必要としがちな行動を避けること。たとえば、牛肉を食べない、綿製の服を新しく買わない、などである。ふたつ目は、水の生態系が全体としてどのように機能しているかを広く知ってもらうこと。再生不能な帯水層から水をくみ上げたらどれだけ大変なことになるか、あるいは私たちの水インフラにどれだけ漏水が多いか、そのことにもっと大勢の人が気づけば状況は変わる可能性を秘めている。そして三つ目だが、水をめぐる課題には政策がかかわる部分が多いので（水利権の問題など）、解決策を見出すには水問題に精通した人を選挙で選ぶと結局は大きく響いてくる。

そうはいっても、だいたいこれくらいで話は尽きる。だからこそ、節水トイレのたぐいがやたらと注目されるのかもしれない。大局を左右するほどの効果はないにせよ、自分にもできる「役立つこと」だから――ほんのちょっとだけだけどね。

第II部 ムダと経済

第12章 陳腐化から生まれるムダ

ムダを好む人々が仕掛ける「旧バージョン」の罠

この本の初期の草稿には、いまにして思うと世間知らずだったとしかいいようのない呑気《のんき》な希望的観測が記されていた――「ムダを好む者はいない」と。しかし執筆を進めていく過程ですっかり目が覚め、そんなたわ言は捨てた。ムダを支持する人は星の数ほどいるのである。

考えてみればそうだ。ムダが増えれば増えるほど、多くの人間や企業のポケットに金が転がりこむ。「賞味」期限が過ぎたからと消費者が缶詰を捨てれば捨てるほど、商品の供給元は喜ぶ。その日付は権威ある第三者が客観的に定めたものではなく、食品の安全性とじつは何の関係もない。なのに大勢が「転ばぬ先の杖」と理屈をつけ、その見当違いな用心のせいで金を損しがちであることに気づかずにいる。

こうした現象はいたるところで見られる。大学の教科書をつくっている出版社は、前の版から少しだけ変えて新版を発行し、古いバージョンの教科書を使用できなくする。シャワーを浴びるとき、髪の二度洗いは本当に必要なんだろうか。シャンプーメーカーにそう思いこまされているだけじゃないのか。

さらにいえばどんな製品のメーカーであっても、消費者が昨年のバージョンに満足できずに新製品を買ったからといって、さめざめと泣くことはまずない。一九八〇年代の四コマ漫画『ブルーム・カウンティ』では、一度次のような筋書きを登場させたことがある。地元のコンピューターハッカーであるオリヴァー・ウェンデル・ジョーンズは、自分のパソコンの新モデルが発売されたのをテレビコマーシャルで知る。それは、自分のもっている旧型とまったく同じなのに、ひとつだけ新機能が加わっていた。画面の「色合い調整」である。オチの四コマ目には、古いパソコンがゴミ箱に捨てられているのが描かれ、ジョーンズがこうつぶやいている。「ハッカーたるもの、旧モデルじゃいい仕事はできないからね」

ハッカーはもちろんそうだし、その他大勢にとっても同じだ。スカートの丈は長くなったり短くなったりする。ネクタイは幅広になったかと思えば細くなる。携帯電話は小さくなったあとで巨大化する。そのつど慌ただしく流行を追いかけるのは馬鹿馬鹿しいと思って、時代がひと周りするのを辛抱強く待っていると、古かったものが再び新しくなったりもする。もっとも、それまでは流行遅れのネクタイ幅で恥ずかしい思いをしなくてはならないが。

缶詰の賞味期限に色合い調整にネクタイの幅。これらの共通点は何だろうか。どれにも当てはまるのは「陳腐化《ちんぷか》」という現象だ。物事が時代遅れになったり使用できなくなったりするプロセスのことである。とりわけ注目すべきはある特定のタイプの陳腐化であり、それを計画的陳腐化という。つまり、商品の寿命がまだ尽きていない時点で使えなくなったり、故障したり、流行遅れになったりするように、わざと商品を設計することである。計画的陳腐化はムダだろうか。一見すると、ほかのどんなムダにも劣らずムダであるように思える。

計画的陳腐化には大きく分けてふたつの種類がある。ひとつは「設計された陳腐化」であり、まだ使えるうちに故障するような設計が意図的に施されている場合をいう。もうひとつは「スタイルの陳腐化」で、商品が定期的に流行遅れになるようにつくられていることである。まずは、悪質きわまるように思えるひとつ目のほうから詳しく見ていきたい。

■設計された陳腐化

映画『プライベート・ライアン』で、トム・ハンクス演じるミラー大尉は、ライアン一等兵を故郷へ連れて帰るために自分と部下がどれだけの代償を払わねばならないかを思いめぐらせ、こう語る。「救う価値のある男でなきゃ困る。生きて故郷に戻って、病気を治したり、長持ちする電球を発明したりするような」

ああ、電球。あまりにも愛されているために、名案がひらめいたときの万国共通のシンボルになっている。非の打ちどころのないような製品なのに、ひとつだけ、まばゆいばかりの欠点がある。切れてしまうのだ。

計画的陳腐化が話題になるとき、かならずといっていいほど電球にスポットライトが当たる。なぜかといえば、のちに「ポイボス・カルテル」と呼ばれることになる少数の電球メーカーが、グルになって事を仕組んだからである。

電気照明の歴史に詳しくない人のために説明しよう。一九四二年、売上の落ちこみに悩む世界の電機メーカーがスイスに集まり、白熱電球の寿命が一〇〇〇時間を超えないようにすることで合意した。当時すでに販売されていた電球の寿命は一〇〇〇時間より長いものが多かった。彼らは一〇〇〇時間という目標を設定しただけでなく、それより長持ちする電球をつくった企業に罰金を科す仕組みまで定めた。このため、各メーカーの技術者たちは確実に早く切れる電球をこしらえるために、昼も夜も汗水を流した。ポイボス・カルテルの行為は、利益増のために結託して計画的陳腐化を図った事例としては最も古い部類に入るとされることが多く、記録も詳細に残されている。

確かにそういうお決まりの語られ方をされるのが普通だが、じつはこの話にはそうとばかりはいえない面もある。実際には、電球の寿命を制限するだけの理由は十分にあるのだ。現代にあっても、白熱電球はただでさえ相当に効率の悪い代物である。消費電力の五パーセント程度しか光に変えることができないし、残り九五パーセントは熱に変換されている。電球を長持ちさせようと思ったら、フィラメントを太くしてその効率の悪さに追い討ちをかけるか、電球の明るさを下げるかのどちらかしかない。後者の場合は、以前と同じ明るさを得るのに電球の数を増やす羽目になる。電球メーカーの立場からすれば、効率と寿命のバランスをとって、それを標準化するような方法で製品を設計するのは理にかなっている。ましてや、電球自体のコストは電気代に比べたら小さいわけだからなおさらである。だから、合意のもとに標準を決めたくなるのも無理はない。いまならそういう標準を定める際には政府が一枚噛むことが多いが、一九二四年にそういう慣行は一般的でなかった。

もちろん、こんなふうに善意に解釈するのは極端が過ぎるし、電球メーカーの悪魔の角を神々しい後光と取りかえるようなことにもなる。スイスで顔を合わせたとき、カルテルの面々の眼中にあったのが利益だったのは疑いようがない。効率うんぬんは嘘ではないから、恰好の隠れ蓑になるというメリットがあった。だが人間の動機というのは、一〇〇パーセント無私無欲だとも、一〇〇パーセント私利私欲だともたいていはいいきれないものである。

とはいえ、値段は同じなのにわざと寿命を短くした製品が世界にあふれているのではないかと、どうにも気になって仕方がない。陰謀論は傍流の過激派の専売特許というイメージがあるが、計画的陳腐化に関しては陰謀論者が多数派を占める珍しい事例になっている。保証期間が切れたとたんに製品が故障しようものなら、メーカーがそう仕組んだんじゃないかと疑いたくもなる。

新しい製品を買わせるためにわざと壊れるようにつくるというのは、十分にありそうな筋書きである。でっぷり太った一九世紀の大実業家や、ことによるとスクルージ・マクダック〔ディズニーのドナルドダックのおじで、金持ちだがケチ〕あたりがいかにもたくらみそうなことだ。ディストピア的なサイエンスフィクションまでもがこの発想をふくらませている。一九八二年の映画『ブレードランナー』では、寿命が四年で切れる人造人間（レプリカントと呼ばれる）をタイレル社が製造する。表向きは市民の安全を図ってのことだが〔年月がたつとレプリカントに感情が芽生えて人間に反旗をひるがえすため〕、定期的に新しいレプリカントを販売できるというメリットもあった。

よく話題にのぼるヘンリー・フォードの逸話にこんなものがある。あるとき、この産業界の巨人は自動車のスクラップ置き場に技術者チームを派遣し、廃棄されているT型フォード（フォード・モーター社が製造した世界初の大量生産車）を調べさせた。いろいろな部品の中から、故障の形跡がいっさいないものを探させるためである。フォードのチームは戻ってくると、ひとつだけあったと報告した。キングピンと呼ばれる部品である。すると驚いたことに、フォードはキングピンの品質を下げてもっと安価にするよう命じた。T型フォードに使用されていたキングピンは性能が過剰だったと判断したわけである。面白い話だ——が、事実ではない。

設計された陳腐化が実際に行われているとしても、それにまつわる物語がそう簡単に表に出ることはない。それはそうだ、会社としては秘密にしておきたい事柄なのだから。電球の例からもわかるように、設計された陳腐化が行きすぎれば、理論上は自由市場の原理によって阻まれる。わざと欠陥商品を市場に出す企業があったら、もっと優れた製品をもつ企業が取ってかわり、消費者をさらっていく。よくいわれる「良い製品をつくればおのずと売れる」というやつだ。

それでもやはり、陳腐化に伴うムダは私たちの日常生活に意図的に組みこまれているように思える。たとえば、プリンターのインクカートリッジはインクを補充できる仕組みになっていても、ICチップによって同じインクメーカーの詰替え用インクでないと使用できないようにされている。近頃では、製品の電池交換ができなかったり、ユーザー自身で修理できる部品がなかったり、作動させるために特別なツールやソフトウェアを必要としたりといった傾向も見受けられる。ソフトウェア会社はといえば、他社製品への乗換えを事実上できないようにしている。わざとそれを阻むようにつくってあるわけではなく、標準的なフォーマットへ情報を書きだす機能を単にサポートしていないのである。テクノロジー企業にしても、他社製品との互換性を低下させたいがために、たいした価値もない独自開発の機能を製品に付加しているところが少なくない。

こんなことをして、どうして企業は何のおとがめも受けないのだろう。ライバル企業はもっといい製品を世に出して、相手を引きずりおろしてやろうとがむしゃらになるべきじゃないのか。答えは単純である。業界を圧倒的にリードしているような会社の多くは、しばらくのあいだその有利な立場を利用し、実際問題としてその会社の製品を買うしかないように仕向けているのだ。マーケットリーダーはあの手この手で自分の支配的な地位を守ろうとする。どんなクリーニング店だって、町で唯一の店になりたいと思わないわけがない。それと同じだ。マーケットリーダーは、経済用語でいう独占的価格決定に好きなようにふけり、ユーザーの利益よりも自分たちの利益を優先するような製品をつくればいいのである。

それでも製品は向上するし、老舗《しにせ》企業が廃業することもある。どうしてだろう。それは、自分の地位を守るのがマーケットリーダーの楽しみであるように、巨人を倒すのがスタートアップ企業の喜びだからである。ネットフリックス社が映画をストリーミング配信し、ビデオ・DVDレンタルチェーンのブロックバスター社は消えた。メーカーがフィルムのいらないカメラをつくり、コダック社とポラロイド社は破産申請した。

■スタイルの陳腐化

ということで、以上が設計された陳腐化である。では、もうひとつの「スタイルの陳腐化」についてはどうだろうか。かなり昔の話ではあるが、自動車の後部に尾翼のようなテールフィンを取りつけるのが流行《はや》ったことがあり、これが事例としてはよく知られていると思われる。その年発売のモデルのテールフィンが去年より大きくなったり、小さくなったり、あるいは長くなったりしているのに、自分の車にそれが付いていなければ「遅れてるなあ」といわれるわけだ。

設計された陳腐化については、張本人である企業以外にそれを表立ってかばってくれる存在などない。一方、意外かもしれないが、スタイルの陳腐化のほうは支持する人が大勢いる。その言い分を聞いてみよう。

一九三〇年代、B・アール・パケットというアメリカ人が、いまでいう「ロールアップ戦略」を展開し、小規模の百貨店を次々に買収してアライドストアーズという百貨店チェーンに統合した。パケットは一九五〇年代の半ば、服飾品の卸業者五〇〇人ほどをニューヨークのアスターホテルに集め、その前でスピーチをした。自分がどういう商品を求めているかを説明したのだが、それは現代人の感覚からしたら愕然とするような内容だった。「私たちのようにソフトな商品を扱う者には、陳腐化を加速させる責任があります。自分のもっている衣類では物足りないと、女性に感じさせるのが私たちの仕事です」

さらにこう続けた。「私たちはこうした女性に徹底的に不満を抱かせなければなりません。どれだけ貯金があっても、女性たちの夫が幸福や心の平安を感じられなくなるほどに。これを達成しない限り、私たちは経済全体に相応の貢献を果たしたことになりません」

考えてみてほしい。スタイルの陳腐化は経済に資するとパケットはいいきっているのだ。

スタイルの陳腐化をさらに雄弁に擁護したのが、デザイン界の巨匠J・ゴードン・リピンコットである。リピンコットはキャンベルスープの缶をデザインし、コカ・コーラの文字の下に波線を加えてロゴを伝説の域に高めた。世界初の原子力潜水艦ノーチラス号の内装と、タッカー社製自動車のデザインも手がけた。そのほかにも、老舗の生花宅配業者FTDのメルクリウス神のロゴ、ベティクロッカー〔ゼネラル・ミルズ社製ホットケーキミックスなどの商標名〕のスプーンのロゴ、ゼネラル・ミルズ社製品に付いた

「G」のロゴなどもこの人物によるものである。リピンコットはコーポレートアイデンティティについても細部まで深く考え、そのテーマについて一九四七年に『ビジネスのためのデザイン（*Design for Business*）』という本を書いた。いま読んでも非常に面白い一冊である。この中でスタイルの陳腐化について語った部分があり、次のように始まる。

自動車を毎年下取りに出して新車を買ったり、冷蔵庫や掃除機や電気アイロンを三～四年ごとに買いかえたりする慣習が私たちにはある。これは経済の観点から見て健全である。完全に消耗する前に商品を進んで手放したがるのは、過去においてどの社会にも確認できなかった現象である。これは掛け値なしにアメリカ的な習慣であって、私たちの豊かな経済にしっかりと根差している。この習慣はこれからもさらに促進していかなければならない。たとえそれが、人類の本質に古くから宿る倹約の法則――つまり未知の事象や、来るかもしれない欠乏のときに備えること――に反するとしても、である。

一台の自動車のスタイルが陳腐化すると、その車は中古車業者の手に渡る。やがて耐用年数をまっとうしてついに一生を終えたら、解体処理場にたどり着き、スクラップ金属となって工業で再利用される。自動車をスクラップにするのが第二の所有者であろうと、さらに進んで第五、第六の所有者であろうと、関係はないと私はいいたい。重要なのは、最初の所有者がその車を寿命の尽きるまで一五年間使用していたら、第五ないし第六の所有者が車をもつことはなかったという点である。

リピンコットは鋭いところを突いており、それは現代にも当てはまる（これについては次章の携帯電話のリサイクルでも取りあげる）。あなたが最新で最高性能のスマートフォンを買って、二年後にもっと性能の高い新機種を購入した場合、おそらく古いスマートフォンを捨てることはないだろう。自分の子どもにあげたり、イーベイに出品したりするかもしれないし、メーカーに下取りに出して、それが中古市場で新しい命を得るかもしれない。こうなる場合にはリピンコットが正しく、スタイルの陳腐化が実際に有益な目的にかなう。中古市場を生み、新製品には手の出ないユーザーや、新品に食指の動かないユーザーのためになる。役立たずのガラクタになるまで私たち全員が使いつづけたら、スマートフォン市場は間違いなくいまほど大きくなれなかっただろうし、スマートフォン市場から締めだされたままの人が大勢いることになったはずだ。新車の購入以外に選択肢がなかったら、自転車に乗る人がいまよりずっと増えていたに違いない。

とはいえ、このたったひとつの事例に寄りかかりすぎるのはやめておこう。のちの章でも見るように、寄付された衣類の八割は結局埋め立てられている。ゴミ捨て場行きになった電子機器にしても、その大部分とはいわないまでもかなりの数がまだ使える状態で捨てられている。だから、スタイルの陳腐化にまつわるムダにメスを入れるには、話をふたつに分けて考えなくてはいけない。商品が中古市場に回る場合と、捨てられる場合である。商品が流行遅れになると同時に有効寿命も終わるのであれば、そこには何の問題もない。そうでない場合に、ムダのにおいが立ちのぼる。

■技術革新による陳腐化

リピンコットは『ビジネスのためのデザイン』の中で、スタイルの陳腐化の正しさを別の理由からも説いている。農産物であれ製造された商品であれ、これまでにない斬新なものを人が求めることが、「より良いものを消費者に提供しようとする生産者側の継続的な努力を促し、結果として私たちの生活水準を向上させる」のだと。

たとえばスマートフォンのメーカーは、自動車メーカーと同じように毎年モデルチェンジをする。その目的は、前年モデルの所有者がアップグレードしたくなるような改善を施すことであるはずだ。スマートフォンの登場まもない時代ならその種のアップデートがわりあい容易にできたが、時がたつにつれてどんどん難しくなってきている。メーカーはいままで以上の努力を傾けて新機能を開発しているに違いなく、それが技術革新の原動力となる。

じつはこのサイクルは第三の陳腐化ととらえることができる。それが「技術革新による陳腐化」だ。つまり、商品が改良されて客観的に優れたバージョンになることで、古いバージョンが陳腐化する。たとえば、現状のものより安価で効果の高いワクチンがつくられれば、いまある在庫は残らず陳腐化してもおかしくない。だが、それはムダとは呼びがたい（たとえ既存のワクチンがまだ十分に使用できるものであっても）。

ひとつ指摘しておくと、結局リピンコットは自分の見解のかなりの部分をわずか数年後に撤回している。車などの耐久消費財が毎年モデルチェンジすることに対し、文章の中で不満をぶちまけたのだ。その理由は多岐にわたる。いわく、スタイルの変更が「変更したいがための変更」になっていて、商品の改善につながっていない。「良くしよう」と思うあまり、もともと優れたデザインだったものがかえって改悪されている。製造工場の設備をしょっちゅう一新しているために、価格が上昇するとともに、エネルギーが製品の品質向上にふり向けられない結果を招いている。やむことのない変更と新モデルのせいで、製品がおかしな方向へ向かっていく。新モデルがどんどん普及するにつれて、旧モデルの修理が難しくなっている。斬新さを求められるプレッシャーから製品がますます複雑化し、消費者にとって使いにくいものになっている。そして最後が、あらゆる製品が「新しくて改良されている」と宣伝される世界に消費者が飽き飽きしている、である（リピンコットは触れなかったものの、新しくてなおかつ改良されていることなどありえない）。

計画的陳腐化を擁護する声はもうひとつあって、これも注目に値する。何かというと、計画的陳腐化が経済を回している、という言い分だ。この考え方を支持する陣営によれば、絶えず製品を新しいものに置きかえることが成長と雇用をもたらしている。あらゆる物が長持ちしてしまったら、人は消耗品しか買わなくなる。この主張は資本主義への痛烈な批判として提示されることが少なくない。そしてその根底には、資本主義が経済を動かすためにますます多くの原材料を必要として、天然資源の搾取に拍車をかけているという思いがある。

しかし、計画的陳腐化や資本主義を人がどう思うにせよ、この批判は的を外している。これは経済学でよく知られた「割れ窓の誤謬《ごびゅう》」の典型である。ひとりの少年が窓に石を投げてガラスを割る。町の人たちはしばしば考えて、少年はいいことをしたのだと判断する。少年のおかげで、あまり儲かっていなかったガラス屋に仕事ができ、ガラス屋は窓を取りつけるのに人夫を雇う。人夫は現場まで向かう足が必要なので、タクシーに乗る。窓を破った石がめぐりめぐって経済に恵みをもたらす——と、これが割れ窓の誤謬の内容だ。

だが、一九世紀フランスの経済学者フレデリック・バスティアは、「見えるものと見えざるもの」と題したエッセイの中で、このたとえ話を紹介したうえで次のように指摘した。ガラス屋に支払っていなければ、その金を別の用途（たとえば窓の日よけを買うとか）に充てることができ、そうなれば同じように経済を刺激したはずだし、場合によってはもっと大きな効果を及ぼしたかもしれない、と。窓ガラスを割られた話の場合、家の所有者は一歩も前に進まずにただ元に戻るだけである。一方、別の目的に金を回すことができていたら、差し引きして結果的にプラスを得られたに違いない。

この考え方は計画的陳腐化にも当てはまる。むやみに壊れるように窓を設計するのは、同じ理由で経済にとってプラスにはならない。たとえば、すぐに壊れて修理が必要になるような鉄敷《かなしき》〔金属を鍛えるのに使う鉄製の台〕や棺桶《かんおけ》が資本主義にとって必要ないように、窓についても同じことがいえるのである。いずれ誰かが絶対に割れない窓をつくって売ったとしたら、資本主義の観点からは素晴らしいことだ。窓の修理のための資金が自由になって、どこかで新しい職を生むことができる。

割れ窓の誤謬の背後にある考え方はじつに魅力的なので、ご丁寧にそれを法制化する提案までなされたことがある。一九三二年、バーナード・ロンドンという名の不動産ブローカーが「計画的陳腐化による恐慌の終焉」というエッセイを書いた。この中でロンドンは、不況時には誰もが製品をいつも以上に長く使用するために、その消費不足が経済を減速させていると指摘した。靴でもラジオでも、何から何まで政府が消費期限を定め、その時期が来たら期限切れの製品を住民から回収して、新品を買わざるをえないようにしたらどうかとロンドンは訴えた。

だったら、政府の役人が年に一回町中を回って、窓という窓を壊す手もあるんじゃないか？　と、いいたくなるくらいにこの考え方の根底には馬鹿馬鹿しさがひそんでいて、マーク・トウェインのものとされる古い物語に通じるところを感じる。その物語には島の小さな集落が登場し、そこの住民は「互いの洗濯をひき受けることでかろうじて暮らしを立てている」のである。

陳腐化についての私たちの結論は結局のところ何なのだろうか。設計された陳腐化は明らかにムダである。スタイルの陳腐化は、流行から外れた製品が中古市場を形成するなら、かならずしもムダとはいえない。ただし、製品に第二の命が与えられないのならムダである。そして技術革新による陳腐化については、ムダをどう定義するにしてもムダと呼ぶにはふさわしくない。

第13章 スマホに含まれる六〇種類の元素

現代生活を形づくるレアアースの採掘とリサイクル

スマートフォンは、いろいろなムダに関心を寄せる人に山ほどの材料を提供している。ハリウッド映画のプレミアイベントにも引けを取らない派手な記者発表会が開かれ、新しい最上位機種がお披露目《ひろめ》されて、人は驚きと感嘆の声を上げる。そのバージョンが最新なのか、最速なのか、最大なのか、最小なのかは、そのときに何が流行っているかで変わる。ところが二～三年もすると、もう人にあげることすらできない。ただ引出しの中でほこりをかぶっていく。

スマートフォンの製品寿命はどうなっているのだろうか。ヒーロー（hero）からゼロ（zero）へとどうやって移行するのだろう。また、いまやいたるところにあるこの装置をつくるには、そのプロセスにどれだけのムダが存在しているのだろうか。

人間と同じで、スマートフォンも塵《ちり》から生まれて塵に返る。この現代の驚異をつくりだすには周期表の元素から出発し、しかもそれをたくさん必要とする。具体的には六〇種類であり、これは私たちの体内で見つかる元素の種類より多い。

元素とは、それ以上単純な物質に分解できない物質をいう。金と炭素はただの金と炭素であって、青銅のような銅とスズの混合物ではない。元素は現時点で一一八種類が確認されており、そのうち八三種類が安定していて放射性をもたない。

この中にはレアアース（希土類）と呼ばれる元素がいくつかあり、それらは現代世界を成りたたせるうえで欠くことのできない物質である。もっとも、その名前とは裏腹に、レアアースはけっしてレアではない。実際にはかなり広く分布している元素である。ただ、一か所に集中して埋蔵されておらず、採掘と製錬が難しいことから、入手しにくいという難がある。

一番よく利用されるレアアースは、抽出に大変な手間がかかるわりにはさほど高価ではない。たとえばランタンやセリウムやサマリウムの場合、一オンス（約二八・三グラム）が二五セントもしない。比較的高価で重たいレアアース元素であっても、プルトニウムのような元素に比べたら確実にお手頃価格といえる（ちなみに、何らかの方法でプルトニウムを購入できるとしたら、一オンス当たり一〇万ドルは下らない）。

そのうえ、レアアースの世界市場はそれほど大きくない。一年間に採掘されたすべてのレアアース元素の価格は、二週間で採掘された銅か、一か月で採掘されたアルミ程度にしかならない。

だったら、どうしてこんなに騒がれているのだろうか。それは、電子機器の中できわめて特殊な働きをしていて、ほかの物質ではほとんど代わりが効かないからである。ケーキを焼くときのことを考えてみてほしい。小麦粉が三カップとベーキングパウダーが大さじ一杯必要だとする。小麦粉が大さじ一杯分足りなくてもどうということはないが、大さじ一杯のベーキングパウダーを入れなければ……そう、それはケーキではない。ベーキングパウダーは高価でもなければ希少でもないけれど、ケーキづくりには欠かせない。

レアアースは驚異の能力をもっている。物体の輝きを増したり、物体に磁性を与えたり、金属と混ざりあって格段に頑丈な合金をつくったり。レアアースによって向上するのは、現代的な生活になくてはならない製品が多い。

そしてレアアースのほとんどを必要としているのが私たちのスマートフォンだ。にもかかわらず、レアアースの採掘と製錬は容易ではなく、時間も非常にかかる。酸と炉と、特許技術による工程がかかわり、まるで錬金術かといいたくなる。五〇〇グラムの塩の中に大さじ一杯分のコショウがランダムに散らばっているとして、そのコショウだけを抜きだすところを思いうかべてほしい。それがだいたいレアアース鉱石の純度である。しかも工程の一部は実行するのに最大二年もかかる。

スマートフォンはレアアースだけでなく、ほかにもさまざまな元素を必要とする。重量で考えて一番多いのはアルミニウムだ。価格でいったら金である。それ以外の元素もすべて、地球の津々浦々《つつうらうら》からそれぞれ独自の方法で集められている。

もちろん、どの元素も地面から掘りださなくてはいけない。現代世界のかなりの部分は、この採掘という工程に支えられているといっていい。アメリカのように近代的な産業経済圏で暮らしていたら、ひとりにつき一日当たり平均して約九キロの砂と、約七キロの石炭と、約一一リットルの石油と、約〇・五キロの鉄鉱石と、約〇・五キロの塩と、約〇・二キロのリン酸塩（おもに作物栽培の肥料に使われている）が必要であり、それが生きているあいだじゅう毎日続く。

しかもこれでぜんぶだと思ったら大間違いだ。鉱物教育連合によれば、私たちが現代的な生活習慣を維持するためには、一生のあいだ毎日欠かさず五〇キロほどの鉱石を地中から取りださないといけない。しかもアメリカだけで。

とはいえ大きな視点に立てば、採掘はあまり土地を使用しないし、実際に使用した土地も元の状態に戻せることが多い。これはいい知らせだ。一方、採掘のために消費される資源は水から燃料まで膨大であり、いろいろな処理に伴う資源の消費も同じくらい途方もない量にのぼる。

ムダを生む要因のひとつは価格にあるのがわかる。たとえば黄金。埋蔵量が三一トン（三一〇〇万グラム）と証明された金鉱があるとして、それを買うにはいくらかかると思うだろうか。単純に考えれば、金の価値が一グラムにつき四五ドルだとしたら、それ掛ける三一〇〇万で……ほぼ一四億ドルだ。ところが現実には金の採掘に大変な手間がかかるため、たった五〇〇〇万ドルで買える。そのとおり。金鉱として考えると、そこに含まれる金の価値は一グラム当たり一ドル六〇セントくらいの評価になるのだ。

製錬された金がグラム当たり四五ドルで売れて、金鉱に含まれる金の価格がグラム当たり一ドル六〇セントだとしたら、差額の四三ドル四〇セントは金の価値ではなく、採掘や製錬と切っても切れないムダということになる。

だが、その一ドル六〇セントにすらムダがひそんでいるのである。金鉱に含まれる金が一グラム当たり一ドル六〇セントなのは、それが間違いなく金資源だと証明するのに多大な労力とリスクが費やされたからにほかならない。ムダのない世界では、その判断をするのに資本をつぎ込んでリスクを負う必要がない。残念ながら、掘ればかならず「掘り出し物」が出てくるというわけにはいかないのが現実である。

適当に選んだ四〇万平方メートルの土地に、ぜんぶでどれだけの価値の金が眠っているかというと、実質的には……ゼロである。というより、金に価値などない。裏庭にごくごく微量の金のかけらが埋まっていたところで、何の役にも立たないのだから。裏庭の金採掘権を担保にしても、銀行はローンを組んでくれない。

元素の価格にはムダだけではなく、人間の犠牲も含まれている。そもそも鉱山は人にも環境にも危険であることが多いし、児童労働や強制労働までもが世界中でまかり通っている。人的代償をなくしたり、せめて減らしたりすることはできないのだろうか。スマートフォンのような製品をつくるメーカーは、こうした問題に何か手を打っているのだろうか。確かに何もやっていないわけではないが、話はそれほど単純ではない。というのも、さまざまな元素を集めてくるサプライチェーンの過程では、膨大な数の人間がかかわっているからである。

発展途上地域にある小さな村を思いうかべてほしい。そこには一個の鉱山があるのだが、採掘のために雇われた人員はいない。その代わり、誰でも中に入っていって鉱石を削りだし、地表にもってくれば重さに応じた金額が支払われる。その鉱石はトラックの荷台単位で中間業者に売られ、そこから貨物車両単位で遠くの都市にある製錬所に販売され、その製錬所は何十という生産者から買いつけている。製錬に用いられる化学物質もまた遠方の施設でつくられ、その施設自体も十数か国にまたがる自らのサプライチェーンをもっている。

鉱石から取りだされた元素は何らかの構成要素に加工され、それがまた別の施設に出荷されて別の製造プロセスを経ていく。こうした未完成品はおそらくは別の国にある別の場所に集められ、さらなる製造プロセスがそれらに施される。

何百万・何千万台ものスマートフォンを製造する過程には想像を絶する数の人と場所がかかわっている。工程のあらゆるステップにうまく目を光らせて、つねにベストプラクティスが実践されるようにしたくても、絶対にやりようがない。

とはいえ、できることもある。じかに取引している企業に所定のガイドラインを守ってもらい、その企業にもサプライヤーに対して同じことを求めてもらい、さらにそのサプライヤーが、という具合にどんどんサプライチェーンを下っていけばいい。どこかで不正が起きるのは避けられない。不正なビジネスをすれば、ほぼ確実に儲かるからだ。しかし、責任ある製造業者はサプライヤーの抜き打ち監査を行うし、相手にも同じことをするよう要求する。

倫理的なやり方で調達された原材料のみを使用して、持続可能なかたちでスマートフォンを製造することはできないのだろうか。オランダのデザイナー、バス・ファン・アベルはまさにその試みに乗りだし、フェアフォン社を設立した。ファン・アベルが目指したのは、長く使用できるデザインのスマートフォンをつくることである。また、完全なモジュラー方式を採用し、修理とアップグレードが簡単にできるようにもした。しかも、劣悪でない労働条件のもと、持続可能で安全な環境から調達した原材料を用いて製造することを目標とした。そうそう、リサイクルもしやすくする必要がある。

このアイデアには明らかにメリットがあった。会社と同じ名を冠したフェアフォンは、クラウドソーシングのプロジェクトとしてスタートし、まだ生産を始めもしないうちから二万五〇〇〇台を売りあげた。現在までの販売数は一〇万台をゆうに超える。フェアフォン社では、不要になった古いスマートフォンから資源を「採掘」することまで手掛けている。

フェアフォン社の名誉のためにいっておくと、この会社は「フェアな（公正な）」携帯電話をつくるのに楽な道を選んではいない。楽をしたければ、規制の行きとどいた先進国とだけ取引する手もあった。たとえば、状況が海の物とも山の物ともつかないコンゴではなく、オーストラリアの鉱山から買う、といったことである。フェアフォンはその選択肢を取らず、あえて困難きわまりない地域に入っていって、生産者と手を携えて労働条件の改善に取り組んでいる。

しかし、こうまでしても完璧とはほど遠く、ファン・アベル自身も次のように認めている。「そうすると、子どもを働かせている可能性のある鉱山や、労働条件がいまだ超素晴らしいとはいえない鉱山と手を組むことになり、そこが問題です」。その一方で、厳しすぎる姿勢で臨むと、かえって裏目に出るとファン・アベルは注意を促す。「乗りこんでいって高圧的な態度であれこれ指図したら、相手はうわべだけ従ってみせるようになるだけです」

どれだけの善意を抱いていようと、そしてファン・アベルが明らかに善意の塊であろうと、自らの理想像どおりに事を進めるのは生易しいことではない。

■スマホのリサイクル

ただスマートフォンの原材料を集めるだけのために、甚大なムダが——資源の面でも人的代償の面でも——発生している。製造にかかわるムダを掘りさげていったら、本が丸々一冊書けてしまう。なのでここでは簡潔さを選ぶことにし、次のような状況を想像してみてほしい。スマートフォンが新たに一台製造され、待ちこがれていた消費者の手に届けられたとする。

それから数年後の未来に飛んでみよう。精緻につくり上げられたおしゃれな新品スマートフォンは、すでに有効寿命を終えている（少なくともそれを買った人にとっては）。スマートフォンはこのあとどうなるだろうか。

スマートフォンに使用される元素をあれもこれも採掘するのに莫大なコストを投じ、大変な困難を乗りこえ、途方もないムダを生んできたわけだから、その貴重な原材料はもちろんすぐさま効率的にリサイクルできる……んですよね？

それがそうはいかない。

どうしてスマートフォンはアルミ缶並みにリサイクルされていないのだろうか。一見すると、スマートフォンはリサイクルにおあつらえ向きのように思える。ありとあらゆる貴重な金属が、都合良く整然と小さな容器にぜんぶ収まっているのだから。それをゴミ箱に放りこむだなんて絵に描いたようなムダだし、まるで金持ちの有力者が一〇〇ドル札を燃やして葉巻に火をつける漫画みたいじゃないか。

ところが、ここがじつに難しいところなのだ。読者もたぶん聞いたことがあるだろうが、人体を構成するすべての元素の価格は合計一ドル九二セントくらいらしい。そりゃそうだろうな、と思う人がほとんどではないだろうか。なんといっても、私たちはけっこうありふれた物質でできている。炭素に水素、酸素にカルシウム、などなど。それにひきかえわれらがスマートフォンは、アルミやら金やらリチウムやら、いろいろな材料でできている。

だが、おあいにくさま。スマートフォンの中の原材料代は人体の中の原材料代よりさらに低い。実際には人体の約半分だ。

たとえばスマートフォンに使用されている金は、スマートフォン全体のスクラップ価格の半分を占める。全世界で平均すると、一次生産の金（つまり金鉱から生みだされる金）の量は鉱石一トンにつき一グラムである。一グラムといったらペーパークリップ一個程度の重さだ。鉱石一トンの大きさはというと、大学の寮の部屋に備えつけられているミニ冷蔵庫くらいだと思えばいい。

リサイクルを考えるような機種、たとえばｉＰｈｏｎｅ（アイフォーン）６は重さが約一二九グラムである。とすると、ｉＰｈｏｎｅ６がだいたい七七五〇台で一トンになる。９１１メタラージー社の創業者で冶金学者のデイヴィッド・ミショーによると、ｉＰｈｏｎｅ６一台に含まれる金の量はおよそ〇・〇一四グラム。だとすれば、ｉＰｈｏｎｅ６一トン分の中には一〇九グラムほどの金が眠っていることになる。ここまではいい感じだ。自然界なら金鉱石一トンにつき一グラムなのだから、それが一トンにつき一〇九グラムだったらｉＰｈｏｎｅのほうがずっといい。

金鉱を探している人が純粋なｉＰｈｏｎｅの鉱脈に出くわしたとしたら、盛大な祝宴を催してもいいくらいである。悲しいかな、ｉＰｈｏｎｅ鉱脈は自然界ではめったにお目にかかれない。

一グラム当たりの金の価格が四五ドルだとすると、ｉＰｈｏｎｅ一トン分の金は約四九〇〇ドルである。ｉＰｈｏｎｅ一台につきだいたい六五セント足らずの計算になる。

落とし穴が待ちうけているのはここだ。ｉＰｈｏｎｅをリサイクルする際の問題は、レアアースを採掘する際の問題と似ていなくもない。つまり一か所に集中していないのである。いまのところは自宅でiPhoneを溶かす選択肢がないので、iPhone一台を溶鉱所へ届ける算段をしないといけない――六五セント足らずのために。六五セントなら郵送したら足が出るし、だからといっていりもしないiPhoneを何台も買うわけにはなおさらいかない。

でも、あきらめるのはまだ早い。スマートフォンの中には金のほかにも、銅とかニッケルとか、価値ある物質が入っているではないか。iPhone6一台に必要な分を一次生産で得ようと思うと、銅とニッケルの鉱石がそれぞれおよそ九〇〇グラムずついる。現在のレートだと、iPhone内のニッケルの価格は約三セントであり、銅は約五セントだ。iPhone6の中にはアルミも三一グラム程度使用されている。アルミは一トンにつき一五〇〇ドルくらいだから、iPhone内のアルミはだいたい銅並みになる。金と銅とニッケルとアルミ以外の金属はどれもごく微量しか含まれていないので、搾りとる価値もない。高品位鉱石を採掘するならまだしも、スマートフォンのような低品位「鉱石」から取りだすのは非効率である。

ということは……金が六五セントで、その他の金属が一三セント。これでどうしろというのか、教えてほしいくらいだ。

しかし、アップル社はそこまで悲観していないようである。二〇一七年、アップルはムダとの闘いをスローガンに掲げ、いつの日かリサイクル原材料一〇〇パーセントで製品を製造し、一次生産の金属をいっさい使わないことを目指すと宣言した。さらには、iPhoneやその他の機器をロボットに分解させるために、そのロボットをつくるパイロットプログラムまで始動させた。以下ネタバレ注意――いまのところ目標はまだまだ遠い。

捨てられたスマートフォンの圧倒的多数はまだ使える状態にある。だったら、細断して溶かしたりロボットで分解したりするより、そのままで再利用したらいいのではないだろうか。

すでにこれはある程度までは実現している。先ほども触れたように、いち早く新機種に飛びついて一〇〇〇ドルのスマートフォンを二年おきに買いかえるような人でも、ニューモデルを購入すると決めたときに古いものをゴミ箱に放ったりは普通しないものだ。まだ少なくとも一〇〇ドルの価値はあるだろうし、それはたいていの人にとって平然と無視できる金額ではない。スマートフォンが新しい所有者の手に渡るようにするにはいくらでも方法がある。

とはいえ、人から人へと渡って再利用され、第二・第三のライフサイクルを何年か送っていると、そのスマートフォンの価値はさらに下がってわずか五ドルか一〇ドル程度になる。ここまでくると、わざわざ売るまでもない（売買にかかるコストもムダといえばムダだし）。それでもまだ、ゴミ箱行きにするには忍びないと思う人もいる。

こうして、結局は戸棚という名の最終処分場か、おなじみのガラクタ用引出しに落ちつくことになる。信頼できる試算によれば、使用されないまま住宅に眠る携帯電話の数は二〇億台を超える可能性があるという。

スマートフォンのライフサイクルがついに終わったら、何がどうあってももう基本的にはいっさいの価値がない。さて、どうなるだろうか。

ここで出番となるかもしれないのが、ＧＲＣワイヤレス社の社長で共同創業者のマーク・レフだ。レフの会社は状態を問わずにあらゆる携帯電話を買いとっている。会社に携帯を送ると、小切手が郵送されてくる仕組みだ。買取価格はさまざまで、たとえば古いタイプの折りたたみ式携帯なら一〇セント、最新の最上位機種スマートフォンなら四〇〇ドルである。

著者ふたりはレフをつかまえてチャットし、ビジネスの一切合切を聞きだした。レスにとってそのビジネスは生活の糧であるとともに、使命でもあるようだ。会社に毎日大量に届く携帯電話は大きくふたつのグループに分けられ、それらはだいたい同じくらいの数である。ひとつのグループはまだ動く携帯であり、中古市場に売ることができる。目指すのは、有効寿命が終わる前に五回か六回のライフサイクルを与えてやることだとレスは語る。それがだいたい一五年だ。いま現在どれだけ高性能で高級なスマートフォンであっても、一五年もすれば世界の誰ひとりとして見向きもしなくなる。レスのビジネスはこの第一のグループから利益を得ている。

残り半分のグループ、つまりレスが一〇セントしか払わないたぐいの携帯電話は、おおむね赤字を生むか、せいぜいとんとんにしかならない。これらはさらにふたつのグループに分けられる。ひとつは分解して部品を取りだすためのもので、発展途上国に送られるのが普通だ。このグループに入る携帯はそれなりに古く、電話機としての価値はあまり高くないが、まだよその国では広く現役で使用されている。こういう古めの携帯の部品はもうどこからも供給してもらえないので、分解して部品を取りだして売ればありがたがられるし、そのサービスで生計を立てられる。また、充電ポートのピンが一本壊れているだけといった場合に電話機ごと捨てずに済むから、その種のムダを省くことにもつながる。

残りのグループ、つまり一〇セントの価値もないような古い携帯電話は製錬所に送られ、金やアルミといった「銭になる」金属がはぎ取られる。

■スマホから生まれるムダを生じさせないために

一台の携帯電話からどれだけのライフサイクルを引きだせたとしても、いずれは無価値になる。そうなれば、自宅でリサイクルできるような大きな技術革新が起きない限りはそれ以上再利用されることがない。わざわざ郵送費をかけて送る値打ちもないからだ（一度にコンテナ一杯分というなら話は別だが）。

ここに矛盾が生じる。物質としてのスマートフォン一台にはほとんど価値がない。しかし、世界では年間一五億台が製造されていて、それらは遅かれ早かれ処理されることになる。ぜんぶ合わせたら金の量は二二トンにのぼり、そのほかの原材料もそれぞれの比率に応じた量になる。しかもスマートフォンは電子機器の中のたったひとつのカテゴリーであり、サイズも小さい。パソコンのモニターやテレビ、ノートパソコンやプリンターなどを残らず足せば、金に関しては新製品の一割がリサイクル品でまかなえるとの試算もある。

これだけのムダを生じないようにするにはどうしたらいいのか。相当に手強い問題に思えるものの、もしも手軽な解決策があるとしたらどうだろう。

経済学の用語に「外部性の内部化」というのがある。外部性を内部化するとどうなるかというと、何らかの行為がもたらす外部費用が、その行為を行った個人や団体に請求される。たとえば、X社が川を汚染したら、その環境ダメージを金額に換算し、その金額をX社に対して税として課す。そうなれば、企業は自らの行為が及ぼす影響の全体を考慮に入れざるをえなくなり、自分たちがじかに負担するコストにだけ目を向けているわけにはいかなくなる。自由市場が理論上もつ効率性をさらに高めるには、この徴税が唯一のアセスメント方法ではないかともいわれている。

最終処分場に埋め立てられた携帯電話が一台につき一〇ドルのダメージを環境に与えるのだとしたら、デポジット制度を導入する手もある。携帯電話を買うときに前もって一〇ドルを上乗せして支払うのである。有効寿命が終わったら、その携帯を所有している人は二通りの道を選べる。ゴミとして捨てて最終処分場行きにし、環境に一〇ドル分の負荷をかけるのか、もしくはそれをどこかにもち込んで一〇ドルのデポジットを返金してもらうかだ。アメリカではペットボトルにデポジット制度を適用している州はいくつかあって、飲み物の購入時に一〇セント余分に払い、空のボトルを返した際にその一〇セントを手にする。それと同じことを携帯電話でもやろうという発想である。

最終処分場の携帯電話一台が社会に及ぼすコストがゼロだったら、システム全体はかなりムダが少ないといってよさそうだ。仮にスマートフォン一台が現在一〇〇〇ドルで、一五年後の価値が一〇セントだとしたら、もてる価値の九九・九九パーセントは使いつくされたことになる。ムダのない理想の世界の中で魔法の杖を振りさえすれば、スマートフォンが分解されて重要な元素に分かれてくれるのだとしても、その価値は一ドルにも満たない。一〇〇〇ドルのスマートフォンが最終的に一ドルの値打ちしかなくなって、それを私たちが捨てたとしても、その時点までにスマートフォンの価値のほぼすべては引きだせたことになる。

ところが、最終処分場の携帯電話一台が社会に及ぼすコストはゼロではない。では、どんなコストが発生するかというと、じつのところよくわかってはいない。ただ、スマートフォンがかなり有害な物質でできているのは確かだ。ヒ素が使われているものが多く、鉛や水銀も入っている。あまり知られてはいないながらも有毒性で負けないのが、カドミウム、塩素、臭素、リチウムである。しかし、こうした物質については使用量を減らしていくというのが昨今のトレンドになっている。アップル社はiPhoneXの環境報告書の中で「ヒ素を含まないディスプレイガラス」を謳い、さらに水銀不使用、塩ビ不使用、ベリリウム不使用、臭素系難燃剤不使用であると自画自賛している。

考えようによっては、スマートフォンが最終処分場行きになることばかり心配して眠れなくなっているると、もっとはるかに大きな問題を見逃すおそれがある。二〇二〇年に製造された全スマートフォンの総量はおよそ二五万トンだが、世界が生み出す電子機器ゴミは年間合計五〇〇〇万トンにのぼる。ということは、今年製造されたスマートフォンを一台残らずそのまま埋立地に捨てたとしても、結果として増える世界の電子機器ゴミの量は四捨五入による誤差の範囲内にすぎない。

五〇〇〇万トンの電子機器ゴミは、ひとり当たりに換算するとおよそ七キロ弱である。しかし、発展途上地域ではその二倍以上を捨てている。ゴミにされる電子レンジ一台はスマートフォン何台分もの重さだ。スマートフォンなら微量の鉛が入っているだけだとしても、ガレージに放置されている大型テレビには少なくとも三キロ近い鉛が含まれている。

アメリカの場合、電子機器ゴミは最終処分場の容積全体の二パーセントを占めるにすぎないのに、有毒物質の量では全体の七〇パーセントに相当する。電子機器ゴミのリサイクル率は二割前後にとどまっているため、問題は悪化の一途をたどるしかない。

黄金を探して最終処分場を採掘しても、笑われない時代がいずれは来るのだろうか。ことによったらそうなるかもしれない。最終処分場の残骸の山一トンにつき、金が二グラムというのが妥当なところだろう。一般的な一次生産で生みだせる量の二倍だ。もっとも、埋立てゴミ鉱石は金鉱とは段違いに有害なことを思うと、やはりそんなことをしたら笑われそうである。

ぞっとすることを考えるのが好きな読者は、共同墓地にどれくらい黄金が埋まっているかと思いめぐらせているかもしれない。貴金属や医療機器や金歯を身につけたまま埋葬されている人がどれくらいの割合にのぼるか、無理のない線で見積もったとすると、共同墓地の土を二メートルくらい掘れば土一トンにつきおよそ〇・二五グラムの金が産出するといったところだろう。死者にとっては幸いなことに、これは相当な低品位鉱だ。

第14章 その金《きん》ぴか、ぜんぶムダ？

なぜ私たちはこんなにも黄金を求めるのか

黄金はいつの時代も私たちの心の中で特別な位置を占めてきた。

でもそれはなぜだろう。見た目の美しさだけが魅力であるかに思える。もちろんきれいだし、錆《さ》びたりくすんだりもしない。だが、それ以外には栄養価があるわけでもなし、家を建てる材料には向かず、道具や武器をつくる役にも立たない。

もしかしたら希少価値が愛されているのだろうか。理由はどうあれ、大変な労力と金銭と時間をつぎ込んで探しあて、掘りだしたわりには、たいていはただどこかの金庫に眠っている。これってムダなんじゃないだろうか。

その答えは、物の価値をどうとらえるかで変わってくる。金について語るとき、鉱業会社の重役は好んでこういう言い方をする――「金が一オンス〔貴金属の場合は約三一グラム〕あれば男はいつだって上等なスーツを一着あつらえられる」。これはおおむね正しい。見ようによっては、金の価格は変動しているようでいてじつは変わっていない。それ以外のあらゆるものの価格が動いているだけである。一〇〇年前、アメリカが鋳造する二〇ドル硬貨には金が一オンス含まれていた。その時代にテーラーメイドの紳士用スーツを一着オーダーしたければ、費用はだいたい二〇ドル、つまり金一オンスだった。現在では同じ金一オンスがおよそ一四〇〇ドル〔一グラム約四五ドル相当〕であり、同じスーツを買おうと思ったらやはりだいたいそれくらいかかる。

一九一五年には一戸建て住宅の平均価格が三二〇〇ドルで、これは金一六〇オンスに相当した。二〇一九年、アメリカの一戸建て住宅の平均価格は二二万五〇〇〇ドルほどであり、これを一オンス一四〇〇ドルで割るとおよそ一六〇オンス分の金ということになる。

このように、家にしろスーツにしろ、それ以外のさまざまなものについても、金に換算するとその価値は変わっていない。ほかの貴金属も同じようなふるまいをする。ガソリン一ガロン（約三・八リットル）の価格は過去一〇〇年のほとんどを通じて、二五セント硬貨に含まれる銀の価値と同程度で推移してきた。アメリカで銀貨が流通していた頃、ガソリン一ガロンはおよそ二五セントだった。その古い銀貨をいま売ったとすると、含有されている銀の価格でだいたい一ガロン分のガソリンが買える。

魅力のみなもとが美であれ価値であれ、私たちは金に対して並々ならぬ関心を寄せ、何千年も前から絶えることなく金を鋳造してきた。古代トラキア（現在のブルガリア）の遺跡からは、少なくとも六〇〇〇年前の金製品が発掘されている。五〇〇〇年近く前の古代シュメール（現在のイラク）の都ウルでは、金の首飾りが装飾品として用いられていた。古代エジプト人は黄金を神聖な金属と信じ、太陽神ラーと結びつけている。ヒンドゥー教の神話では、金は世界の魂だとみなされている。そして古代アステカ人にとって黄金は「テオクイトゥラートル（teocuitlatl）」であり、これを文字どおりに訳すと「神々の排泄物」という意味になる。

いまの私たちは古代人と違って現代的な正しい知識を身につけているなどと、妙にうぬぼれてはいないだろうか。念のためにいっておくが、金などの重たい元素がどうやって誕生したのかについては現代の科学者でも見解が一致していない（神々の消化管がかかわる仮説こそほとんどないものの）。

私たちがどれだけ黄金をあがめているかは、黄金（gold）を用いた成句を見ればよくわかる。成功するために全力を尽くすことを「go for the gold（黄金に向かっていく）」というし、優れた模範や鑑《かがみ》のことを「gold standard（黄金の水準）」と表現する。純粋な人は「heart of gold（黄金の心）」をもっていて、それとは気づかずに絶好の機会を手にしているときは「sitting on a gold mine（金鉱の上に座っている）」だし、非常に貴重なことを表すときには「worth its weight in gold（同じ重さの黄金と等しい価値がある）」という言い方をする。

■金の採掘と製錬法

金は密度が非常に高い。平均的なピックアップトラックの荷台に収まるくらいの量があれば、本書執筆時のレートなら六〇〇〇万ドルは下らない。人類の歴史が始まってからどれだけの金が採掘されてきたのかについては、面白いことに盛んな議論の対象となっている。そこには理由がふたつある。ひとつには、いろいろな地政学的理由から、自国の金の埋蔵量を実際より過大ないし過少に申告している国が多いとの憶測があるためだ。もうひとつは、黄金がくり返し何度も使用できるからである。たとえば今日、金製の腕時計を買ったとしたら、そこに含まれている金原子の一部がファラオを飾っていたことはまず間違いない。とはいえ、これまでの採掘量の合計については、ある程度の範囲をもたせたうえでかなり信頼性の高い推測が可能である。下限としては、オリンピックサイズのプール一個を満たす程度。上限としては、同様のプール三個分である。

黄金がどれだけ希少かというと、地殻を構成する原子一〇億個につき金原子一個の割合である。これが均一に分布していたらたぶん誰も気づかなかっただろうし、採掘できるようにもならなかっただろう。幸いにもそこまで散らばってはおらず、ときにはまずまず純粋な金塊として地表面に顔を出す。実際には金の鉱脈として見つかることが一番多い。これは地球の奥底で溶けた金が押しあげられて、岩石の隙間に入りこんだものである。また、金は重いので川底にもたまる。悠久の時が流れるあいだに川底にははっきりとした地層が形成され、その層のひとつにかなり高い濃度で金が含まれる。

このようにさまざまなかたちで見つかるので、同じ一トンの金鉱石でもそこからどれだけの金が採れるかには大きな開きがある。少なければ一トンにつき一グラムにも満たず、多ければ一トンにつき五〇グラム近くになるケースもある。だったら、含有量の多い後者が好まれるだろうと思いたくなるが、話はそう単純ではない。たとえばネバダ州の金鉱石は低品位で含有量が少ないにもかかわらず、地表用の採掘設備だけで大量に採掘できる。一方、含有量の多い高品位鉱は地底深くに埋蔵されている場合があり、採掘に手間がかかる。

金鉱石をどうやって入手するにせよ、そのあとは金だけを取りだすために製錬しなくてはいけない。鉱石自体の組成によってさまざまな技法があるが、代表的な製錬法をひとつ取りあげてみよう〔これを青化法という」。この工程では、まず金鉱石を粉砕し、シアン化物の水溶液と混ぜる。この混合物に酸素を吹きこむと、酸素がシアン化物と反応して金を水に溶かす。次にこの溶液に亜鉛の粉末を加えると、金が再び固体として沈殿する。さて、ここで手元には亜鉛の混在した金の沈殿物と、大量のシアン化物水溶液が残る。そうしたら亜鉛と金の混合物のほうにフラックス（融剤）を加え、およそ一六〇〇度に加熱する。二時間ほど加熱すると金が底に沈み、そのほかのすべてがスラグ（鉱滓《こうさい》）として浮きあがる。スラグを除去し、分析して、金がほぼ分離されていることを確かめる。最後に金を型に注ぎ、インゴットを成形する。

　採掘プロセスにどれだけのムダがあるかはわかりやすい。まず金鉱を見つけて開発するのに莫大な資本が投下される。道路を建設し、設備をつくらなくてはならない。いま説明したような製錬工程を編みだすのにも、どれだけの試行錯誤が必要だったかを考えてみてほしい。実際の採掘には人的資本が必要となり、工程の各段階で膨大な量の化石燃料が消費される。しかもシアン化物は無害とはいいがたい。金生産が環境に及ぼす影響は甚大だ。製錬の工程もムダと切りはなすことはできず、段階を経るごとに少しずつ金が失われている。

　これだけの労力を傾け、これだけのエネルギーと資金を費やしたあげく、手に入れた物質の九割は装飾品となるか富の蓄積に使用されている（両者の割合はだいたい同じ）。実用的な目的に使われているのはわずか一割であり、その大部分は電子機器に用いられ、その大部分は……最終処分場行きとなる。

■価値を保ちつづける金

これだけ骨を折っても、すべてはムダなのだろうか。人は黄金に価値を置いているから、そういう意味ではムダではない。しかし、どうしてそこまで大事にするのかと問われれば、わけがわからず頭をかきむしるしかない。ウォーレン・バフェットは投資のために金を買うことを何度となく揶揄している。いわく、世界中の金一七万トンを購入したかったら一〇兆ドルかかるが、それだけの資金があるならアメリカ中の農地約一六〇万平方キロメートルとエクソンモービル社を一六個買って、なお一兆ドルの小遣いが残る。続けてバフェットはこう述べた。

いまから一〇〇年たてば、その一六〇万平方キロメートルの農地は信じがたいほど大量のトウモロコシ、小麦、綿花などの作物を産出しているはずだ。そして、どんな通貨が流通していようと、その価値ある恵みを生みつづける。エクソンモービルはおそらく何兆ドルという配当金を株主にもたらしてきているだろうし、それを上回る何十兆ドルもの資産を保有しているに違いない（なにせエクソンモービルが一六個あるのだから）。一七万トンの黄金は大きさも変わらず、依然として何ひとつ生みだすことができない。

バフェットの指摘は正しい。本章の冒頭でも説明したように、一〇〇年前には金一オンスで紳士用スーツが一着買えたが、今日でも金一オンスは紳士用スーツを一着しか購入できない。金は価値をたくわえるものであって、収入を生む資産ではないのだ。

世界が金本位制を採用していた時代、あらゆる公式通貨は一定量の黄金によって裏づけられていた。国家が通貨の供給量を増やしたければ、地面に穴を掘って金鉱を探さなくてはならなかった。通貨を裏づける金属を金庫にしまい込むために、多大なエネルギーが費やされた。見方によってはムダの多い制度ではあるが、ハイパーインフレを経験したことのある国にとっては安心と安定をもたらすものでもあった。

黄金がインフレになる場合もないではなく、スペイン人が新世界から大量の黄金をもち帰ったときなどには実際にそれが起きている。だが概していえば、かなり希少であるうえに見つけるのが難しいことが、通貨を裏づけるものとしてはかえって長所として機能した。

もちろん、こうしたすべてはテクノロジーによって変化する可能性を秘めている。火星と木星のあいだにある小惑星「プシケ」は、じつに七垓《ななガい》ドル（一兆ドルの七億倍）相当の金属（金のみならずプラチナやニッケルなど）を含有していると推定されている。含有どころの話ではない。この小惑星はほぼすべてが金属でできている。採算が取れるかたちでプシケの金属を利用する道がいつか開ければ、それらの金属の価格はいやでも下落し、道路も黄金で舗装されるようになるかもしれない。さながら伝説の黄金の都エルドラードである。

私たちの文明が何らかの厄災に見舞われたら、いまの通貨は単なる紙切れになってもおかしくない。しかし、黄金は供給量が飛躍的に増えない限り、その価値をほぼ確実に保ちつづける。したがって、人類が黄金を用いて富をたくわえるやり方が最善とは程遠いにしても、厳密にいってそれはけっしてムダではない。

第15章 アルミニウムはムダだらけ？

採掘から製錬まで、旅する鉱石

のちの章では、地元産の食にこだわる「ロカヴォア」運動を取りあげ、生産地から最終消費地までの距離の遠さが食のムダの根源なのかどうかについて答えを出す。この視点は金属にも当てはまる。農産物は生産地から消費地まで平均約二四〇〇キロ移動している。かなりの距離にもかかわらず、輸送のためのエネルギーは生産のためのエネルギーに比べるとごくわずかでしかない。

一方、アルミニウムの鉱石は採掘地から製錬地まで平均してその倍は旅をしている。鉱石が恐ろしく重いことと、コンテナ船がディーゼルを燃やしてCO_2を吐きながら輸送することを思うと、この距離はとてつもない量のムダを生んでいるはずである。でしょう？　ところがそうとはいいきれない。

アルミはボーキサイトという堆積岩から採れる。ボーキサイトには大量のアルミが含まれていて、五トンあれば純粋なアルミが一トン産出するほどである。それにひきかえ、金鉱なら五トンあっても金が八〇グラム足らずにしかならない。銅鉱の場合も、戸建て住宅一軒分の重さの銅を掘りだしたところで、家一軒分の電気配線をまかなえる程度にすぎない。そういったものに比べれば、ボーキサイトはかなり純度の高い鉱石といえる。

多量に含まれているとはいえ、なだめすかしてアルミに出てきてもらうのは並大抵の苦労ではない。その際にはふたつの工程が用いられる。ひとつはバイヤー法と呼ばれ、これによってアルミナ（酸化アルミニウム）が得られる。これは中間生成物なので、製錬して不純物を取りのぞかなくてはいけない。アルミナをアルミニウムに変える代表的な手法がホール＝エルー（HH）法である。

ボーキサイトは重い。機内もち込みサイズのスーツケースいっぱいに詰めたら三〇キロ近くになる。アルミナはさらに重く、同じスーツケース一個分でおよそ九〇キロだ。にもかかわらず、これらの原料は地球の外周の一〇分の一近い距離を移動してから最終的に金属に変換される。工程に手間がかかるうえにこれだけの距離が加わるのだから、ムダが多くならないはずがないではないか？

■途方もない電気を食う金属

問題になるのはエネルギーである。アルミ生産のあらゆる段階が大量のエネルギーを要し、HH法はとりわけ電力を食う。その量のあまりの膨大さに、アルミは「電気の缶詰」の異名をもつ。鉱石から一トン――飲料用の缶が六万四〇〇〇個製造できる量――のアルミを取りだすには、一万五〇〇〇kWh（キロワット時）の電力が必要になる。これはアメリカの一世帯が使用する電力の丸々一年分より多い。

アルミは一トンが一五〇〇ドル程度で販売される。アメリカの平均的な住宅用電力の料金は一kWh

当たり約一〇セントだ。ということは、一五〇〇ドル相当のアルミを生産するのに、住宅レートでおよそ一五〇〇ドル分の電気が必要になる計算だ。ボーキサイトの製錬を自宅の地下でやるのは考え物で、それは相当にコストが大きくなるからである。住宅用の送電網は、そこまでの電力を一般的な家屋に送りこめるようなつくりにはなっていない。それだけのために地域の送電線を改良するというのも、非効率このうえない話である。

想像のうえとはいえ家で製錬するのと、実際に商業ベースでアルミをつくっている業者とでは、効率にどれくらい差があるのだろうか。一般に、アルミを生産して利益をあげるには、エネルギーコストを販売価格の三三～四〇パーセントにとどめなくてはいけない。小売値がぜんぶ電気代に消えるようでは話にならないからである。

アルミを生産するためには、住宅用レートの半分未満で電力を購入する必要がある。世界のアルミ生産国で圧倒的一位は中国だ。彼の地では政府からの多額の助成金のおかげで、製錬業者の負担する電気代はｋＷｈ当たり五セントにすぎない。つまり、およそ七五〇ドルのエネルギーコストで一トンのアルミを得ることができる。

かつてはアメリカが世界最大の生産国だったが、鉱石からのアルミ生産量は一九九八年を境に急減している。二一世紀を迎える頃には二三の製錬所が稼働していたのに、その二〇年後にはほんのひと握りしか残っていない。いまもアメリカで命を保っている工場は、概して中国と同様に多額の助成金を受けとってきた。たとえばニューヨーク州北部にあるアルコア社のマシーナ西製錬所は、州政府から過去三年間で七〇〇〇万ドル近い助成金を支給されている。世界的なアルミの価格は約三三パーセント上昇しているというのに。

助成金をもらえない地域では、生産者の創意工夫が欠かせない。悪名高き銀行強盗ウィリー・サットンが「そこに金があるから」といって銀行を襲ったように、アルミの製錬も安価な電源を使える場所で行われるのが普通だ。

たとえば、地熱発電による電力の豊富なアイスランドには三つのアルミ製錬所があって、国内で生みだされる総電力の七割を消費している。それだけ安価な電力があるために、ボーキサイトを船でアイスランドに送っても、場合によってはオーストラリアのような遠方からでも採算が取れる。シドニーからレイキャビクまでは一万九〇〇〇キロあまりにのぼり、これはまさに地球を半周する距離にほぼ等しい。

■アルミニウムの最適な製錬場所は？

ボーキサイトの採掘地で製錬するのと、製錬地まで船で輸送するのとでは、効率にどれくらい差が出るだろうか。ふたつの選択肢を思いうかべてほしい。ひとつは、あらゆるアルミ製錬所をボーキサイト鉱山の隣に建設すること。もうひとつは、安価でクリーンなエネルギーを利用できる場所にすべての製錬所を建て、ボーキサイト鉱石をそこへ送ることだ。どういう違いが生じるだろう。京都大学のベンジャミン・マクレラン教授は、「温室効果ガス回避の視点から大量の金属鉱物の加工場所を最適化するには」と題したじつに興味深い論文の中でその計算をした。「現行の送電網からの電力を利用する場合、アルミニウムとアルミナの生産をボーキサイト産出国に集中させると、温室効果ガスの排出量が全体としておよそ一四パーセント増加する。ノルウェーに移動させると、現状の排出量が約四四パーセント減少する」

これは大きい。排出量が一四パーセント増えたら、CO_2が年間およそ九〇〇〇万トン余分に吐きだされることになる。EPA（アメリカ環境保護庁）によるとその数字は、アメリカの一〇〇〇万世帯がエネルギーを一年間消費したのに等しい。テキサス州全体の世帯数を合計しても一〇〇〇万にはならない（しかも注目すべきはそれが正味の増加分だということ。世界中からコンテナ船を送る際のCO_2量をマクレランはちゃんと差し引いている）。ノルウェーにもってくることでムダが減るのは、どの電源も同じように効率が良いわけではないからである。

いまの私たちがどうやって発電しているかを思うと、どんな地域であれ持続可能なクリーンエネルギーがありさえすれば、そこに船で鉱石を送るほうが採掘地で処理するよりはるかにムダが少ない。それをするのに遠すぎるような場所は地球上にただのひとつもない。

ボーキサイトを処理する工程はとにかく電力を食うので、それを改善する新しい手法を見出した会社にはご褒美に大きな金銭的利益が待っている。ひとつ有望視されているのが、アルミニウムメーカーのアルコア社とリオ・ティント社がアップル社と組んで設立したジョイントベンチャーだ。この会社では、アルミ製錬のための新たなゼロカーボン手法の商業化を目指している。テクノロジーを活用して別の角度から切りこむ企業もある。ある取り組みでは、製錬工程の温度を大幅に下げることに焦点を当てている。そうすればエネルギーの使用量を減らせるからだ。さらに大胆な試みとして、現行の製錬プロセスに替えて化学ベースの新しい手法を用いようというのもある。

将来的には『スター・トレック』式の転送装置「トランスポーター」が利用できるようになって、一番安価で一番クリーンなエネルギーのある地域にさっと鉱石を運び、完成したアルミニウムを必要とされる場所に届けられるようになるかもしれない。だがそれが実現するまでは、答えは明らかである（意外に思えるにせよ）。つまり、少なくともボーキサイトからアルミニウムをつくりだす際には、長い時間をかけてシドニーからレイキャビクへ船で岩石を送るのも無茶とはいえないのだ、と。

第16章 上空一万メートルで生まれる飛行機のムダ

二酸化炭素から食事、アメニティまで

安全で安価な空の旅が広く普及したおかげで、移動に伴う時間のムダも、交通事故でムダにされる命の数も、どちらも大幅に削減された。しかし、空を飛ぶこと自体にムダはないのだろうか。

ひと言で答えるなら、ムダはある。あまりのムダに、ある界隈では飛行に悪のレッテルが貼られつつある。その理由はおもにCO_2の排出だ。飛行が多量の炭素を吐きだすことは誰も否定のしようがない。その量、一キロメートル飛ぶごとに乗客ひとり当たり約三五グラムである。のちに植物に関する章でも見ていくように、炭素は酸素と結合してCO_2を生成するので、一キロメートル飛ぶごとにCO_2が乗客ひとり当たり一一〇グラムほど発生している。一〇〇〇キロメートル（およそ一時間二〇分程度）飛行したら、乗客ひとり当たりのCO_2排出量は約一一〇キログラム相当だ。平均的なアメリカ人が一年で生みだすCO_2の量は約一万六〇〇〇キログラムなので、何度か飛んだら私たちのカーボンフットプリントのかなりの割合を占めることになるのがわかるだろう。しかも、私たちが空を飛ぶ機会はこの先も増

える一方だと予測されている。

飛行にまつわるムダの問題を余すところなく探るには、一番近い代替手段と比べてみるといい。つまり車の運転である。飛行機と自動車とでは炭素の排出量がどう違うだろうか。ガソリン一リットルの重さは約〇・七キログラムで、およそ二・五キログラムのCO_2を発生させる。一リットル当たり八・五キロメートル走る車の場合、一キロメートルにつき〇・三キログラム程度のCO_2を排出することになる。ということは、自分で車を一〇〇〇キロメートル運転したら排出量は約三〇〇キログラムとなって、飛行機の場合の三倍近くにのぼる。別の言い方をすれば、飛行機の場合は乗客ひとり当たり一リットルにつきおよそ二一キロメートル相当で進んでいることになる。もっとも、細かいことをいうと、運転と飛行は完全に入れかえ可能というわけではない。角の店まで牛乳を一リットル買いに行くのに飛行機を使う人や、ハワイまで車を運転していく人はめったにいないだろう。それに、アメリカの典型的なビジネス旅行者は年間一万五〇〇〇キロメートルくらい車を使うだけでなく、飛行機も三万キロメートルあまり利用する。飛行機がこの世に存在しなかったとしても、この人が三万キロメートル余分に運転することはたぶんないはずだ。

■ムダの多い空の旅

しかし、飛行のムダは炭素の排出だけではない。今度は乗客が何をムダにするかを考えてみよう。誰も食べなかった食料、食事の食べ残し、小さなワインボトル、使いかけのアメニティキット、クレジットカードの申込書、安い耳栓、使用済みのカップ、などなど。すべて合わせると、二〇一六年にはこの種のゴミが約五〇億キログラム生まれていた。一回のフライトにつき乗客ひとり当たりおよそ一・一キログラムに相当する（じつをいうとこの数字にはトイレで発生するゴミも含まれているので、ちょっと不公平な気がしないでもない。とはいえ、乗客の半数が一回ずつトイレを使っただけだとしても、やはり一回のフライトにつき乗客ひとり当たり約〇・九キログラムのゴミは出ている）。

航空会社はこうしたムダに気づいている。なにしろ、余分な重さを積んで飛んだら、それはぜんぶコストとなって会社にはね返ってくるのだ。ムダの削減に向けた取り組みも進められていて、誰も食べなかった食事の処分方法を変更したり、アメニティキットの中の未使用品を施設に寄付したり、堆肥化可能なカップを使ったりといったさまざまな工夫が試みられている。この種のムダは問題ではあるが、それほどの労力や費用をかけずに、少なくとも部分的には解決できるという認識が広がりつつある。

空の旅にまつわるもうひとつのムダは、ルートとゲートにかかわるものだ。世界の空港のゲート数には限りがあるので、受けいれられるフライト数にも限度がある。やむをえず客席数以上のチケットがオーバーブッキングされる便もあれば、空席とともに飛ぶ便もある。どちらも困った問題であり、航空会社は解決を願っている。

何年か前、ユナイテッド航空の便がオーバーブッキングをしていて、別の乗客を乗せるために男性客ひとりを旅客機から引きずりおろす事件があったのを覚えているだろうか。あなたがその「別の乗客」であれば、ユナイテッドの顧客サービスは地球一だと評価したことだろう。だが、それ以外の人にとってこれは恐ろしい出来事であり、自分があの男性客だったらと思って誰もが身震いした。この男性客はたまたま医者で、翌日に患者を診察する予定があったのだった。

この事件を機に数社の航空会社は、オーバーブッキングの便から自発的に降りてくれる乗客への補償金額を改め、数百ドルからあっと驚く一万ドルに釣りあげた。経済理論の観点からすると、これは問題の対処法として正しい。五〇〇〇ドルでチケットを売ってくれと乗客に提示して誰も応じなければ、（乗客を引きずりおろすのではなく）提示額をアップしなくてはいけない。

空席のある便も航空会社にとっては頭痛の種である。ときどき、長距離旅客機に自分ひとりが乗っている写真がインターネットにアップされる。飛行機を丸ごと自由に使えるなんて楽しそうだとたいていの人は思っても、航空会社のCEOにしてみたらぞっとする話だ。

この種のムダをなくすか、せめて減らすかするために、人工知能（AI）の活用が期待されている。商用航空では一日一〇万便が運航していて、それぞれの便からは乗客数や各自の支払価格などの膨大なデータが生みだされる。フライトの提供方法を改良するためにこうしたデータは利用されているし、その傾向はこれからますます高まっていくだろう。AIを駆使すれば、チケットの平均価格を下げながら満席で飛べる便の数を増やしていけるはずである。

航空各社はムダの削減に向けて大きく前進している。ヴァージン・アトランティック航空は、あらゆる機体からたった五〇〇グラムの重さを取りのぞくだけで、年間五万二〇〇〇リットルの燃料削減になるとの判断を下した。この計算に基づき、彼らはグラスを薄くするとともに、もっと重量の軽いデザートを提供することにした。アメリカン航空は連邦航空局をどうにか説きふせて、重さ一六キロ近い紙の飛行マニュアルを捨ててiＰａｄを使う許可をもらった。それをすれば、全運航便での燃料費が一か月で一〇〇万ドルもの節約になるからである。また、座席のポケットにスカイモール社のショッピングカタログを入れるのをやめれば、さらに月三万ドルが浮くことも突きとめた。ユナイテッド航空は機内の雑誌をもっと薄い紙に印刷することで、月三万ドル近くの燃料費削減に成功した。航空産業では昔から、この種の小さな変更が大きく物をいう事例を積みかさねてきている。一九八七年にアメリカン航空が、全員の夕食のサラダからオリーブを一個ずつ除くだけで年間四万ドルの節約になると気づいたのは有名な話である。じゃあ、そのオリーブはムダを減らしたといえるのだろうか。それは、「オリーブがもう一個あること」に人がどれだけの価値を置くかによる。

工業デザインスタジオのプリーストマン・グッド社は、長距離便で使い捨てのプラスチックをやめてウォータークーラーを設置したら、驚くほどゴミの削減になると提案した。たとえば、シンガポール航空の直行便でシンガポールからニュージャージー州ニューアークへ一八時間かけて飛ぶ場合、このたったひとつのルートのたった一回のフライトだけで、ペットボトル三四〇〇本もの削減がもたらされると指摘している。

とはいえ、航空産業でムダの削減を考える際に注意しなくてはいけないのは、リサイクルに関する第8章で見た現象が起きることだ。つまり、消費が手間なく安価にできるようになると、消費者は自然と消費量を増やす。空の旅がこのままますます低価格になっていけば、人はいま以上に飛行機を利用するようになる。それが結果としてムダを増やすことにつながるのだろうか。その疑問にどう答えるかには主観的な価値判断が多すぎて、はっきりした正解を示すのは本書の手に余る。

第17章 衣類の洪水に巻きこまれる現代人

大量消費と返品から生まれるムダ

約八〇兆ドルの世界GDPのうち、衣類に費やされているのは全体の三パーセントにすぎない。衣類は誰もが必要とするものなので、この数字は低いように思える。ましてファッションは大衆文化の重要な要素である。

これを平均すると、ひとり当たり年間約三〇〇ドルを衣類購入に充てていることになる。もちろん、これがいささか誤解を招く数字なのはわかっている。比較的裕福な国では、衣類にかける金額が発展途上国より圧倒的に多い。豊かな西側諸国の場合、買ってはみたが一度も身につけていない衣類だけでひとり当たりの年間購入額は三〇〇ドルを超える。

衣類の消費を促す原動力は、価格の手頃さと目まぐるしい嗜好の変化だ。私たちは新しい衣類を購入することをほとんど何とも思わない。また、最後に手に入れた分がもう好みじゃなくなったからといって、さらに新しい衣類を買うことにも抵抗はないに等しい。

このように着るものを使い捨てにするのは新しい考え方である。人間は歴史の大部分を通して、シーズンが終わっても自分の衣類をずっと手放さずにきた。空手の腕前が上がるにつれて帯の色が白から黒へと変化するのもその表れのひとつで、同じ帯を生徒自身が順々に濃い色に染めなおせるようになっている。今日でも、男性用のドレスシャツには襟《えり》と袖口《そでぐち》だけ色の違うものが少なくないが、これは古い時代の名残である。昔はそのふたつの部分が汚れたりすり切れたりしたらそこだけ取りかえて、それ以外の部分まで処分せずに済むようにしていた。

私たちより前の世代の人たちが衣類にどれだけ金をかけなかったかは、一九二〇年代の伝説の〔しかし一〇〇パーセント真実の〕物語を見ればもっとよくわかる。当時、エイサ・T・ベイルズという人物が、動物の飼料を入れる綿の袋を女性が服につくり替えているのに目を留めた。そして、飼料の製造元との差別化を図るために、その布に模様を印刷するアイデアをひらめいて特許を取得した。こうして誕生したサックドレス〔サックとは布袋のこと〕は、当時の服飾事情を記した資料には頻繁に顔を出す。

こうしたモノのない時代とは対照的なのが現代の衣料品産業の慣行であり、ムダが爆発的に増えてきたことは誰の目にも明らかである。覚えている読者もいるかもしれないが、流行に敏感なアパレル小売業アバクロンビー&フィッチの地区マネージャーが、売れ残り品や半端な在庫は貧しい人たちに寄付するのではなく燃やしていると語って、二〇一三年に物議を醸した。貧乏人が着ていたら自社のブランドに傷がつく、と暗にいいたいわけである。いま現在のアバクロンビーのウェブサイトによれば、同社は以来「世界的な慈善団体であるワールドビジョンと手を携え、世界中の貧しい家庭と子どもたちに衣類を提供している」と記されている。「私たちはできる限り寄付していますが、多くの小売業者と同様、法令や損傷が原因で寄付できない商品もあります」
もはや用済みになった自社商品を最終的に誰が着るのか。それを気にかけているのは間違いなくアバクロンビーだけではない。とかく高級ブランドは、まるで強迫観念にとりつかれたかのように高級感を維持しようとするものだ。『サンデータイムズ』紙の記事によると、高級ファッション小売のバーバリー社は五年間で一億ドル相当の自社製品を焼却したという。記事にはこうある。「デザイナーレーベルは、自社の商品が割安価格で『グレーマーケット』に出回ったあとで、『間違った人たち』に身につけられることを望まないとのことである」

■ファッションの流行と民主化

いまや私たちがどれだけ衣類の洪水の中にいることか、考えるだけで気が遠くなる。自ら認めたところによれば、ジャスティン・ビーバーは同じ下着を二度と身につけることがない。カルバン・クラインからタダで山ほどもらっているからだ。ジョージ・クルーニーは一度履《は》いただけの靴下をきれいに洗濯させ、ホームレスの保護施設に寄付しているという噂である。

衣類を一度だけしか身につけないのはムダなのだろうか。細かいことをいうなら、本書の基準でいく限りそれはその人の好みによる。映画『ロード・オブ・ザ・リング』で、ゴラムの首に巻きついたエルフのロープが焼けつくような痛みを与えたように、同じ靴下を二度履くと痛くて痛くてたまらないのだとしたら、靴下を毎日捨てるか、なんなら一時間ごとにそうするよりほかに手はない。だが実際問題として、靴下の有効寿命は一日よりはるかに長いものである。

これはある一線を越えるともはや実用性の問題ではなく、流行の問題になる。流行という概念と、それがかもしだす特別感は、いまに始まったものではない。流行りのスタイルは毎年移りかわり、世界中のファッショニスタがそれに後れを取るまいと血道を上げる。アメリカ合衆国第三代大統領トマス・ジェファソンは同時代の男女に対して、「服装については流れに乗る」ようにと説いている。シェイクスピアはひとりの登場人物のことを「この男の魂は服」だと評している（『終わりよければすべてよし』より）。古代ローマの詩人オウィディウスは何ページにもわたってファッションのアドバイスを綴ったし、ヴォルテールやベンジャミン・フランクリンも同様だ。

もちろん、これとはあえて逆の道を行く者もいて、たとえばイギリスの作家クエンティン・クリスプはそのひとりである。「人が流行を取りいれるのは、自分が何者かがわからなくなっているときである」とクリスプは語っている。しかしたいていの人は流行りのファッションを追いかけ、しかもそのことにとことん熱を入れている。

ファッションの重要性が大きくクローズアップされているのが、一九二五年の名作『グレート・ギャツビー』（邦訳には（大貫三郎訳、ＫＡＤＯＫＡＷＡ）などがある）だ。主人公のギャツビーは、自分がいかに金持ちかを意中の人に印象づけようと、自分の衣装を見せる。「［ギャツビーは］いくつもの引出しがついたばかでかいふたつの戸棚の中身をぼくたちに見せてくれた。そこにはスーツやドレッシングガウンや、ネクタイやシャツが何着も、れんがのように高々と積みかさねられていた。『イギリスに知り合いがいてね、服を買いつけてくれるんだ。春と秋、シーズンの初めごとにいろいろ選んで送ってくれる』」。こうした傾向はギャツビーが生まれるはるか昔からすでに始まっていた。

比較的新しいのはファッションが民主化されたことである。この現象がいつ始まったかをさかのぼると、少なくとも一八世紀末に行きつく。当時、アメリカの発明家イーライ・ホイットニーが綿繰り機を考案して、綿の価格が下がった。突如として、ほとんど誰もが古い服のすり切れる前に新しい服を買えるようになった。猛然と働くこの新しい機械をオートメーションとグローバリゼーションがさらに勢いづけ、価格はますます低下し、ついにはファストファッションの時代に突入した。いまや私たちは流行の最先端を行く低品質の服を購入し、ある統計によればそれをたった五回着ただけで捨てている。

ソーシャルメディアがこの傾向に拍車をかけていることについては、単なる伝聞にとどまらない証拠が現にある。「同じ服」の写真をSNSにアップしたがらない人もいる。SNS界隈では、自分の写真に「その服いつも似合っているよね」というコメントがつくほど屈辱的なことはない。これとは対照的なのが俳優のダニエル・ラドクリフで、まったく同じ見た目の服を何か月も着つづける。何週間も前に撮った写真のように見せ、パパラッチの写真を売れなくするためだ。

昔の人たちは服をどれくらいもっていたのだろうか。二〇世紀前半のアメリカ人は所得の一三パーセントを衣服に充てていた。一九〇〇年の平均世帯所得は七五〇ドルだったので、そのうちの一〇〇ドルほどがふり向けられていたことになる。これはかなりの比率だ。現在の私たちは所得の三パーセントしか衣類につぎ込んでいないものの、単価が安くなっているので購入点数は一九〇〇年の六倍に達している。

もう少し昔にさかのぼると、現代家屋ならかならずつくり付けになっているふたつの構造が、一九世紀頃の家にはまず見当たらないことに気づくかもしれない。バスルームの化粧台と、寝室のクローゼットだ。一九世紀の人たちはそれぞれの用途に専用の家具――鏡台とワードローブ――を用いていた。アンティークなワードローブと現代のウォークインクローゼットを比べると、違いが際立つ。昔の家具は概して小さく、現代人がもっているような服の量はとうてい収めきれない。いまも残っているアンティークなワードローブは、中~高所得の人たちが所有していたものだったはずだ。現代のアメリカの家で一般的なウォークインクローゼットは、平均すると一九五〇年の予備の寝室程度の広さがある。初めてウォークインクローゼットがお目見えしたのは四〇年ほど前のことにすぎず、その時点ではグローバリゼーションによって衣類の価格が大幅に下がっていた。

さらに時間を巻きもどすには、二〇世紀フランスの偉大な歴史学者フェルナン・ブローデルの文章が参考になる。ブローデル著の全三巻からなる『物質文明・経済・資本主義 15-18世紀』〔邦訳には（村上光彦訳、みすず書房）がある〕では、マルクス史観への反論の意味もかねて、一五~一八世紀に生きたごく普通の人々の経済状態を掘りさげている。衣類についても詳細に解説されている。当時は今日のようなバラエティこそなかったものの、農民がひとそろいの服しかもたなかったというイメージはおそらく間違っているだろうとブローデルは指摘する。一八世紀のサルディニアでは、喪に服すときに同じシャツを一年着つづけたとも記しており、普段はもっと頻繁に衣類を替えていたことをにおわせている。また、同時代のイングランドの評者の言葉を引きながら、過去数百年のあいだに病気が減少したのは農民が替えの服を多くもつようになったためだとも述べている。

■衣類であふれる現代

現代の世界には衣類があふれているので、世界全体で見ると平均してひとり当たり月に一着を自分のもち衣装に加えている。わずか一五年前と比べても二倍のペースだ。ということは、ひとり当たり月に一着がいずれは衣装戸棚を追いだされて、結局は最終処分場で埋め立てられる見込みが大きい。

それを裏づけるかのように、アメリカ人は平均してひとり当たり週に一キロ近い重さの衣類を捨てている。ＥＰＡ（アメリカ環境保護庁）によれば、その六割が埋め立てられている。残り四割のうち、二割は燃料代わりに燃やされ、あとの二割はリサイクルされている。

こうした数字は私たちの日々の実感とはそぐわないように思える。不要な衣類の六割を捨てて、二割を燃やし、残り二割をリサイクルに回している人などほとんどいない。傷《いた》んだ服や下着は別として、着なくなったら慈善のために寄付するのが多くのアメリカ人にとってデフォルトの習慣だ。たとえば慈善事業用の中古品店にもっていく、などである。困っている人たちの手元に自分の寄付した服が届くのだと、そう考えて悪い気はしない。まるで、新しい衣類を買うこと自体が慈善活動の一環であるみたいだ。一年たってそれを慈善団体に回せば、自分より不幸な境遇にいる人が自分の善意を受けとってくれるとわかっているのだから。

ところが、そううまくはいかない。世界がどれだけ服であふれているかを考えてほしい。寄付された服のうち、ほかの誰かが着る割合は一割強にすぎない。圧倒的多数は最終的に埋め立てられ、かなりの割合が細断されて断熱材になったり、店でぞうきん代わりにされたりしている。

地域の慈善団体が手を出すのはそれ以外のわずかな部分にすぎない。というのも、寄付された衣料品のうち、売れる可能性のできるだけ高そうなものを選ぶからである。その中には実際には未使用で、もともとの値札がそのまま付いているものも少なくない。担当者は鋭い眼差しで、革やカシミアや有名ブランドといった人気のアイテムを見つけては引っぱりだし、値をつけて店頭に並べる。そういう店ではたいてい値札が日にち別に色分けされていて、一定の期間（たとえば一か月）で売れなければお払い箱にして、新しい寄付品のためのスペースを空けるようにしている。

残りの服は国外に送られ、ベール（圧縮梱包されたひと塊）単位で販売される。この過程全体を批判する声もあって、これが一種の植民地主義だと指摘している。現地の織物市場を弱体化させるばかりか、地域固有の服装に悪影響を及ぼし、欧米ふうの派手なロゴのTシャツとジーンズを好むように方向づけているというのだ。

その一方で、こうした視点をしりぞける考え方もある。安価な衣類がどっと流れこんできたら、どれだけの働き口が生まれるかを見落としているというのである。衣類を修繕し、リフォームし、洗濯し、最終的に販売するには人手が必要である。そのうえ、非営利団体が輸出業者に衣類を売って利益を得れば、その金を有益な目的に使うこともできる。この問題をめぐっては激しい感情が抜きがたくすぶっている。東アフリカのいくつかの国では自国の織物産業を守るために、古着や中古の靴の輸入を禁止する――少なくとも重い関税をかける――手続きを進めている。

■大量生産と大量消費が生み出すムダ

有効寿命が終わる前に――場合によっては一度も着られていないうちに――大量の衣類が埋め立てら

れているのは、衣類の回転の速さにその原因がある。なぜその速さが可能かというと、安価な衣類を生みだすことにかけて現代の経済は信じがたいほど効率が良いからだ。

衣類はじつに安くつくれるので、必要とわかっている量の二倍を製造するのも無謀とはいえない場合がある。そんな馬鹿な、って？　いやいや、スーパーボウルの優勝チームのロゴ入り商品（シャツ、ジャケット、キャップ、スウェットシャツなど）のメーカーを考えてみてほしい。決勝に進出する二チームのどちらが優勝しても対応できるよう、かならず各商品を二バージョンずつ生産している。もちろん、大一番が終わったらその半分は用済みになり、普通は世界の貧しい地域に送られるのを承知のうえで、だ。この慣行はアメリカンフットボールに限ったことではなく、ありとあらゆるプロスポーツのイベントで行われている。半分の商品がムダになるとはいえ、それは商売をするうえでの経費にすぎない。ついでにいうと、勝利チームの衣類であってもファッションとしての寿命は限られている。ファンはとてつもない嬉しさのあまり、ひいきのチームの勝利を祝う衣類を買いはする。だがそれもつかのま、数日のうちに、ことによると数時間のうちに高揚感は薄れていくものである。

ファストファッション現象からは、衣類の廃棄自体にとどまらない大きな影響が広がっている。衣類の製造に漂白剤や染料などの化学物質が必要であることを思うと、衣料品産業は環境にとってかなり有害だといえる。合成繊維をつくりだす際の錬金術のようなプロセスにしてもそうだ。じゃあ自然繊維ならいいかといえばそうでもなく、綿や麻は生産に土地や水を食いすぎるとして非難されている。リーバイ・ストラウス社は、リーバイス501ジーンズ一本がどれだけ環境に負荷をかけるかを詳細に研究した結果、ジーンズ一本はおよそ二三〇〇リットルの水を要し、CO_2を二〇キロ近く排出するという答えを出した。持続可能性コンサルティング会社クォンティスの報告書によると、全世界の人為的なCO_2排出量のうち、アパレル産業によるものは全体の六パーセントをゆうに超えている。世界GDPに占める割合は三パーセントにすぎないというのに（六パーセントというのは、航空産業全体の排出量のおよそ三倍だといえばその大きさがつかめるだろう）。

衣類の面白いところは、つくられる過程よりもつくられたあとのほうが資源を消費することが多い点だ。要は維持が必要なのである。私たちは衣類を何度も水にひたすが、その水は浄水場で処理されたうえに化石燃料で温められている。ここにムダはないのだろうか。洗いすぎて貴重な資源をムダにしてはいない？　リーバイ・ストラウス社の社長チップ・バーグは、少なくともジーンズに関してはそうだと考えている。よくバーグがこれ見よがしに穿《は》いているのは一〇年物の自社製品で、洗濯機の内側を一度も見たことのない代物らしい。ジャーナリストでアンカーマンのアンダーソン・クーパーも似たような考え方の持ち主で、ジーンズを洗うのは年に数回のみだとかつて語ったことがある。しかもその洗い方というのが、身につけたままシャワーに入り、それから干して乾かすのだという。

使い捨てファッションから思いがけない余波がどういう方面に広がるのか、見極めるのはほぼ不可能である。しかし、歴史に目を向けることで、その影響の一端が垣間見られるかもしれない。歴史学者のバーバラ・タックマンによれば、私たちは過去にもこうした状況に陥ったことがある。一四世紀半ばには、黒死病と呼ばれたペストによって、おそらくはヨーロッパ人の三分の一がすでに命を落としていた。亡くなった人の服が余り、みなはそれを何かに転用する必要に迫られた。

ヨーロッパで製紙が始まったのがだいたいこの時代であり、その余った衣類が原料として使われた。

羊皮紙は高価で数にも限りがあったが、それにとって代わった新しい紙は大量に生産された。およそ一〇〇年後、動かすことのできる活字をグーテンベルクがヨーロッパにもたらした。羊皮紙や高級な手づくりの紙の世界だったとしたら、何の意味もない発明だったろう。それを思うと、現代世界をつくりあげたいろいろな材料の中でも、余分な衣類ほど重要なものはそうないといっても過言ではない。残念ながら、いま現在余りすぎている衣類をどうにかできる「優れモノ活用術」はまだ登場していない。

捨てられた衣類をどう活用するのが一番いいかを考える際には、テクノロジーを利用すると効率が良くなる。じきに、コンピューターで読みとれる電子タグがあらゆる衣類に埋めこまれるようになるだろう。その種のチップは価格が著しく下がっていて、遠からず一個一セントを切る見込みだからだ。特定の衣類にどういう素材が使われているかを詳しく知る方法があれば、機械で選別できる。綿一〇〇パーセントなら店舗のぞうきんにして、合成繊維なら燃料に変換するといった具合である。

市場の力によって、自然とこうした未来像に近づくかどうかは不透明だ。これをあらゆる地域でおし進めるには、政府からの指示が必要になるかもしれない。

私たちがムダの少ない方向へと前進していけば、いずれは衣類と私たちのかかわり方も変化していく。もしかしたら服がひとりでに色や模様を変えるようになって、シャツが二~三枚あれば用が足りるようになるかもしれない。それが実現するまでのあいだはバラエティを求めるニーズに応えるため、フォーマルウェアのレンタルのように服を他者とシェアするサービスが誕生する可能性もある。ゆくゆくは服がいっさいすり切れなくなり、靴下は何度履いても新品の感触を失わない。ジョージ・クルーニーもさぞ喜ぶだろう。

第18章 気に入らないなら、返せばいい！

返品文化が変えた消費者の購買行動

ネットショッピングがまだ珍しかった頃には漠然とした不安があった。なにしろ、見てもいなければ触れてもおらず、試着してもいない商品を買うのだから。いまとなっては、なんて視野が狭かったかと思う。だが一九九〇年代にはそれが掛け値なしの懸念であって、ネット上にクレジットカード番号を入力することにも心配がつきまとった（Y2K問題もあったし）。そんな馬鹿な真似をする人間がどこにいるのか、と。

この懸念を和らげようと、ネット通販業者は昔のカタログ通販業者をお手本にした。いまから一世紀あまり前、シアーズ社は一九一八年のカタログで顧客に次のような約束をしている。

本カタログに掲載された商品はすべて、説明および絵と寸分たがわず同じであることを保証いたします。

弊社からお買いあげいただいた商品がお客様を完全に満足させ、お客様が当然ご期待になるサービスを提供し、お客様がお支払いになる金額に存分に見合ったものであることを保証いたします。何らかの理由で購入商品にご満足いただけない場合は、商品をご返送ください。送料は弊社が負担いたします。

ご返品いただけましたら、ご希望どおりのものとお取りかえするか、商品の料金ならびにお支払い済み送料を返金いたします。


ネットショップが寛大な返品条件を導入するのが普通になるにつれて、実店舗も同様の条件を採用するようになった。しだいに小売業者どうしが返品可能期間の長さでしのぎを削るようになり、やがていとも簡単に商品を返品できるいまの世界ができあがった。

だがそこで終わりではなかった。返品が簡単になっただけでなく、返送料金を無料にするサービスが現れた。さらには、地域のショップに返品商品をもち込むという選択肢を提供する業者も出てきた。アマゾン社などのように、返品するのに発送伝票すらいらない業者も登場した。商品を箱に入れて玄関先に置いておきさえすれば、提携している集荷業者がさっと運んでいき、たちまちクレジットカードに返金処理がなされる。

なんて楽なんだ！　返品大好き！　あまりに好きすぎて、私たちの購買行動は変化した。どのサイズのシャツを選べばいいかわからない？　だったらサイズ違いを三つ頼んで、ふたつ返品すればいいよ！　高額な電子機器を買おうかどうか迷っている？　注文しちゃいなよ。気に入らなかったら返せばいいんだから！

　返品が便利すぎるために、いまやアメリカの小売店で購入された商品全体の一割が返品されている。ネットショップに限れば返品率は三割だ。

　アメリカの場合は結果的に年間四〇億点、計四〇〇〇億ドル相当が返品されている。つまり返金額が平均一〇〇ドルということになる。アメリカを除く世界全体では一二〇億点、四〇〇〇億ドル相当が返品されている。

　アメリカでは、年間の返品全体の一割が一月の第一週目に処理されている。全米最大の小口貨物業者UPSは、一年で一番多く返品を取りあつかう日を「全国返品の日」と呼んでいる。この日は一月の初旬になるのが普通だが、二〇一八年にはそれが一二月一九日だった。ブラックフライデー（感謝祭（一一月第四木曜日）翌日の金曜日を指し、小売店がセールを実施する）の宣伝に乗って、ネットショップに注文が殺到した結果がこれである。全米小売業協会によると、近年ではクリスマスシーズンになるとアメリカ人の三人にふたりが何かしらを返品していて、四人にひとりがのちに返品するつもりで購入したことを認めている。返品物流大手のオプトロ社によれば、実際に欠陥のある商品は返品全体の二割程度にすぎない。

　返品される割合が断トツで大きいのは衣類である。アメリカの衣料品小売には、返品率が五割を超えるところもある。靴のネット通販で知られるザッポス社は、「複数注文して不要なものを返品する」という方針を採用していて、こうした便利な返品システムを利用するよう消費者にも促している。平均して、出荷した靴の三五パーセントが戻ってくるという。なかには半数を返品してくる顧客もいるのだが、意外にもザッポスはそういうお客が大好きである。ザッポスのサービス・業務担当副社長を務めるクレイグ・アドキンズによると、「私たちにとって一番のお客様は返品率が一番高いのですが、その代わりに支出額も最も多く、最も利益を生んでくれるお客様でもあります」。一方、アマゾン（ザッポスの親会社）や、世界最大の家電量販チェーンであるベストバイ社などは違う考えであり、頻繁に返品する人に対しては購入や返品を禁じたりしている。返品条件がゆるいことにつけ込んで、みだりに返品する人間を特定・禁止するビジネスまで誕生している。

■返品された商品の行方

返品された商品がどうなるかというと、めったに日の当たらない小売経済の裏側で処理される。このプロセスは「リバース・ロジスティクス（返品物流）」と呼ばれる。メーカー→小売店→消費者という通常の商品の流れが逆《リバース》になっているということだ。この業界を理解するのはなかなかに難しく、そこにはいくつかの理由がある。ひとつ目は、返品商品の扱い方が企業によって違うこと。ふたつ目は、同じ企業でも扱い方がつねに変化すること。三つ目は、扱い方が個々の店舗レベルでも異なる場合があること。そして四つ目は、自社のビジネスの中でもいささか不透明なこの領域について、企業が往々にして口を開きたがらないことだ。沈黙の背景には、自分の買った商品が新品だと顧客に思わせておきたいという理由もあるかもしれない。最近になるまで、返品の処分は厄介の種だった。倉庫に積みあげられ、スペースを空ける必要性が生じたら廃棄された。

返品商品のほかにも、リバース・ロジスティクスを構成する要素がもうひとつある。売れ残り商品だ。

アメリカで返品される商品は全体の一〇パーセントだが、そもそも売れなかった商品が全体の五パーセントを占める。流行遅れのファッショングッズや、型落ちした電子機器（第12章の計画的陳腐化のところで見たとおり）などがここに含まれる。両方合わせて全体の一五パーセントがサプライチェーンを逆戻りしてくる。その金額はざっとポーランドのＧＤＰに等しい。

返品の扱い方は会社によって違いはするものの、四段階の選別手順を踏むところがほとんどである。ひとつひとつを見ていこう。

商品が戻ってきたとき、最初に問題になるのは「これは新品として売れるか？」である。もしそうなら、その商品は実物ないしバーチャルの棚に戻される。しかしこの方向に進んで、のちに正価で販売される商品は返品全体の半数に満たない。それに、開封され、使用され、箱が損傷した商品もかなりある。何を「新品」とみなすかには複雑な要素がかかわってくる。中古品を新品として売りに出すことは法律で禁じられているとはいえ、「中古」とは何かという広く認められた定義があるわけでもない。

ともあれ、新品としては売れないとなったら商品はどうなるかというと、第二段階へ進んで「中古」「損傷あり」もしくは「返品」として販売される。たとえばアマゾン・ウェアハウス・ディールがそうで、「中古製品を割引価格で購入したい顧客が向かうべき信頼できるサイト」を謳っている。「返品」や「開封済み」のマークを付けたうえで、店内で返品商品を販売している企業もある。かと思えば、返品商品を専門に売るアウトレット店を設けているところもある。そのひとつがベストバイ社であり、返品商品だけを扱うアウトレットを一三店舗展開している。この種のアウトレットで買った商品は、欠陥がない限り返品はできない。

あるいは、返品商品に検査・クリーニング・修理等を施して、整備品〔リファービッシュ〕として販売するケースもある。整備品の場合、保証内容や返品条件が新品と同じことが少なくない。聞いた話によると、コンピューターを購入する場合には、わざわざ整備品を探しもとめる人がけっこういるらしい。厳しい検査をくぐり抜けているので、統計的に見て新品よりも信頼性が高いのだそうだ。

売れ残り在庫も、こういったチャネルを通じて販売されることが多い。以前なら衣料品の小売業者が在庫処分をする場合、ファッション業界のヒエラルキーを一段下げてディスカウント店にもっていった。アメリカでいえばロスやTJマックスなどがそれにあたり、有名ブランド商品を通常は平均一〇ドル程度の割引価格で販売する。だが昨今では、小売業者が自社のオフプライス店をオープンするケースが増えてきている。たとえば、ノードストロームにはノードストローム・ラックがあり、在庫負担を軽減するための二次市場として位置づけている。サックスにはサックス・オフ・フィフス、メイシーズにはメイシーズ・バックステージ、ブルーミングデールズにはブルーミングデールズ・アウトレットと、ほかにも同様の業態の店舗がたくさんある。こうしたアウトレット店は力強い成長を見せている。ノードストローム・ラックなどはすでにノードストローム本体の店舗数を追いこし、さらなる新規出店を続けている。

以上のような方法で販売しても採算が取れない商品〔返品商品と余剰在庫の両方〕は、第三の段階へと送られ、梱包されてまとめ売りされる。これは最も興味深い処分法であり、成長のペースも一番速い。

オンラインの在庫買取業者も数社あって、返品商品や余剰在庫をパレット〔フォークリフトなどで格納・輸送するときに貨物・商品を載せる台〕単位で販売している。アメリカでいえば、Bストック社、BULQ社、リクイデーション・コム社などである。こうした業者は基本的には企業間取引なのだが、誰でもウェブサイトに入っていって、B級在庫品パレットをオークションに出すことができる。オークションのかたちをとらず、単にパレットを激安価格で出品してもいい。購入希望者は、カテゴリー（家庭雑貨、衣類、電子機器など）や、場合によっては状態（返品か余剰在庫か、など）を指定できる。写真も見られるし、品目のリストと、そのロットの合計小売価格を確認できるケースも多い。だが、知ることができるのはだいたいそこまでだ。部品が漏れなくそろっているのかどうかも、その商品が作動するのかどうかも、ほかのいろいろな情報もわからない。いうまでもないが返品は認められていない。その代わり、割引率はとてつもなく大きく、八割引きも珍しくない。この種のサイトを眺めるのはちょっとやみつきになるところがある。インターネットで検索すると、こうしたサイトからロット単位で商品を買って、自宅で中身を取りだす人たちの愉快な動画が山ほど見つかる。

購入された商品はどうなるのだろうか。これはもう、あちらこちらに散らばる。手間暇かけて、商品を一個一個イーベイやアマゾン・マーケットプレイスに出品する人は多い。商品の検査や、必要に応じて修理をしたうえで、別のプラットフォームに売りに出す人もいる。海外に輸送され、あまり裕福でない地域の市場で販売されるロットもある。

いわゆる二次市場——返品商品や売れ残り品を取りあつかうチャネル——は規模が非常に大きく、拡大を続けている。この分野を精力的に研究しているのが、コロラド州立大学のザック・ロジャーズ博士だ。ロジャーズの研究チームは二次流通市場をいくつかのカテゴリーに分類している（質店、アウトレット店、廃品回収業者、ネットオークションサイト、慈善団体、蚤《のみ》の市、一ドルショップを含む安売り店）。チームの計算によると、アメリカの二次市場の規模は二〇〇八年には三一〇〇億ドルだったのに対し、そのわずか八年後には五五四〇億ドルに達した。たった八年間でおよそ八〇パーセントの伸び率である。これはアメリカのＧＤＰの三パーセントに相当するとロジャーズは指摘する。

いまや二次市場は一次市場と競合している。傷や凹《へこ》みのあるワッフルメーカーをイーベイで落札するような人は、新品をウォルマートで買ったりしない。現代の消費者に購入先の選択肢がいくつもあるせいで、伝統ある小売業者――創業一〇〇年をゆうに超えるような有名どころ――がいくつも廃業している。こうした老舗企業が次々に店をたたむにつれ、さらなる商品の山が二次流通市場へと流れている。アマゾン、イーベイ、ウォルマート、アマゾン・ウェアハウス・ディール、ノードストローム・ラックが割拠し、ディスカウントストアがあまたひしめく世界にあって、シアーズやＪＣペニーといった大手百貨店はどんな価値を顧客に提案すればいいのか。老舗小売店はなんとかその答えを見つけようと必死でもがいている。たとえばＪＣペニーは二〇一九年八月、スレッドアップ社と提携したことを発表した。スレッドアップは中古ファッションの委託販売を手がける会社で、「一流デザイナー・一流ブランドの新品同様のファッション」を販売している。つまり、ＪＣペニーは新品と並行して中古品を売りはじめるということだ。いうまでもないが、こうした戦略を打ちだしたところで業界の進化の波に――もしくはパンデミックに伴うもろもろの出来事に――あらがえるはずもなく、ＪＣペニーは二〇二〇年七月に破産を宣言した。

一次市場でも二次市場でも売れなかった商品は第四段階に進み、最終処分場に埋め立てられる。先ほども登場したリバース・ロジスティクス企業のオプトロによると、アメリカでは年間約二三〇万トン相当の返品商品が最終処分場行きになっている。これは返品商品全体の四分の一にまで達している可能性がある。なぜそうなるかというと、返品された時点で商品のダメージが大きすぎる場合もあれば、返品されても再販できない（下着や生ものなど）場合もある。このカテゴリーの商品は、わざわざ送料をかけて小売からメーカーに返送するほどの値打ちもないことが少なくない。これは実店舗では恐ろしいほどよくあることであり、そういう商品はただ単にダンプスター（大型ゴミ箱）に捨てられている。このため、実際にやっている人はそう多くはないものの、小売店裏のダンプスターから商品を引っぱりだして売るだけでかなり快適な暮らしを送ることができる（これをダンプスター・ダイビングと呼ぶが、地域によっては違法とされていることを念のために指摘しておく）。ジャーナリストのランドール・サリヴァンによる二〇一五年の『ワイアード』誌の記事では、ダンプスター・ダイビングを実践しているひとりの人物の横顔を紹介している。テキサス州オースティン在住のマット・マローンだ。マローンはコンピューター・セキュリティのコンサルタントという立派な仕事がありながら、本業のかたわら趣味でダンプスターをあさっている。

著者ふたりはチャットを通して、その一風変わった副業の話をマローンから聞いた。マローン自身の計算では、単純なビジネスモデルひとつで一時間当たり七五ドル前後を際限なく稼げるらしい。具体的には、一日か二日ダンプスター・ダイビングをしたら、見つけた商品をぜんぶアマゾンに出品し、ブツをアマゾンに送って保管と販売をしてもらう。本当にそれだけの楽な仕事なのだという。こちらにもっと力を入れたい気持ちにたびたび駆られはするものの、そうするには本業を愛しすぎている。サイドビジネスのために割くのはわずかな時間なのに、マローンはしょっちゅう――もう一度強調するが本当に

「しょっちゅう」――ゴミの中からすごい商品を発掘している。一度などは、パドルボードが欲しいと思って地元のパドルボードメーカーのダンプスターをチェックしたところ、一三〇〇ドルの商品が捨てられていた。

ダンプスター・ダイビングに対するマローンの考え方には、「右脳vs.左脳」的なせめぎ合いが見てとれる。一方では、カッコいい商品を見つけて売って、おいしい利益をあげることに脳内快楽物質がほとばしる。だがその一方で、その構図はどこかが間違っていると絶えず脳の別の箇所が語りかけてくる。マローンが思うに、社会には根本的な問題がある。「貪欲とムダがいまの私たちのレベルに達した文明はことごとく滅びています。私たちの社会は崩壊しつつあるんです。かつてイースター島では、ある日目覚めたら木をぜんぶ切り倒してしまったことに気づいた。私たちもそんなことを望んでいるんでしょうか」

■悪用される返品システム

サイズが合わないから、色を間違えたから、単に気が変わったから返品するというならまだしも、別の理由で返品システムを利用する者もいる。全米小売業協会によると、全返品の約五パーセントは詐欺である。一番よくあるのは万引きした商品を返品することだというから、二重に悪質だ。もうひとつは従業員による詐欺行為である。著者らのひとりはいまだに鮮明に覚えているのだが、十代の頃、大手の小売店で商品補充係のアルバイトをしたとき、徹底した研修を受けさせられた。途中で連れてこられたセキュリティ担当者は、スタッフ全員に向けてこう話した。「いい？ テレビのつまみをこっそり外しておいて、それから店長のところに行って、つまみの取れたテレビがあるから安く買わせてもらえないか、なんていうのはだめだ」。それから続けて、返品を悪用して会社をだますやり方を次々にあげていった。裏のダンプスターから商品を抜きだして返品するのもそのひとつである。はっきりいって、説明されるまではどの手口についても誰ひとり思いうかびもしていなかったのに、以後は「そんなことをやってもぜんぜんバレないんだ」という頭になった。この研修では理屈を座学で学んだだけだったものの、返品を利用すれば従業員が簡単に盗みを働けることがよくわかった。返品詐欺でもうひとつ多いのがワードロービングである。これは、服を買い、着用したうえで、返品して返金を求める行為を何度もくり返すことをいう。厳密にいえば違法行為ではないながらも、小売業者はやはりこれを詐欺とみなしている。しかもワードロービングはかなり広まっていて、返品詐欺全体の三分の一を占めるとの推定もある。

寛大な返品規約は信頼のもとに成りたっている。顧客がスーパーボウル・パーティーだけのためにテレビを買ったり、結婚式でダンスするだけのためにドレスを購入したりはしないと、売る側は信じている。返品条件の悪用が横行しているなら、金銭的に考えて企業としてはそんな規約を設けてあげるメリットがない。幸い、何十億もの損失をもたらしているのは事実ではあっても、返品詐欺自体の割合はまだ非常に小さい。とはいえ、例によってとんでもない例外というのはあるものだ。二〇一九年には、スペインに住む二二歳の男がアマゾンから三七万ドルをだまし取った。どういう手口かというと、商品を購入し、その重さを量り、箱から商品を取りだし、代わりに同じ重さの土を詰めて返品したのである。しばらくしてからようやくアマゾンの担当者が箱をあけ、たくらみに気づいた。だとすれば、二次市場で返品商品のパレットを買った人のところに、土入りの箱が届くおそれのあることは想像にかたくない。この場合もやはり、この種の詐欺がそう頻繁には起きないおかげでシステムが完全に沈没することはなく、私たちが利用できている。

返品が環境に与える影響についてはどうだろうか。甚大であることは間違いない。なにしろ、世界全体で毎日五〇〇〇万件の返品があるのだから。トラックが返品商品を集荷する、もしくは返品商品を載せて車が店まで走る。梱包材が使用され、ラベルに印字がなされる。返品商品が目的地に着いたら、二次市場なり何なりに出荷し直さなくてはいけないし、そこからまたどこかへ送られる公算も大きく……と続いていく。だがそれはムダだろうか。厳密にいえばそうではない。別の扱い方があるに越したことはないというだけだ。

リバース・ロジスティクスをどう処理するのがいいのか、現状とは違う道への模索がすでに始まっている。ひとつの案としては、返品する商品を消費者が小売業者に戻すのではなく、それを買いたがっている次の人のもとへ送るというものがある。あるいは、二次市場が返品商品をじかに受けとり、それを販売するというアイデアもある。現行のシステムには非効率な部分が多い。これが経済の少なからぬ部分を占めていることを思うと、効率が改善されれば多大な利益が期待できそうだ。

第19章 食品ロス

私たちが嫌悪する食べ物のムダの正体

ムダの種類によっては、とりわけ強い感情を呼びおこすことがある。たとえば食品のムダがそうで、私たちの痛いところを突いてくる。親は自分の子どもに対し、世の中にはおなかをすかせた子ども（どこかに）いるんだから残さずに食べなさいといい聞かせる。具体的な地域は変わるにせよ、世界にはつねに飢饉《ききん》が存在するようだ。大量の食品がムダにされているのと同じ世界で、四秒にひとりが飢えで命を落としている。これは控えめにいっても悲劇だし、見ようによっては邪悪きわまりない。

だが、実際にどれくらいの食品がムダにされているのだろうか。また、なぜそのムダは起きている？ 世界全体の飢えの問題に食品ロスがひと役買っているのか、それとも別の原因があるのか。食品ロスにどんな手の打ちようがあるのだろう。こうした疑問のどれひとつについても、幅広い見解の一致を見るには至っていない。しかし、食品ロスのからくりとその影響に目を向ければ、私たちなりの結論が引きだせる。

手始めに、どれくらいの食品がムダにされているかを見ていこう。調べればわかりそうなものでありながら、意外にもそうではない。理由はふたつある。ひとつには、誰も正確な数字を記録していないことである。このテーマに関するデータのほとんどは推測で導きだされたものか、事例証拠に基づくものだ。そのせいで、本章に登場する数字はほぼ推定値である(世界全体のアルミ生産量の数字のようにはいかない)。それでも、読者がこの問題について妥当な結論を得られる程度には正確だと信頼していいだろう。

しかし、じつはもっと大きな理由がある。それは、食品ロスとは何かについての定義が定まっていないことである。どういう定義を用いるかによって、数字は大きく違ってくる。下手をしたら三倍もの開きが生じかねない。

■食品のムダの定義

考えてみてほしい。あなたにとって、ムダにされる食品とはどういうものだろうか。ムダを最も控えめに見積もる定義、つまり数値が最も低くなる定義でいくと、まだ消費可能なのに消費されずに埋め立てられる食品、となる。この定義の場合、アメリカの食品ロスは年間ひとり当たりだいたい一七〇キロである。一日に換算すると、ひとりにつき五〇〇グラムを切る。第2章でも見たように、平均的なアメリカ人は一日に二キロほどの一般廃棄物を生みだしているので、最終処分場行きになるゴミの重さの二割くらいが食品ということになる。この定義を用いるのは筋が通っている。最終処分場の食品からは大量のメタンが発生していて、メタンガスは強力な温室効果をもつ。したがって、捨てられた食品はゴミのなかでもとりわけたちが悪いといえる。なにしろ、消費されないばかりか、最終的には害までなすのだから。

これと対極にあるのが、食品ロスを非常に広く定義することである。この定義でいくと、人間が消費するのに適している、もしくは適していてもおかしくなかったのに、サプライチェーンから外された食品がすべて該当する。

この広い定義には、動物の飼料用に栽培されるもの、バイオ燃料の原料にされるもの、収穫されずに肥料として土にすき込まれるもの、天候不順や害虫などでだめになったものなど、さまざまな作物が含まれる。生産のどこかの時点で、その気になれば人間が食べることもできるのに食べないとしたら、その食料がムダにされたという見方は十分に成りたつ。飢えに苦しむ人がいるのに、トウモロコシをバイオ燃料に転用するなどもってのほかだと信じているなら、この定義を使いたくなるのも無理はない。この広い定義で話をしているかどうかは、どういう言葉を選んでいるかですぐにわかる。たとえば「栽培された作物全体の半分は人間の胃袋に届かない」といった言い方をするわけだ。この定義で計算すると、アメリカの食品ロスは年間ひとり当たりおよそ四〇〇キロにもなる。ほかの豊かな国々も、数字はこれより若干低いにせよだいたい同じくらいである。

このふたつの定義を両端として、そのあいだにはかなり異なる計算値が点在する。それだけでも厄介なのに、ムダを純粋に重量で測る研究者もいれば、価格に換算する者、さらにはカロリー量で計算する者など、基準がまちまちなのが問題をさらにややこしくしている。ある計算によれば、一ポンドのリブアイ・ステーキ肉が腐ると、同じ重さの小麦が畑の土にすき込まれるよりムダははるかに大きくなるという。どういう方法を用いるかによって、本当にムダになる食品の割合は一五パーセントにもなれば五〇パーセントにもなる。

どれほどの食品がムダになるのか?

ムダをどう定義し、具体的にどう測定するにせよ、アメリカで年間六〇〇〇万トンの食品が埋め立てられているのは事実であり、それはこの問題を考えるうえでの絶好の出発点となる。では、なぜそこまでの量になるのだろうか。

年間六〇〇〇万トンと聞くと相当に多いように思えるし、実際に多い。それだけの量の作物を一か所で栽培しようと思ったら、バージニア州くらいの広さの農地がいる。六〇〇〇万トンといったら、ギザのピラミッドがざっと一二個分の重さだ。もちろん、それをひとり当たりにならせば、先ほども触れたように一日につき五〇〇グラム弱になる。リンゴ一個とアボカド一個の重さといったところだろうか。だが全体を眺めたら途方もない量である。

個々の食品に目を向けると、想像を絶するムダが見えてくる。たとえば、全長三〇〇メートルの航空母艦に六〇〇〇人の乗組員が乗っているとして、船と乗組員の重さを合計すると、アメリカで感謝祭の翌日に廃棄されるターキー(七面鳥肉)の重量にほぼ等しい。私たちはさらに、航空母艦もう一隻分の感謝祭の野菜も捨てている。あなたの家のゴミ箱ではたいした量に見えなくても、誰もが同じことをしているところに問題がある。

とはいえ、食べ物をムダにしないために骨を折る文化がないわけではない。現在愛されている料理の元をただせば、残り物を捨てずに済ませるために知恵を絞った成果がたくさん見つかる。チャーハンしかり、パンプディングしかり、コンビーフハッシュ〔コンビーフとじゃがいも・玉ねぎを炒めた料理〕もそうだ。

一九五〇年代、ディズニーランド内のメキシコ料理店では、古くなったトルティーヤを大量にゴミ箱に捨てていた。トルティーヤの卸元の営業担当者がそれに目を留めた。営業担当者は店の経営者に、トルティーヤを小さく切って揚げたらどうかと進言した。店はその通りにし、味をつけ、こうして誕生したのがトルティーヤチップスの「ドリトス」である。一九五三年には冷凍食品のスワンソン社が、感謝祭シーズンに向けてターキーを大幅に発注しすぎてしまい、二五〇トン近い余分なターキーを前にどうしたらいいかと頭を抱えていた。幸運にも、ゲリー・トマスという営業部員がアイデアを思いつく。機内食で使用されるような三仕切りプレートを改造してそこに冷凍ディナーを入れ、一般向けに販売したらどうかというのだ。こうしてターキーはムダにならずに済み、TVディナー〔容器ごと温めるだけで一食分のディナーになる冷凍食品〕が生まれた。豚のあらゆる部位を活用する働き者の食肉解体業者は、「鳴き声以外はぜんぶ使う」などといわれる。だから、私たちが集団として食品ロスに無頓着なわけではない。なんとかムダを出さないようにと懸命に頑張っている。

なぜこれほど大量の食品が最終処分場行きになるのか、すんなり特定できる単純な理由が一個あるだけだったらどんなにいいだろう。だが、とうていそんな状況ではない。ムダにされる絶対量の大きさもさることながら、アメリカで捨てられる食品の量がほかの国より多い点も注目に値する。そのふたつを両方とも説明できる根本原因を無理やりひとつ選べといわれたら、食品の価格が著しく下がってきたことに行きつく。アメリカでは過去五〇年のあいだに食品の価格が半分になった。そしてその同じ期間に、ひとり当たりの食品ロスの量は五割ほど増加した。経済の観点から見ると、埋め立てられる食品の価値はおよそ一七五〇億ドルである。これは大きな数字だが、三億五〇〇〇万の人口で割れば年間五〇〇ドル。一日ではだいたい一・二五ドルである。一ドル紙幣一枚と二五セント硬貨一枚のために、行いを改める気はアメリカ人にはさらさらない。

■食品がここまで安価になったわけとは？

どうして食品がそんなに安くなったのだろうか。人類は一万年ものあいだ、食べていくために人口の九〇パーセントを食料の生産に従事させなければならなかった。それがいまや、豊かな西側諸国ではわずか三パーセント程度で済む。大きな理由は当然ながらオートメーションだ。もうひとつ貢献したのが遺伝子組み換えや品種改良であり、現在栽培されている作物のかなりの部分がこれらに該当する。どちらも昨日や今日に始まった現象ではない。とりわけ実りの良い作物を違う品種どうしで掛けあわせると、さらに実りが良くなることを農家は何千年も前から知っていた。また、X線を照射する装置が発明されてからというもの、私たちは種子にX線を浴びせて魔法のようなことが起きるのを期待し、その期待はときに現実のものとなってきた。

食べられる植物は五万種類を超えるものの、私たちの摂取カロリーの三分の二はたった三種から来ている。トウモロコシ、米、小麦だ。現代の食品価格が低く抑えられているのは、作物を大量生産に向くように品種改良しているせいもある。「トウモロコシ畑にはトウモロコシしか育たない」という古いことわざがあり、厳密にいえばそうとは限らないのだが、私たちがじつに効率的に作物を生産しているのは間違いない。一〇〇年前には、一エーカー（約四〇五〇平方メートル）の畑で年間五〇ブッシェル（約一三五〇キロ）くらいのトウモロコシしか育てられなかったのに、現代のアメリカではその五倍が収穫できる。しかしこれだけ効率的でも、価格ベースで世界第二位の食料輸出国の前では影が薄くなる。

どこの国だと思う？　答えはオランダである。彼の地では、メリーランド州より少し広い程度の小さな国土に人口がひしめいている。オランダの農業が成功した秘訣は何かというと、アメリカのさらに上を行く驚異の効率だ。オランダでは、温度や湿度などを調節した温室で作物を高密度で栽培している。しかも、アメリカの三パーセントしか化学肥料を必要としない農法を用いている。また、精密農業を導入することで、いろいろな野菜の収穫高を倍増させている。精密農業とは、作物一本一本のニーズに応じてきめ細かく世話をするやり方をいう。これにより、オランダは玉ねぎとジャガイモに関しては世界最大の輸出国となった。これらを初めとする数々の技術革新からは、どうすれば食料生産におけるムダを減らしつづけていけるかのヒントが垣間見られる。

食品を安価にしている要因はほかにもある。アメリカで児童労働に関する法律が成立したとき、作物の収穫については特別な例外規定が設けられた。その結果、エアコンの効いたオフィスで書類をファイルする仕事は一六歳にならないとできないが、炎天下で作物を穫りいれることなら一二歳でも親の許可があれば（一四歳なら許可がなくても）できるようになった。場合によっては一二歳という下限も取りはらわれる。聞くところによると、アメリカでは畑仕事をする六歳の子どもが見つかったこともあるらしい。一九三八年に施行された農業労働者は最低賃金に関する法律でも適用外とされるケースが少なくない。連邦公正労働基準法には、善意に基づく例外規定が盛りこまれていて、家族経営の農場で親が自分の子どもに仕事を手伝わせても法令違反にならないようにしていた。しかも、こうした法律は現在でも有効である。そのため、アメリカの農産物の四分の一は約五〇万人の子どもによって収穫されていて、低価格を維持するのにひと役買っている。アメリカの農業部門は大人の低賃金肉体労働にも依存しており、その多くは不法移民である。彼らは低賃金で働き、合法な労働者に与えられるような保護の多くを受けることができない。

おまけにアメリカでは農業に多額の補助金が下りている。その額、年間およそ二〇〇億ドルだ。この慣行を国防の観点から擁護する声もある。自らを食べさせられない国に、自らを守ることはできないという理屈である。こうした補助金も価格を引きさげる一因となっている。

■食品のムダが生まれる場所

「食べられるのに最終的に埋め立てられる食品」というのが私たちの食品ロスの定義だとするなら、ゴミになるのは家庭の夕食の食べ残しだけではないことを指摘しておいたほうがいいだろう。食品ロスの発生源には大きく分けて四つある。生産・加工段階、レストラン、食料品店、そして消費者だ。ひとつひとつを見ていって、本当のムダがどこから来ているのかを探ってみたい。

ひとつ目は生産・加工である。この段階で発生するムダにはいくつかの種類がある。まず、外見、形、サイズなどの基準により、不良品として弾かれる食品がある。ある種の果物や野菜に関しては、これがかなりの量にのぼる場合がある。食品の種類によっては、この種の訳アリ品を売る二次市場が存在しており、新たなビジネスチャンスも次々に誕生している。「豚の骨付き肉《ポークチョップ》を切りだすときにひとつの失敗もないとしたら、ホットドッグのソーセージは生まれていなかった」との言葉もあるくらいだ〔アメリカのアニメ『スティーブン・ユニバース』の中のセリフ」。とはいえ、見た目に難のある農産物は廃棄されるケースが実際には多い。

抜け目のない生産者はムダを減らせないかとつねに知恵をめぐらせているので、不良品を別の用途で活用する方法を編みだした。いまや形の悪いニンジンはごく当たり前に皮をむかれ、切られたうえで、「ベビー」キャロットとして販売されている。考えてみたらずいぶん残酷な名前である。

だがこのベビーキャロットもムダと無縁ではない。野菜の皮を取りのぞいたり、余分を切りおとしたりする際に、食べられる部分が失われている。肉を解体処理する際も同じだ。果物をジュースにするときはもちろん、牛乳を低温殺菌するときや、食品を缶詰にするとき、それから商品を焼くときにもやはりムダは生じる。

同様に、流通の過程にも食品ロスはある。二〇一九年一一月、ルーマニアからの羊を積んだ船が転覆し、一万五〇〇〇頭のほぼすべてが溺れて死んだ。もっとも、こうした悲劇がなくても、さまざまな理由で流通過程でのムダは発生する。物流計画がお粗末だった場合もあれば、店舗レベルで需要が変化する場合もある。それに、積んでいるものが生ものであれば、どのみち消費期限に向かいつつある時限爆弾のようなものだ。

二番目はレストランである。消費パターンが変化するにつれ、食品ロスにおいてレストランの占める割合はますます大きくなっている。新型コロナウイルス感染症の世界的流行が始まる少し前、アメリカでは史上初めて食料品店よりレストランで使われる金額のほうが多くなった。レストランでは食品がどのようにムダにされているのだろうか。往々にして食品ロスは料理が完成する前にキッチンで起きている。落としたり、焦がしたりするためだ。調理は済んだが販売されない分も多少はある。昨今のレストランは一人前の量をどんどん増やしている。料理を出した際に客に「わあ、すごい」といわせたいからであり、インスタ映えする素敵なショットを提供したいとの狙いもある。どの店にももち帰り用の袋が置いてはあるものの、客は平均して料理の五分の一を食べ残している。つまり多くの人は、一日一ドル二五セント分の食品ロス割当てをここで使いきってしまう。さまざまな要素を計算に入れると、レストランで食事をするたびに二五〇グラム程度の食品がムダになっている。その食品を困っている人に届けようと取り組むレストランや慈善団体もあるにはあるが、レストランで廃棄される食品全体の九割が結局は最終処分場行きになっている。

コロナ禍は食品ロスに二段階の影響を及ぼした。最初は食品ロスが急増した。もともと食品のサプライチェーンは食品の半分を食料品店に回し、残り半分をレストランやカフェテリアや、スタジアムやクルーズ船や、そのほかの商売向けに販売するような設計になっていた。その「残り半分」の需要が一気に落ちこんだために、そこへ向かうはずだった食品の多くがムダになった。アメリカ酪農家協同組合によると、アメリカでは毎日およそ二〇〇万リットル近い牛乳が廃棄された。ある加工業者などはたった一社だけで、孵化《ふか》前の鶏卵一〇万個を処分する羽目になった――しかもそれを毎日。

ところがこの段階を過ぎると、パンデミックの影響は食品ロスの大幅な減少となって表れた。消費者は以前より家で料理するようになったばかりか、もっと残り物を食べるようにもなった。また、レストランでは超特盛でも、家ではもっと現実的な量が出る。これは個人の実感というだけの話ではない。食料品店の品不足を経験したことにより、家庭は食品をもっとうまくやりくりしてムダのない消費を心がけるようになった。ある試算によると、イギリスでは消費者の廃棄する基本食材――パン、牛乳、ジャガイモ――の量がパンデミック中に半減している。

食料品店でも食品ロスは発生する。本章を執筆している最中に著者らのひとりが体験したことなのだが、テキサス州オースティンで一、二を争う高級食料品店に入ったところ、乳製品とパン、それからパック肉のコーナーで数十人の従業員が商品をぜんぶ捨てていた。牛乳もベーコンも、卵もチーズも、何から何までひとつ残らず。どうやらその日の朝早く、店の奥でぼやの出る騒ぎがあり、収まったあとで食品検査官がすべての商品の表面をぬぐって調べた。煙の残留物が付着していたら処分しなくてはいけない。ちなみに、店の裏手のダンプスター（大型ゴミ箱）には鍵がかけられたので、誰も高価なベーコンをくすねることはできなかった（もともとベーコンは煙でいぶされていたという皮肉のおまけつき）。アメリカでは食料品店のダンプスターは、市民が近づけない場所に設置するよう法律で義務づけられていることが多い。一日経過した生エビのようなものを食べて、健康被害が出るのを防ぐためである。

もちろん、食料品店の火事は毎日起きるような出来事ではない。しかし、起こりうるという事実と、そうなったときの店側の反応を見ると、ある種の食料品店にとっては売り物の商品がすべてであることがよくわかる。規格外食品を利用する機運が世界的に高まっていても、見た目の良くない農産物を店頭から外して捨てる小売店はいまだにあとを絶たない。「賞味期限」が近づいた商品も廃棄される。人が安全に飲み食いできるかどうかとその日付にはほとんど関係がないというのに。調理済み食品も閉店前にほとんどが処分される。さらには、一定期間内に売れなかった商品も、新しい品物を並べるために撤去される。

家庭での食品ロスはどこから来るのだろうか。じつをいえば、その原因のかなりの部分は店側の情報が不完全なことにある。しかも売り手はそれを改善してもメリットがほとんどないので、わかりやすくする努力を怠っている。混乱を招く元凶のひとつが、包装に表示されているいろいろな日付だ。「賞味期限」が記載されたものもあれば、「販売期限」や「消費期限」もある。果ては「包装日」に「お楽しみ期限」、「賞味推奨期限」や「鮮度保証期限」や「廃棄日」まである始末。日付だけが印字されて、何の説明もない場合もある。消費者はそれらがどういう意味かがあまりよくわからないので、大事を取って「それを過ぎてから食べると具合が悪くなる日」という意味合いに解釈する。結局、「疑わしきは捨てる」精神で臨むケースが少なくない。この種の日付は、食品をムダにすることへの罪悪感をひそかに軽減する役にも立っている。うん、それを使って何かつくろうと思ったよ、思ったけれども、日付が過ぎちゃったんだからどうしようもない。私のせいじゃありません。

諸悪の根源は「賞味期限」だけではない。消費者は店で買い物をしているとき、その週につくるつもりの料理にえてして欲を出しすぎる。つい凝ったごちそう用の食材を買いこんでしまう。しかし日常が始まり、週の終わりにはピザを頼んでいる。豪華な食材の一部を冷凍したり、何らかの方法で保存したりしても、かなりの部分は捨ててしまう。食料品がもっと高価だった時代なら、牛肉が余れば塩漬けにしたし、こっちのキュウリは酢漬けに、そっちのベリーはジャムにして、といろいろ工夫してあとで食べた。でも、いまは食べ物がこれだけ安くて豊富にあるんだから、そんな手間をかける必要がどこにある？

消費者が料理をするとき、決まって必要以上につくってしまうものである。でもこれまたやっぱり、それのどこがいけない？　食料品はすごく安いのだ。食べ残しもかならず出るので、良かれと思って容器に入れて冷蔵庫にしまい……すぐに忘れる。冷蔵庫の奥から発見される頃には、もう高校のサイエンスフェア・プロジェクトの実験材料にするくらいしか使い道が残っていない。

面白いのは、健康的な食生活を送っている人ほど、ムダにする食品の量が多いことだ。健康的な食生活には生の果物や野菜がたくさん含まれているが、すぐに傷《いた》むので半分以上が捨てられている。半分以上がムダにされる食品ジャンルはほかに魚介類だけであり、においを嗅いでこれはダメだと判断されやすい。

ムダの生じるレベルが消費者に近ければ近いほど、それに伴うコストと影響は大きくなる。農家が形の悪いニンジン一本を収穫しなかったり、収穫したあとですぐに廃棄したりしても、損失はほとんどない。ところが、何かの食品が無事に試練をくぐり抜けて畑から加工業者へ、そこから食料品店へ、そしてあなたの家へたどり着いたあげく、ディナーの来客が食べ残したからといって捨てられたとしたら、それは単なる食品のムダではない。生産に費やされたエネルギーや労力や時間がぜんぶムダになる。たとえその食品を堆肥にしてバラを育てたとしても、それらがムダにされたことに変わりはない。

■食品のムダの解決策とは？

これだけの問題のうち、どれかひとつでいいから手っ取り早く解決できないものだろうか。これまでは確かにテクノロジーが助けになってきた。人類とムダとの闘いの歴史の中で、最も大きな前進といえるのは冷蔵技術が誕生したことかもしれない。いまでは特殊なコーティング剤も開発されていて、生の野菜にスプレーするだけで鮮度保持期間を二倍に延ばせる。ゆくゆくは安価なセンサーが登場し、「販売期限」にかかわらずその食品が安全かどうかを知らせてくれるようになるだろう。肉を培養したり3Dプリントしたりすれば、家畜の解体処理の手違いによるムダの量を減らせるようにもなる。ムダの影響を最小限に抑えるには、地球全体で肉を昆虫の粉末に切りかえるか、もう少し食欲の湧く方法として植物性の代用肉を使用すべきだとの声もある。肉の種類を変更するだけでも、食料生産による生態系への負荷が軽減され、したがって食品ロスを減らす効果がある。たとえば同じカロリーで比較すると、家《か》禽《きん》類の肉は牛肉よりも生産に必要なエネルギーが格段に少ない。ベジタリアンやビーガンはすでにこうした食生活を取りいれているが、それは体にいいとされているからだけではなく、環境面を考えているからだと語る人が多い。彼らが指摘するのは、家畜に食べさせてわずかな量の食品を生みだすだけのために、膨大な量の作物が栽培されているのはおかしいということである。

　では、ひとり当たり年間五〇〇ドルの食品ロスを私たちはどう受けとめたらいいのだろう。安全で栄養のある（もしくは形の立派な）食品を得るためにはやむをえない代償？　なかには明らかに個人の選択の問題もあって、それをムダと呼んでいいものかどうか。たとえば、非の打ちどころなくきれいな一本のニンジンをあなたが味わえるようにするために、形の悪いニンジンを農家が一ダース捨てなくてはいけないとしよう。そういう場合、その一ダース分の価格を支払う代わりに、完璧な一本に高い値がつくことをあなたが進んでひき受けるとしたら、それはあなたの主観としてはムダとはいえない。私たちがこんな見方でムダをとらえるのは食品の分野だけである。仮に陶器製作所でつくられた陶器の半数が、使用はできても形が美しくなくて廃棄されたとしたら、私たちは「ムダにされた」陶器を思って悩み苦しむことはない。単にそれは商売をするうえでの代償だと考える。

どういうわけか食べ物だけが……違うのだ。

本章の冒頭でも触れたように、ほかのムダと違って食品ロスには善悪の観念がつきまとう。子どもの頃に親から、世界にはおなかをすかせた子どももいるんだから食事を残してはいけないといわれたとき、その戒《いまし》めの言葉は人間の思いやりの心から発せられたものだった。夕食の食卓に並ぶものと、よその国の飢えた子どもを結びつけるのは、論理のうえではまったく間違っているので名前までついているほどなのだが（「相対的窮乏の誤謬」）、これは非常に人間的な反応である。コンピューターならこんな誤った論理に陥ることは絶対になく、そのことは人間が機械といかに違っているか（そしてあえていうがいかに機械より優れているか）を浮きぼりにしている。これは単なる心情であって論理的には正しくないし、いかにも人間にありがちなものだ。しかしこの心情があるからこそ、フランスの元老院（アメリカの上院にあたる）は全会一致で食品廃棄規制法を可決し、食料品店の食品廃棄を禁止した。陶器に対して同じ法案を成立させることはなかった。

飢えに苦しむ人は世界におよそ八億人いる。なぜだろうか。世界の人口を養えるだけの食料が生産できていないからではない。あらゆる人の腹を満たして、なおはるかに余りあるカロリーを私たちは生みだしている。いうまでもないが、あなたが昨晩グリーンピースを残してしまったせいでもない。じつは悲しい現実があって、飢えた人々の八割近くは食料輸出国に暮らしている。つまり現代で人が飢え死にするのは、食べる物がないからではなく金がないからだ。結局のところ、一番大きな問題は私たちが食品を捨てることではない。大勢の人が腹をすかせるような食料配分の仕方を私たちが選んでいることにある。私たちが取り組むべきは農業ではなく倫理の問題なのだ。

しかし、倫理にもとるからといって食品廃棄をすべて悪と決めつけたり、法律で禁止したりすると、かえってムダを増やす結果につながりかねない。これまで本書でくり返し見てきたように、良かれと思ってムダを削減しようとしても予想外の結末がもたらされるものだ。食品をいっさいムダにしないようにしたせいで、結局は年間ひとり当たり五〇〇ドルよりコストがかかる可能性も十分にある。週に一回買いだめするのではなく毎日買い物に行けば、捨ててしまう野菜が多少は減るかもしれない。でも食料品店まで車を使っていたら、代わりにガソリンがどれだけムダになるだろう。思うに、食品をムダにしないことがコストの削減につながるのなら、農業界はそうするはずである。ポテトチップ工場でジャガイモの皮をむいたあとで、それをはき集めて豚の飼料として売って利益が出るなら、工場はそうしているに違いない。だが、皮を豚に与えるのに必要なエネルギーが、別の飼料を栽培するためのエネルギーを上回るとしたら、いったい何のための努力だったのかという話になる。農家にしても、販売できる量の二割増しで作物を植えたほうが得かもしれないのだ。不作だった場合の保険になるし、余った作物は畑にすき込めばいいだけだとわかっているのだから。

食品ロスが生じるのは、それだけ地球の生産性が高い証しでもある。私たちの世界はじつに豊かな恵みを生みだしてくれるので、一部のムダすら許さないようなことをしても金銭の面では意味がない。

なんとも皮肉な状況に置かれたものである。私たちは食べられる以上の食料をつくりだしていて、そのコストはますます下がっている。何の問題もない食品を私たちが大量に廃棄する一方で、世界中では何億もの人たちが飢えに苦しんでいる。いまや飢えより肥満のほうが人の命を奪う。食生活を賢く選んでかつてないほど健康になった人もいれば、自らの命を縮める選択をする人もいる。

世界人口は一一〇億で頭打ちになると予想されている。これは現状よりおよそ五割多い。いまあるテクノロジーを駆使すれば、一一〇億の腹を満たすだけの食料は間違いなく生産できる。しかし、その一一〇億人が確実に食料を得られるようにするには、社会の変革が求められる。

そうはいっても、それだけの食料生産を達成するのは大変な挑戦だ。世界自然保護基金の報告書がその点を一番的確にいい表わしている。「人類は今後四〇年のあいだに、過去八〇〇〇年分の農業を合計したよりも多くの食料を生産しなくてはならない。しかもそれを持続可能な方法で実現しなければならないのだ」

第20章 地産地消がかえってムダを生む？

食物の生産と輸送から見る「地元産」の正体

環境意識の高い人を一〇〇人集めて、暮らしの中のムダを減らすには隣人や友人がどうすればいいかを尋ねたとする。多くの人が真っ先にあげる答えは「地元産の食材を買え」ではないだろうか。何百キロも、場合によっては何千キロもの彼方からトラックで運ばれてくる食材ではなく、地元産のものを食べるという考え方は、ここ一〇年でかなり支持を得てきた。あまりの人気に、そうした理念で生きる人を指す「ロカヴォア」という造語まで生まれている。二〇〇七年には、オックスフォード大学出版局の選ぶ「アメリカの今年の言葉」にこれが選出された（同じ年のイギリスでは、「ロカヴォア」を僅差で抑えて「カーボンフットプリント」が選ばれた。これは適切だったといえるかもしれない。自分のカーボンフットプリントを削減したいという思いがあるからこそ、地元産の食材を食べようと決めるケースが多いからである）。

最近では食料品店でも地元産の食材をそれとわかるように表示しているし、地元で調達した持続可能な有機野菜を売り文句にするレストランもたくさんある。

だが、地元産の食材は本当にムダが少ないのだろうか。一見すると、答えはいわずと知れているかに思える。地元であるロサンゼルス産の豆を手に入れるほうが、イリノイ州ピオリア産の豆や、もっと遠いオーストラリアのパース産の豆を買うよりムダが少ないに決まっている、と。ところが、こうした言い分がどこまで正しいかを見極めようとするとき、私たちの直感ほどあてにならないものはない。遠くから食材を運んでくることと、地元近くでそれを栽培することのエネルギーコストを詳しく調べてみれば、地元産を食べることが本当にムダを減らすのかどうかがもっとはっきり見えてくる。

食物を運ぶカロリー

「カロリー」という言葉は、科学の話題で使われるとき（一グラムの水を一気圧のもとで摂氏一度上昇させるのに必要な熱量）と食物の話題で使われるときとで少し定義が違う。食物のカロリーは実際にはキロカロリーであり、科学のカロリーの一〇〇〇倍に相当する。単純明快でありがたい限りだ（↑皮肉）。

本章で食物カロリーの話をするときは「キロカロリー」と明示する。食物からのエネルギーについての場合も、そのほかのエネルギーについての場合も同じキロカロリーの尺度で話をすれば、食材を地元で生産する場合と遠方から運ぶ場合の「コスト」の比較が可能になる。

食材を遠方から移動させるには、十中八九何らかの化石燃料を使用する。体内の脂肪のように、ガソリンにはエネルギーがたくわえられている。ガソリンが何キロカロリーかはわりあい簡単に突きとめられる。燃やしたときに、水温をどれだけ上げるかを測定すればいい。

その結果、脂肪とガソリンはエネルギー密度がほぼ同じであることがわかっている。体内の脂肪は一グラムで九キロカロリーなのに対し、一グラムのガソリンはおよそ一〇キロカロリーだ。ガソリン一ガロン（約三・八リットル）は重さが約三〇〇〇グラムなので、だいたい三万キロカロリー相当ということになる。

あなたの車が一ガロンで三〇マイル（約四八キロ）走るとしたら、それは一マイル行くのにおよそ一〇〇〇キロカロリーの「コスト」がかかるということである。それに対して人間の場合は、同じ距離を自転車で進むのに五〇キロカロリーしかいらないし、歩くにしても一〇〇キロカロリーで済む。そう聞くと、人体のほうが車より効率が良いように思うかもしれない。だが、忘れないでほしいのだが車は二トン近いし、高速で移動できる。エアコンが効いていて、運転しながら音楽もかけられ、少しばかり余分にエネルギーを消費するだけで友人を乗せることもできる。もっとも、人体だって負けてはいない。スーパーコンピューター（つまり脳）を搭載していて、これは車では願うことすら叶わない優れモノだ。

同じ重さを同じ距離だけ移動させるためのカロリーを比べてみると、ほぼ同じ数値に近づく。エネルギー効率の面では人も車もだいたい同程度だ。だが食物と比べると、ガソリンは著しく安価なエネルギー源であることがわかる。もしも人間がガソリンを一ガロン飲んで、その三万キロカロリーをじかに得ることができたら、一日たったの二〇セントで体を二週間駆動させつづけられることになる（頼むから真似しないように）。

アメリカの食の生態系全体で見ると、ひとりの人間が一キロカロリー食べるごとに、その食物を生産・輸送・保管するのにおよそ一〇キロカロリーを要している。ということは、あなたが昨晩オーダーした三〇〇〇キロカロリーのピザは、結局あなたのもとに届くまでに三万キロカロリーを消費していることになる。それはほぼガソリン一ガロン分だ。言葉を換えれば、必要な原材料をそれぞれ生産してすべて集め、そのピザを調理し、あなたの家の玄関まで運ぶのに費やされたエネルギーは、ピザに含まれるエネルギー自体の一〇倍にのぼるということである。ひとりの人間が腹に収めるカロリーは、ざっくり計算して年間一〇〇万キロカロリー弱。それをアメリカの全人口で掛ければ、全員を食べさせるのに必要な食物カロリーは年間およそ三〇〇兆キロカロリーということになる。私たちが口に入れる一キロカロリーごとに、プラスアルファのエネルギーが一〇キロカロリー存在する。このことを頭に入れておいてほしい。

■北極バナナはお手頃バナナ？

二〇〇八年のコーネル大学の研究からは、野菜をアメリカ中西部からニューヨークへトラック輸送するほうが、ニューヨークの温室で栽培するよりエネルギーが六分の一で済むことがわかった。なぜだろうか。温室は多量のエネルギーを食ううえに、中西部の広大な土地で栽培すれば「規模の経済」によるメリットが大きい。だから全体として見ると、国土の半分を横切って農産物を運ぶほうが必要エネルギーは少ないのである。

出発地から目的地まで地球を半周する場合であってもこの点は変わらない。ニュージーランドのある学者チームによる研究では、イギリスに住む人がイギリス産の食物を消費するのと、同じ人がニュージーランド産の輸入食物を消費するのとで環境負荷がどう違うかを調べた。すると、「イギリスでラム肉を生産するのに使用されるエネルギーは、ニュージーランドのラム肉生産者が使うエネルギーの四倍にのぼる。ニュージーランド産ラム肉をイギリスに輸送するためのエネルギーを含めたとしても同様である」ことがわかった。イギリスで子羊を飼育すると、エネルギー代と肥料代が余分にかかることにおもな原因がある。

あるいは、アイスランドでバナナを生産することを考えてみてほしい。信じられないかもしれないが、それは実際に行われている――いや、行われていた。ご存じかとは思うが、アイスランドは世界のおもなバナナ産地から遠く離れている。掛け値なしに遠い。ところが、アイスランドは地熱エネルギーに沸きたっていて、しかもこれはほかの場所のほかのエネルギー源に比べて安価である（アルミ製錬に関する第15章参照）。生産地から遠いことと、安価なエネルギーが存在することを考えあわせれば、アイスランドの温室で手頃な価格のバナナを効率的に栽培できると思うかもしれない。

残念ながらそううまくはいかない。試したことはあったのだが、結果は悲惨なものだった。政府が輸入バナナへの関税を撤廃すると、アイスランドの国産バナナ産業は崩壊した。結局、エネルギーがどれだけ安価で、バナナ産地からどれだけ遠く離れていても、北極圏に接しているために日差しが非常に弱いという現実はいかんともしがたかった。アイスランドのバナナは成熟するまでに二年かかる。赤道地方のいとこたちの場合は、ほんの数か月で食べられる状態になるというのに。それに、いくら地熱エネルギーが安いといっても、主要バナナ輸出国であるフィリピンやコスタリカやエクアドルでは日光が……そう、タダなのだ。このため、アイスランドで地元産のバナナを買っても全体のエネルギーコストの節約にはならない。

北極バナナは極端な例とはいえ、たとえ地元の農産物直売所であっても、ただそれだけでエネルギー効率の改善につながるわけではない。考えてみれば、地域一帯から農家がそれぞれ農産物を載せて車で販売所に乗りつけるわけである。顧客のほうも車でやって来る。それにひきかえ、食品を大量に移動させるとかなりの規模の経済が働く。オーストラリアの学者エルス・ワイネンとデイヴィッド・ヴァンゼッティは論文の中で、食品流通システムの効率を測るのに移動距離を尺度に用いるやり方には欠陥があると指摘した。同じ一〇トンの食品を積んで同じ一〇〇〇キロを走るにしても、一〇トントラック一台で運ぶのと〇・五トントラック二〇台で運ぶのとでは前者のほうがエネルギー使用量が少ないからである。

個々のトラックが直売所まで来るのに、盛大に燃料を燃やすことだけが問題なのではない。顧客は普段の必需食品を買うために、いつもの食料品店にも行く必要がある。つまり、直売所に足を運ぶのはあくまでついでであって、直売所だけですべてをまかなうことはできない。さまざまな食品が効率良く集約されたスーパーにも同様の品物は見つかる（少なくともその可能性がある）わけだから、直売所に立ちよるたびに余分な化石燃料がムダにされていることになる。

いうまでもないが、何かがムダに見えるからといって、それをやらない理由になるとは限らない。家族経営の農家が潤うことを願う人や、持続可能な農業を応援したいと考える人は多く、そういう人たちにとって地元の農家を支援することには大きな意義がある。アイスランドにしたって、普通より高い代金を支払ってでも、レイキャビクの街で地元産バナナを食べ歩きしたいと思う人はけっこういるはずだ。だって、ほら、アイスランドの地熱エネルギーで二年かけて育ったバナナだなんて、ちょっとおしゃれじゃない？

しかし、地元産の食材を買ったり、農産物直売所に足しげく通ったりする理由のうちで、地元農家を支援するという形のない価値が大きな割合を占めるのだとしたら、その価値が本物なのかどうかをせめて通りいっぺんだけでも吟味したほうがいいだろう。農産物直売所は本当に見かけどおりの存在なのだろうか。家族で営む零細農家が、近所の土曜の市《いち》で自分たちの野菜や果物を売っている。そんなノーマン・ロックウェルの絵のようなのどかなイメージは本当に正しいのだろうか。

■「地元産」の真実

ジャーナリストのローラ・ライリーは、フロリダ州の新聞『タンパベイタイムズ』紙に強烈な暴露記事を連載し、ピュリッツァー賞の最終選考に残った。記事のタイトルは、「つくり手から食卓へ」ならぬ「つくり話から食卓へ」。ライリーは直売所に赴き、自分で育てた作物なのかどうかを売り手に尋ね、それから畑があるといわれた場所に実際に車で向かった。すると、話どおりの光景が広がるケースもあるにはあったが、そうでないことが少なくなかった。実際には数々の慣行がまかり通っているのをライリーは詳細に綴っている。それらを見ると、「誤解を招く」程度ならまだいいほうで、ほとんどは真っ赤な嘘であることがわかる。食料品店で不合格品としてはねられた野菜からラベルだけはがしたものや、単純によその地域から買ってきて、地元産として「再ブランド化」したものもかなり多い。「有機」イチゴは人の手を何度か介してから直売所にたどり着き、本当はどこ産なのかは控えめにいってもあいまいである。レストランもほめられたものではない。「地元産」食材を謳っていながら、実際に出しているのは地元産ではない。あるいは魚の種類を偽っていたり、水道水を詰めたボトルに高値をつけたり、

「自家製デザート」がどこかで買ってきた代物だったりと、数え上げたらきりがない。あれこれ語ってきたが要するに何かといえば、地元産を買うこと自体にムダがあるわけではない。ただ、実際の状況は見た目ほど単純ではないということである。

食について考えるときには、効率と持続可能性のどちらを取るべきなのかと、果てしない堂々めぐりに陥りやすい。先ほど紹介したオーストラリアの研究では、有機食品を空輸する場合のコストについても炭素排出量の視点から考察している。空の旅に関する第16章を思いだせば意外でも何でもないだろうが、方程式の中に飛行機を組みこんだとたん、許容される排出量の上限をあっというまに突破する。反面、空路を利用できない場合の影響は大きく、有機農家の少なくとも一部は従来型農法に切りかえざるをえなくなると指摘されている。

結論をいうと、食品の生産に伴うムダと非効率を評価する際に、生産地から食卓までの距離を目安にするのは名案とはいえない。現行の食品の輸送ネットワークはじつに効率的にできている。輸送に費やされるエネルギーなど、生産全体に要するエネルギーのごくごく一部にすぎない。

アイスランドのバナナの事例（および本書全体）を通じて学んだように、ムダの一次的な影響――本章の場合なら食品の輸送に要する余分な燃料――だけに目を向けるのであれば、構図はきわめてわかりやすいように思える。つまり、食卓からできるだけ近い場所で農産物を生産せよ、だ。しかし、その種の分析では、地域の食料生産がもたらす高次の影響を把握しそこねてしまう。具体的にいえば、どんな食料であれ生産するにはエネルギーや肥料や、水や土地が、燃料とは比べ物にならないくらい多量に必要になる。分析の視点を広げると、何が簡単に解決できそうかは往々にして様相を変える。

第III部

ムダの科学

第21章 二酸化炭素のムダ①

どのようにして生まれ、悪影響を及ぼすのか？

ムダについての本を書くなら二酸化炭素（CO_2）を取りあげないわけにはいかない。CO_2は毎日のようにニュースの見出しを飾る。数々のムダの中でも、CO_2を排出することほど悪質なムダはないと考える人は多い。なにしろ気候変動にひと役買っているし、それに伴ってさまざまな被害がもたらされるのだから。たとえば海洋の酸性化、海水面の上昇、生物の大量絶滅、地球規模の社会不安などである。

ところが、CO_2がどこから来て、どのように排出され、どうすれば減らせるのかは、それぞれが個別のテーマとして語られることが多い。そのせいで、CO_2の影響に関する私たちの知識は増えたけれど、その背後にある根本的なシステムについてはあまり理解が進んでいないのが現状だ。

人間が呼吸サイクルの一環として吐きだすCO_2はムダなのだろうか。この疑問には明確な答えがあるのだが、その答えの意味を正しくつかむにはCO_2をもっと深く知る必要がある。CO_2について読者の疑問に思うことがぜんぶ本章に詰まっているとまではいわないものの、このきわめて重要な気体をムダとの関連において理解するうえで大事なことはほとんど含まれている。

■二酸化炭素の誕生

CO_2の物語を余すところなく説明するには、四五億年前に戻らなくてはならない。地球が冷えつつあった時代だ。惑星内部にあった揮発性元素が脱ガスのプロセスによって外へ出ていき、原始大気を形成した。この原初の大気が具体的に何でできていたかについては見解が分かれているものの、ある有力な説によれば水素、メタン、一酸化炭素、二酸化炭素という組成だったと見られている。

そういう状態が数億年にわたって続いた。やがて三八億年前に海ができはじめた。じきに海の中に生命が現れるが、それは嫌気性細菌に似たようなものだった。つまり、酸素の存在し*な*い環境でのみ生存できる生物である。

水面と空気の接するところで生じる自然な反応として、海水にはさまざまな気体が溶けている。今日でも、CO_2は大気を離れて海に溶けこんでいる。だが数十億年前には、大気に含まれるCO_2の量がいまよりはるかに多かったため、大量のCO_2が海水に入りこんでいた。その一部は気体のままの状態で炭酸水となったが、大部分は海水と反応して炭酸水素ナトリウムを形成した。俗にいう重曹である。生命はそこに含まれる炭素を利用して成長した。

この生命が死んで海底に沈むと、長い時間をかけて石灰岩や化石燃料となり、それを現代の私たちが利用している。このサイクルはいまも続いている。海洋動物が命を終えて腐敗する過程で、海洋自体も多少のCO_2を大気中へ放出してはいる。しかし、放出よりも吸収する量のほうが多く、それが長い歳月をかけて蓄積されていく。

海洋が初めて形成されたとき、大気中には酸素がなきに等しかった。この事実がどのようにして明らかになったかはじつに興味深い。アイスコア（氷床を掘削して取りだした円柱形の氷のサンプル）を融かすと、太古の大気が実際にどういうものだったかがサンプルとして手に入るのだが、いくら最古のアイスコアでもたかだか二七〇万年前に「しか」さかのぼれない。なのになぜ数十億年前の大気に酸素のなかったことが推測できるかというと、最古の岩石に見つかる鉄が酸化していないからである。酸素というやつはじつに反応性が高く、いろいろな元素とすぐに結合するため、自然界では気体の状態を維持しにくい。あらゆるものと反応して、相手を酸化させたがるのだ。要するに、遠い昔の鉄鉱石が錆びて（酸化して）いないのは、大気中に酸素がなかったせいだというわけである。

■酸素の誕生

三〇億年くらい前にとてつもないことが起きた。まったく新しい生物学的なプロセスが登場したのである。微生物が大気中の豊富なCO_2を体内に取りこみ、それを海水や日光と結びつけることでエネルギーを生みだせるようになった。このプロセスは酸素発生型光合成と呼ばれ、そこからは役立たずの廃棄物が生じる。そう、名前からもわかるとおり、酸素だ。

この太古の微生物は、光合成という能力をもったおかげで生存競争において優位に立つことができた。おかげで大いに繁栄した。だが不思議なことに、その後もおよそ一〇億年のあいだは、光合成が存在するのに大気中の酸素濃度はそれほど高くならなかった。はっきりした理由は誰にもわからない。

それでも二〇億年ほど前になると、大気に酸素が満ちはじめる。不幸にも、嫌気性の生物の大部分にとってこの酸素は命取りになるとわかった。嫌気性微生物の一部はいまも極限環境微生物として立派に生きのこっており、太古の生物の名残をとどめている。極限環境微生物は光や空気の届かない深海を好み、熱水噴出孔から放出される硫黄を取りこんでエネルギーに変換している。

最終的には大気中の酸素濃度がいまの状態に落ちつき、約二一パーセントとなった。この平衡状態がどのようにして生みだされたかはいまもって謎である。科学者ジェイムズ・ラヴロックの提唱したガイア理論によると、地球の生命圏全体がひとつの複雑な系として自らを調節していて、酸素濃度のような非常に重要なシステムが一定範囲内に収まるようにして生命を可能にしている。ちょうど、人体が体温を調節してだいたい三七度前後に保っているのと同じだ。だが、この理論はあくまで仮説である。

五億年ほど前には、海の藻類が陸に上がってコケになった。そこを出発点として、やがて根をもつ植物が誕生した。それからはいささか常軌を逸した状況になる——少なくとも現代の感覚では。もしもあなたが五億年前の地球をうろうろしたら、目に入るのは地面を覆いつくす地衣類と巨大なシダ、そしてビル三階建て分の高さがあるキノコだ。生物史において、樹木が登場するのはもっとずっとあとの時代なので、地球には木より先にサメが現れたくらいである。

現代の炭素サイクルはかなり単純である。植物は生長しながらCO_2を吸収する。やがて植物は命を終え、腐敗する過程でそのCO_2を放出して空気中に戻す。ところが、最初の陸上植物が現れてから何千万年ものあいだは、植物の腐敗を促す特殊な細菌がまだ存在し**な**か**っ**た。これは重要なポイントである。植物は生長し、CO_2を体内に取りこみ、そして死ぬ。倒れはするが完全には腐敗しないので、C

O_2を大気中に返すことがなかった。

その有機物の上に新しい植物が生長し、いずれは倒れて死ぬが腐敗はせず、CO_2も放出しない。このプロセスが延々とくり返された。命はないが腐りもしない膨大な量の植物に、陸地は覆いつくされた。これまでにあなたが、石炭ってどこから来たんだろうと不思議に思ったことがあったとしたら、もう悩まなくていい。はかり知れないほど大量のこの植物の残骸が、石炭鉱床となったのである。信頼できる仮説によると、厚さ三〇センチの石炭鉱床はかつて四・五メートルの高さに積みかさなった植物の死骸だった。とすると、厚さ一二メートルの石炭鉱床は、かつて高さ一八〇メートルの死んだ植物性物質の山だったことになる。ワシントン記念塔〔ジョージ・ワシントンを記念した大理石の塔。ワシントンDCにあり、高さは一六九メートル〕より高い。

こうして、海洋が相変わらず空気中から大量の炭素を吸収してせっせと隔離するのに加えて、腐敗しない陸上植物の出現のせいで炭素はなおのこと大気からひき離された。

■ギガトンから考える二酸化炭素

ここまでは問題ない。

だが、ここから先はギガトンという単位に登場してもらわないと話が進まない。ギガトンとは一〇億トンのことである。一ギガトンだなんてあまりに巨大すぎて、何とどう比較してもなかなかピンとこないのだが、とりあえずやってみよう。地球上のすべての人間の体重を合計しても一ギガトンに満たず、いまあるすべての乗用車とトラックの重さを合計しても二ギガトンにしかならない。

あるいは、マンハッタンにある何もかも——ビルも人も道も何から何まで——の重さを量ってみたとすると、ぜんぶで一ギガトンの八分の一程度である。ミシシッピ川の水がメキシコ湾に注ぐ量ならだいぶ多く、一日につきだいたい一ギガトンだ。もしくは、これまで訪れたことのあるなかで一番大きなスタジアムを思いうかべてもいい。そのスタジアムを天井まで水で満たして水の重さを測定し……それを三〇〇回くり返すと一ギガトンになる。

ここでちょっとしたクイズを出題してみたい。地球の大気の重さは何ギガトンだと思うだろうか。一ギガトンより重い？　それとも軽い？　いい線いくように頑張って考えてみて。

答えは五八〇万ギガトンだ。これはもう、想像も及ばない数字である。ところがさらにその上をいくのが炭素の貯蔵量であり、先ほども触れた石灰岩や化石燃料や、海水に溶けたCO_2や植物や、それらを残らず足しあわせたらじつに一億二〇〇〇万ギガトンにのぼる。

驚くのはまだ早い。かつてその炭素の大部分が大気中に存在した時代があったのだ。

もっとも、それがすべて同時に大気中にあったわけではない。それでもあまりの量の多さに、私たちの大気は何億年ものあいだCO_2に支配され、もしかしたら地球は現在の金星のような状態だった可能性がある。

これから人間の呼吸の話に入っていくが、その前に、体の外にある炭素を私たちがどう消費しているかを考えてみよう。私たちが生みだすエネルギーのほとんどは、石炭、石油、天然ガスとしてたくわえられた太古の炭素が元になっている。酸素を利用してこれらを燃やすと、炭素がCO_2となって大気中に戻っていく。

〇・五キロの石炭を燃やすとおよそ一kWh（キロワット時）の電気がつくられ、石炭の品質にもよるが約一・二五キロのCO_2が生まれる（第2章でも見たように、何かを燃焼させるには酸素を付加する必要があるため、CO_2のほうが大元の燃料源より重くなる。石炭由来の炭素だけでなく酸素もCO_2には含まれているということである）。石炭以外の燃料から生じるCO_2はもっと少なく、原子力、太陽光、風力といったエネルギー源は直接的にはいっさいCO_2を発生させない。

すべての燃料源を合計すると、アメリカの送電網は一kWh当たり約〇・七五キロのCO_2を発生させる。住宅用の電気料金が一kWh当たり一〇セントだとして、自分の家の平均的な電気料金に七・五を掛ければ、自分の家からどれだけのCO_2が生みだされているかを計算できる。ひと月の電気料金が二〇〇ドルなら、家の中で使う電気からだけで毎月約一五〇〇キロのCO_2が放出されていることになる。

化石燃料を燃やすという人間の行為により、一年で約四〇ギガトンのCO_2が発生している。大気の重さ五八〇万ギガトンに比べたら小さいように思うかもしれないが、現状では大気に占めるCO_2の比率はわずか〇・〇四パーセントほどである。具体的にはおよそ三二〇〇ギガトンにすぎず、だいたいエベレスト山と同じ重さにすぎない。このため、それほど多くない量が加わっただけでも大気全体に占める比率は大きく変化する。このように大気中での割合が非常に小さいので、測定する単位にはパーセントではなくppm（一ppmは一〇〇万分の一パーセント）を用いる。現在、大気中のCO_2は四二〇ppm程度だ。約三二〇〇ギガトンで四二〇ppmだとすると、一ppmはおよそ八ギガトンということになる（この段落の内容を頭に入れておいてほしい。あとでまた出てくる）。

現状は四二〇ｐｐｍだとはいえ、人間が化石燃料を盛大に燃やしはじめるまでは（たとえば産業革命前の一七五〇年頃には）大気中のCO_2はわずか二八〇ｐｐｍだった。地質学的なスケールでいったら、そこから現代までの二七〇年などはまばたきする間《ま》にすらならない。ほぼ瞬時といっていいだろう。それだけのごくごく短いあいだに、私たちは大気中のCO_2濃度を大きく変えてしまった。

■変わりつつある二酸化炭素の循環プロセス

いま現在、何が起きているのだろうか。人間の活動によって年間四〇ギガトンのCO_2が発生している話に戻ると、大気中にとどまるのはわずかその半分である。残り半分は自然なプロセスによって、だいたい同じくらいずつ陸地と海洋に隔離されている。

私たちが放出している四〇ギガトンのうち、およそ二〇ギガトンが大気中に入る。この二〇ギガトンを八ギガトン（一ｐｐｍ分の重さ）で割ると、大気中のCO_2が毎年約二・五ｐｐｍずつ増えていることになる。実際、それがまさしくいま起きていることだ。つまり、地球の大気中のCO_2濃度は四～五か月おきに一ｐｐｍずつ増加している。数か月単位で大気組成が測定可能な変化を起こしているのであり、それを私たちは実際に目の当たりにしているわけだ。

先ほども触れたように、人為的な原因による年間四〇ギガトンのCO_2のうち、大気にとどまるのは半分程度でしかない。なぜだろうか。話はここからがぜん面白くなってくる。もともと地球は自然なプロセスとして、膨大な量のCO_2の放出と吸収をくり返している。まるで地球が一個の巨大な生物であって、規則正しくCO_2を吸ったり吐いたりしているかのようだ。このCO_2の交換は陸地と海洋の両方で起きる。陸地では植物がCO_2を取りこみ、枯れて炭素を放出するか、もしくは植物が動物の食料になり、その動物が死んで炭素を戻す。数百年前、まだ人間が自ら大量のCO_2を生みだす前の時代、地球が吸収・放出するCO_2の量はどちらもほぼ同じで、年間約七五〇ギガトンだった。このおかげで大気中の炭素量は長いあいだおおむね一定に保たれていた。事実、過去一〇〇万年ほどをふり返ってみても、CO_2濃度は一八〇ｐｐｍから二八〇ｐｐｍのあいだの変動にとどまっている。変動を時系列に沿ってグラフにしてみると、そのふたつの数字のあいだを規則正しく上下しているのがわかる。この現象の根底には、地軸の傾きから来る二万六〇〇〇年周期の歳差《さいさ》運動があるとされている。その傾きのわずかな変化と、太陽に対する地球の位置が組みあわさることにより、地球のさまざまな地域が受けとる日光の量は変わり、それが周期的な氷期と温暖化をひき起している。

　ところが数百年前に何かが変わった。人間が化石燃料を大量に燃やし、余分なCO_2を大気中に放出しはじめたのである。現在の私たちが放出している年間四〇ギガトンのCO_2は、地球が自然なプロセスとして吐きだしている七五〇ギガトンに比べたら少ないように見えるかもしれない。しかし、バランスを乱すには十分な量である。

　ここまで話を進めてきたが、鋭い読者はこんな疑問を抱いているのではないだろうか——人間の活動が存在しない状態で地球の炭素循環システムのバランスがだいたいとれているのなら、なぜ人為的な年間四〇ギガトンが大気中にとどまらないのだろうか。もしくは、どうしてその四〇ギガトンも自然なCO_2と同様に再吸収されないのだろうか。なぜ二〇ギガトンが吸収されて、二〇ギガトンが大気中にとどまるようなことに？　答えは、地球の炭素循環が絶えず変化していて、人間の活動にも反応しているからである。人間の発生させるCO_2の量が増えれば増えるほど、地球が吸収する量も増加する。たとえば、人為的な原因による余分なCO_2が地球を「緑化」して、より多くの植物を生長させているのではないかと指摘する研究がある。大気中の炭素濃度が高まれば光合成が盛んになり、結果的に植物が増える。しかしながら――しかもこれは相当に大きい「しかしながら」なのだが――人間の活動によるCO_2の増加があまりに短期間で起きたために、地球のシステムはそれを相殺できるほどすばやく反応できない。私たちにあと何千年か待つつもりがあれば、相殺できる可能性はある。だがそれまでのあいだはバランスが崩れたままだ。誰もが同意する事実はたったひとつ。地球の大気中の平均CO_2濃度は上昇しており、それが最終的に地球の生命にどんな影響を及ぼすかが目下の懸念事項だということである。人間によるCO_2放出量が全体に比べて小さいからといって、ほとんど何の慰めにもならない。人間の平熱が三七度くらいだとしても、それがわずか五度上がっただけで死につながるのである。

■呼吸と化石燃料が与える影響

さて、ようやく人間そのものの話にたどりついた。私たちの呼吸は大気中のCO_2にどんな影響を与えているのだろうか。人間ひとりは一日におよそ一キロのCO_2を吐きだしている。これは、呼吸二〇回ごとに一グラム（ペーパークリップ程度の重さ）の計算になる。それを世界の人口で掛けると、全体では年間約三ギガトンになる。「はじめに」でも触れたように、このプロセスは私たちが体重を落とすうえで欠くことができない。あなたの体脂肪が一キロ減ったからといって、その一キロ分はエネルギーに変換されたわけでもなければ消えてなくなったわけでもない。そうではなく、あなたは単に三キロ分の酸素を吸いこんだのだ。その酸素は細胞内で炭素と結合し、三キロのCO_2となって吐きだされ、副産物として一キロの水が生じた。

いろいろな切り口から計算してみても、呼吸という生体プロセスは大気全体のCO_2濃度には影響していないといっていい。作物は私たちに食べられなくても、枯れて腐敗すればやはりCO_2を放出する。別の言い方をすれば、CO_2はただ消化管や気道という眺めのいいルートを観光してから、大気中に戻っていくだけだ。

一方、化石燃料から出るCO_2はどうかといえば、こちらはムダとしかいいようがない。たとえ化石燃料の燃焼によってCO_2がまったく発生しないとしても、「化石燃料を使って大気中のCO_2濃度を増やせたらいいのに」などと夜遅くまで悩む者はいないのだ。

だがそれだけではなく、エネルギー生成（もしくは人間の呼吸）によって生じるCO_2がムダだというのは、それ自体がエネルギーになりうるものだからである。仮にこの世界にいっさいムダがないとしたら、人間の活動や呼吸によって発生するCO_2をすべて利用してエネルギー源にするはずだ。なんといっても、CO_2は地球上の大部分の生命を養う原動力であり、それは植物全体のバイオマスが動物全体のバイオマスの一〇〇〇倍ほどにものぼる。植物はCO_2を取りこみ、日光を利用してそれを水と結びつけて炭水化物（エネルギー源）と酸素を生みだしている。

人間もそのプロセスを利用したらいいのではないだろうか。いまあるソーラーパネルのように光起電力効果を通じて電気を生みだすのではなく、人工の葉で光合成をして液体燃料を生産するというのは？これを人工光合成といい、いままさにその実現へ向けて盛んな研究が進められている。実現を目指すひとつの企業をビル・ゲイツは支援していて、「うまくいったらまるで魔法のよう」な技術だと語っている。

第22章 二酸化炭素のムダ②

炭素除去技術とコストについて考える

人工光合成でCO_2を使う以外に、どうすれば大気中の濃度を下げられるだろうか。ひとつの方法は直接空気回収技術である。これは、特殊な吸着剤の表面に空気を通してCO_2を捕捉する技術だ。この方法でつかまえたCO_2は地中で半永久的に貯留するか、もしくは燃料に転換して動力源として利用し、そこで発生したCO_2を再び回収して……と無限にくり返される。

想像にかたくないだろうが、直接空気回収に対しては賛否両論が飛びかっている。ジャーナリストのアラン・ニューハウザーは、『USニューズ&ワールドレポート』誌に「炭素回収——恵みかそれとも時間の無駄か」と題した記事を書き、この方法についてさまざまな科学者から「見かけ倒し」や「虚仮《こけ》おどし」といった声が上がっていると指摘した。炭素回収工場を稼働させるには大量の燃料を燃やさねばならず、再びCO_2を大気中に放出することになりかねないというわけである。

また、機械で空気から炭素を抜きとれば万事解決すると期待させてしまうと、人が好き放題に炭素を放出するようになるおそれもある。ユニバーシティ・カレッジ・ロンドンの教授サイモン・ルイスは、『ガーディアン』紙に寄せた記事の中でこの懸念について解説し、次のように結論を下している。「小規模であれば実現可能なネガティブ・エミッション技術（大気中に排出されたCO_2を回収・除去する技術）もあるにはあるが、こうした知識は魔法に頼ろうとする考え方と、間違った方向への考え方をともに助長する」。ある試算によれば、たとえ炭素を直接回収する技術が大規模に実施できるとしても、二一〇〇年にはその装置を動かすために全エネルギー消費量の四分の一をふり向けなくてはならなくなる。

しかし、一トン当たり一〇〇ドル程度のコストで空気中からCO_2を除去する技術なら誕生する可能性はある。この目標が達成でき、大規模に展開できるとしたら、新たなCO_2の年間発生量をぜんぶ取りのぞくのにいくらかかるかは簡単に計算できる。一トンにつき一〇〇ドルなら、一ギガトンでは一〇〇〇億ドル。人間の活動によって発生するCO_2のうち、大気中に入るのが年間二〇ギガトンだから、コストは一年で二兆ドルだ。世界GDPが八〇兆ドルなので、その二・五パーセントを占めることになる。

仮に一トンにつき一〇〇ドルで大気から炭素を除去できる（またはそもそも大気中に入らないようにできる）としても、CO_2を生みだしている張本人からそれだけの金額を引きだす仕組みは存在しない。そこが問題だ。大気科学者でスタンフォード大学教授のケン・カルデイラは次のように語っている。「難しいのは、なすべき課題の規模が大きいことではありません。それをなし遂げようとする関心と意欲が非常に薄いことです」。つまりは誰がそのコストを支払うのか。

■ローテクな炭素除去法

大気中から炭素を除去するのに、最先端のテクノロジーはかならずしも必要ではない。私たちにもなじみ深いひとつの方法を用いれば、炭素を隔離できることは実証済みである。植樹だ。現在、地球上にはおよそ三兆本の木が生えていて、それが約四〇〇ギガトンの炭素を貯蔵している。あと一兆本木を植えれば、大気中から四〇〇ギガトン程度のCO_2を除去したうえで、一三三ギガトン分を追加で貯蔵できる。

そうはいっても、一兆本の樹木といったら相当な数に思える。それに、人間のほかの重要な活動、たとえば農業などを侵害せずにそれだけのスペースを確保するのは、どう考えても無理だとの批判もある。ところが、スイス連邦工科大学チューリヒ校で気候変動を研究する生態学者トム・クラウザーの考えは違う。クラウザーのチームが人工知能を使用して衛星データを調べ、チームの集めた何千という土壌サンプルとそのデータを組みあわせたところ、あと一兆二〇〇〇億本分の余裕があるとの結論に至った。クラウザーはこう述べている。「都市部や農業地帯をターゲットにしているわけではありません。劣化した土地や放棄された土地だけです。これを実行すれば、いまの私たちが抱えるふたつの最重要課題に取り組む道が開けます。そのふたつとは、気候変動と生物多様性の喪失です」

この方法を支持する陣営は、植樹には一本三〇セントしかかからないと指摘する。ということは、一兆本を植えても三〇〇〇億ドルであり、ほかのタイプの解決策に比べたら数字は小さい。

これを批判する側は、話はそう単純ではないと釘を刺す。当然ながら、一段高いところへ影響が波及するからだ。私たちは木を植えるだけでなく、それによって生まれる森林を維持管理し、焼失などの破壊から守らなくてはいけない。

結論がどちらに転ぶかは、そういうアプローチが結局のところどれだけの意味をもつかにかかっている。一兆本の木を植えるという構想は、国連環境計画の監督するプロジェクトとして結実し、そのものズバリの「一兆本の木イニシアチブ」と命名されている。すでにこのプロジェクトでは数十億本の植林を終えていて、崇高な目標に向かって前進を続けている。

自分の活動から生まれるCO_2を相殺したい場合、木を何本植えればいいかは単純な計算でわかる。平均的なアメリカ人の活動からはひとり当たり一日およそ四三キロのCO_2が放出されている。これを八〇年の生涯のあいだ続けたとすると、だいたい一二五〇トンになる。一本の木が最終的に〇・五トンのCO_2を貯蔵できるとすると、二五〇〇本の植樹でアメリカ人ひとり分を相殺できる計算だ。カナダ人とオーストラリア人の場合もだいたい同じだが、それ以外の豊かな国の大半では市民がその半分から四分の一程度しかCO_2を放出していない。

自分で二五〇〇本もの木を植える場所がなくても、いつだってカーボンオフセットを買う手がある。つまり誰かに金を払って、CO_2が大気に入るのを防ぐ活動をしてもらえばいい。およそ一〇ドルでCO_2一トンを回避できる。その価格で計算すると、アメリカ人が自分の生涯におけるカーボンフットプリントを帳消しにするには一万二五〇〇ドルかかることになる。

■炭素除去の課題

炭素の発生を抑制するにしろ、大気中から炭素を抜きだすにしろ、結局のところ一番の問題は技術をどうするかではない。資金をどうするかである。炭素の排出は一般に負の外部性の一種と考えられている。私が暑い日にクーラーをかけたまま車を離れ、買い物をしたとしよう。おかげで戻ったときもまだ車内は涼しいが、そのせいで放出されたCO_2がそれなりの経済的損害を与えている。にもかかわらず、私にはその損害分を支払わされることがない。だから、価格一ドルの装置を誰かが開発し、それを車に取りつければ排出された炭素をすべて回収できるとしても、私にはそれを購入するだけの経済的な動機がない。仮に一セントだとしても買う理由はない。それと同じで、世界のほとんどの地域で工場が何千トンというCO_2を吐きだしていても、それを緩和しようとする経済的な誘因がない。この領域で政府が圧倒的に規制頼みであって、なかなか市場を当てにできないのはここに理由がある。

別の見方をしてみよう。一ガロン（約三・八リットル）のガソリンを燃やすと約一〇キロのCO_2が発生するとする。ということは、ガソリン一〇〇ガロンごとにおよそ一トンのCO_2が生みだされる。その一トンのCO_2を除去するコストを本当に一〇〇ドルにまで下げられるとしたら、ガソリン一ガロンにつき一ドルの炭素税を課せばいい。その税収のすべてをCO_2の回収に充てれば、一ガロンのガソリンを燃やした影響を効率的に無効にできる。

CO_2が一トン発生するごとに、一〇〇ドルを課税するような方向に経済がシフトしたらどうなるか。企業は自らの炭素排出量をどうにかして減らそうと先を争って取り組むので、炭素排出量は劇的に削減される。多量のCO_2を放出する活動は、その活動の主体が外部性の内部化を余儀なくされることで、たちまちエネルギー効率を格段にアップさせる。こうすればCO_2の排出者は、自らの活動が社会に負わせる真のコストを踏まえたうえで決断を下すようになる。

炭素税からの税収は、大気中からCO_2を回収して隔離する目的に使用するか、税の影響を最も強くこうむる人たち（この場合でいえば、自分の使うものがほぼすべて値上がりするのを目の当たりにした低所得層）に払いもどす。近年の調査によると、税収が全住民に一律に払いもどされれば、一般市民のあいだで炭素税への支持が一気に高まる可能性がある。このように、外部性に見合う課税をすることはピグー税と呼ばれ、もとはイギリスの経済学者アーサー・ピグーが提唱して広まったものだ。経済学者からも高い支持を得ている。これがCO_2にまつわるムダを解決する切り札となるのかどうか。いずれわかるだろう。

第23章 素晴らしき電気の力①

発電方法とそこに生じるムダ

言語がなかったら人類の現在地はどうなっていたか、想像するのも難しい。私たちの歴史の中で、言語の誕生ほど重要な技術の進歩はないといっていいだろう。二番目が何かはいささか見解の分かれるところだが、エネルギーを生みだして利用できるようになったことは有力候補として真剣に検討していいと思う。

一次的な形態（石炭、太陽光、石油など）でのエネルギー消費量は世界全体で年間五〇〇エクサジュールにのぼり、その八割が化石燃料に由来している。この数字はあまりに大きすぎて、ほかの何と比べようとしてもゼロが延々と連なって泥沼にはまるばかりだ。一エクサジュールは、だいたい石油一億七〇〇〇万バレル（一バレルは約一五九リットル）に含まれるエネルギーに相当する。

ところが、その五〇〇エクサジュールという巨大な数字も、一年間に太陽から地球へ降りそそぐ三五〇〇万エクサジュールに比べれば色褪せる。この点に思いいたると多少は希望がもてる。エネルギーに対する私たちの需要がどれだけ大きくても、それをはるかに上回るエネルギーが太陽からもたらされているのだから。あとはそれをどうつかまえればいいかだ。

この数字を人間のスケールに置きなおすと、大きさを実感しやすくなる。こんなふうに考えてみてほしい。私たちの体は約一〇〇ワットのエネルギーで動いている。一方、ひとりが消費するエネルギーの量は世界全体で平均二五〇〇ワットだ。つまり、外部のエネルギーを利用することで、ひとりの人間にできることは二五倍になる。欧米などの地域では、人体がもつエネルギーの一〇〇倍もを消費している。かと思えば、それが信じがたいほどに少なく、一〇〇ワットをわずかに超えるだけの地域もある。

全体で見ると、私たちはこうしたエネルギーすべてに年間およそ八兆ドルを支払っている。これは世界のＧＤＰの一割程度に相当し、ひとりにつき一日当たり約三ドルの計算になる。平均すると、人間は一日たった三ドルで自分のエネルギー使用量を二五倍にしているわけだ。人類の歴史の中で、これほどお得な買い物はないと断言できる。

このエネルギーをどうやって生みだしているかというと、やり方はそう多くない。全体の八割はいまだに三つの燃料——石炭、石油、天然ガス——からほぼ同じ割合で来ている。残り二割はそれ以外のさまざまなエネルギー源（バイオ燃料、原子力、水力、風力、太陽光など）から得られている。

電力として消費されるエネルギーもあるが、割合が一番大きいわけではない。それどころか、電力の比率はエネルギー消費量全体のたった二〇パーセントだ。輸送（車、汽車、貨物船、飛行機などぜんぶ）に使用されているエネルギーのほうがそれより多く、こちらは二五パーセントに相当する。全体の過半数を占めるのは、製造業と家庭で暖房や調理に用いられる石油や天然ガスである（電力というのはじつはかなり新しいテクノロジーだ。一〇〇年前という比較的最近であっても、アメリカで電気の通っている家は半数に満たなかった）。世界人口の約一三パーセント――一〇億人あまり――は、すぐに電力を利用できる環境にない。いくつもの発展途上国で大多数の住民がそうした状況にあり、そこにはアフリカの二十数か国も含まれる。二〇一三年、当時リベリアの大統領だったエレン・ジョンソン・サーリーフは次のように指摘した。アメフトのダラス・カウボーイズがホームゲームのスタジアムで使用する電力のほうが、リベリア全土の電力量の三倍にのぼる、と。そのわずかな電力が、四〇〇万人を超えるリベリア国民の暮らしをかろうじて支えているのである。

■発電方法とそこに生まれるムダ

世界全体の発電量はおよそ二五兆ｋＷｈである。電力を一番多く使用しているのは中国で、約七兆ｋＷｈ。アメリカは約四兆ｋＷｈである。その四兆ｋＷｈをアメリカの人口で割ると、ひとり当たりの電力生産量はおよそ一万三〇〇〇ｋＷｈだ。もちろん、この数字には製造業や商業の分も含まれているので、個々の人間がそれだけの量を使うわけではない。平均するとそうなるということである（面白いことに、この数字は過去一〇年あまりのあいだほとんど変わっていない。気の利いた新しい電子機器が次々と登場していることを思うと不思議な気もするが、そういう機械は以前のものよりエネルギー効率が良くなっている）。

その電力はどのようにしてつくられているのだろうか。アメリカエネルギー情報局によると、アメリカではひとり当たり約四〇〇〇ｋＷｈずつが石炭と天然ガスのそれぞれから由来し、約二五〇〇ｋＷｈが原子力、さらに約二五〇〇ｋＷｈが再生可能エネルギーから来ている。化石燃料はこれまでずっと発電の主力を担ってきた。コストとエネルギー密度の面で、化石燃料の上をいくのは恐ろしく難しいことがわかっている。化石燃料を熱に変換して水を沸騰させる（最も一般的な発電方法）という手順は、じつに単純ですっきりしている。

アメリカでの原子力エネルギーについていうと、およそ六〇か所の原子力発電所のわずか一〇〇基ほどの原子炉ですべてが生みだされている。その圧倒的多数は建設から三〇年以上が経過している。ついでに指摘しておくと、ここ一〇年で新規に稼働した原子力発電所はひとつしかなく、現在国内で建造中のものもごくわずかしかない。今後数十年でアメリカの原子力発電が成長するのか縮小するのか、現時点では不透明である。

核心の部分（ダジャレご容赦）を眺めてみると、原子力発電といっても化石燃料を使わないだけで、やはり水を沸騰させて蒸気で発電機を回していることに変わりはない。原子力は意見が大きく分かれるテーマである。原子力で発電することの利点と課題については、ほとんどの人があらかた理解していることと思う。でもここでもう少し深くもぐって、根本的なところをいくつか押さえておきたい。理論上、一ポンド（約〇・五キロ）の石炭には約三kWhのエネルギーが含まれている。ところが、私たちの石炭火力発電のエネルギー変換効率は三三パーセントしかないために、そこから取りだせる電力はわずか一kWhほどにすぎない。低い数字に思えるかもしれないが、これでも平均的な車のエンジンよりムダが少ない。個々の電気自動車で発電するより、一元化して発電して複数の電気自動車を充電するほうが効率がいいのはこのためだ。充電の際や、電気自動車自体の内部でエネルギーが失われはするが、それを差し引いてもなおこのやり方のほうがいい。

一ポンドの石炭が三ｋＷｈのエネルギーを秘めているのだとしたら、一ポンドのウラン２３５（原子力発電の燃料）の最大エネルギーはどれくらいだろうか。答えは一〇〇〇万ｋＷｈ。これが原子力の魅力だ。

もっともこれは理論上の数値である。実際の原子力発電所では、ウラン一ポンドから二万ｋＷｈ程度の電力が生まれる「だけ」だ。それでも、石炭一〇トン分の使用可能電力がつくれることに変わりはない。いうまでもないが、理論上の一〇〇〇万ｋＷｈと現実の二万ｋｗｈではずいぶんな開きがある。だとすれば残りのエネルギーはどこにあるのだろうか。じつはまだウランの中に閉じこめられている。私たちがウランから引きだせるエネルギーは全体の一パーセントにも満たず、その一パーセントを電力に変換する効率も約三三パーセントにすぎない。それだけのごくわずかなエネルギーしか抜きだせないために、廃棄されるウランの重さは発電に使われたウランの重さとほぼ同じである。このように、ウラン２３５をエネルギー源に使用すると、結果的に大量の核のゴミが生みだされる。

その一方で、核燃料をすべて使いつくすことのできる原子炉もある。この技術は一九四〇年代から存在していて、ウランが不足した場合の保険として開発されたものだ。いまのところウラン不足は起きていない。というのも、ウランはスズ並みにありふれているうえに、大量に採掘するのも難しくないことがわかったからである。この種の原子炉（増殖炉と呼ばれる）を支持する陣営によると、海水に含まれるウランを抽出して増殖炉と組みあわせれば、無尽蔵のクリーンエネルギーで地球に一〇億年のあいだ電力を与えつづけることができる。そのエネルギーを使って大気中から炭素を取りのぞけば、世界の炭素排出量を記録する炭素時計を好きな時刻にまで巻きもどせるという。だが、この提案については別の本にゆずることにしよう。

再生可能エネルギーをめぐっては激しい論戦がくり広げられているが、電力消費に関してはひとつ意外な事実がある。じつは一九五〇年代のアメリカでは、再生可能エネルギーによる発電の占める割合が今日より大きかったのだ。いかにも立食パーティー向きの小ネタではあるものの、いま現在の状況と単純には比べられない。それにはいくつか理由がある。ひとつには、アメリカの人口は一九五〇年から倍以上に増加している。それに、現在のアメリカ人はひとり当たり年間平均約一万三〇〇〇ｋＷｈを使用しているのに対し、一九五〇年には二〇〇〇ｋＷｈにすぎなかった。もうひとつ、一ｋＷｈの電気料金はいまなら平均一〇セント程度だが、一九五〇年にはその三倍ほどだった。この差を生んでいるのは水力発電である。現在のアメリカでは電力全体のおよそ六パーセントが水力であるのに対し、一九五〇年にはそれが三〇パーセントだった。ティム・ファーンホルズ記者の言葉を借りるなら、「当時は電力需要がいまより少なかったので、フーバーダムやテネシー川流域開発公社のような一九三〇年代の巨大プロジェクトでかなりの割合をまかなえた」のである。

■未来のテクノロジーによる発電方法

テクノロジーを駆使すれば、発電方法に飛躍的な前進が見込めるだろうか。そうした進展が起きる領域は何十、何百とありそうだ。たとえば、日々の潮の満ち引きにつれて、巨大なエネルギーをたくわえたり放出したりできるようになったらどうだろう。あるいは、大気の上層部では時速一六〇キロ以上の強風が絶えず吹いているので、それを利用する手はないだろうか。地球の核はこの四〇億年のあいだ溶けたままで、いまなお太陽の表面並みに熱い。広く認められている仮説によれば、地殻の表面から一〇キロほどの深さ――すでに私たちが掘れる深さ――までの範囲には、現時点で知られている全世界の石油・ガス埋蔵量の数千倍ものエネルギーが眠っている。つまりその場所にはエネルギーがあふれ返っていて、それを手なずける画期的な技術がひとつふたつ誕生するのを待っているわけだ。かと思えば、いま現在は私たちの手に余る四〇万トンの核のゴミを、エネルギー源として活用する方法も研究されている。変わり種としては溶融塩《ようゆうえん》太陽熱発電という技術がある。これは、塩を入れたタンクに太陽光を集め、塩を融点（五〇〇度以上）まで熱するというものだ。放散する熱を保存することで日没後も発電に利用でき、「貯蔵不能」という太陽エネルギーの厄介な弱点のひとつを解決できる。

物理学者のフリーマン・ダイソンは過激なアイデアを提案している。植物の遺伝子を組み換えて、液体燃料をつくらせるというものである。実現したら、日が当たりさえすればどこでも無尽蔵のエネルギーがタダで手に入ることになる。これは見かけほど荒唐無稽ではないかもしれない。二〇一九年秋、ケンブリッジ大学の研究チームが人工の葉を開発し、日光とCO_2と水だけで合成ガスをつくりだすことに成功した。現在、合成ガスはさまざまな場面で使用されているが、そのほとんどは化石燃料を原料としている。

しかし、最も難しい――その代わりムダがおそらく最も少ない――技術は核融合発電ではないだろうか。核融合が利用できたら、無用な副産物はごくわずかしか出さずに小型の太陽をコントロールするようなものである。

核融合に関してとりわけ期待を集めている取り組みのひとつが、現在、南フランスで建設中の国際熱核融合実験炉である。この実験炉は二〇二五年一二月に稼働を開始する予定だ。成功すれば、このプロジェクトをはじめとするさまざまな核融合実験によって、SF小説さながらの未来に向けた道筋が明確になるかもしれない。ムダな副産物をほぼ出さずに、クリーンなエネルギーを生みだす未来だ。そのエネルギーは非常に安価で、しかも豊富であるため、電気メーターで計測する必要もない（ここですかさずいい添えておくが、いまのはもともと核分裂による発電が果たせなかった約束でもある）。

こんな未来が実現してエネルギーがタダになったら、ここまで本書で取りあげた話題だけにでもどんな影響がもたらされることか。想像してみてほしい。

タダの電力だなんて絵空事に思える？　しかし、国内の長距離通話の料金が分単位で決められていたのはそう遠い昔の話ではない。いまでは料金が安すぎて計測されることもなくなった。アメリカ連邦通信委員会は二〇〇六年に長距離通話料金の追跡をやめた。すでにその頃には、定額の固定料金を超えて支払う人が少なかったからである。ベルが初めて電話で通話したのが一八七六年であり、その一三〇年後に長距離通話が無料になった。核反応から史上初めて電気が生みだされたのは一九五一年だが、電気に対する私たちの考え方が長距離通話と同じになるのに（というより、長距離通話と同様に電気のことも考えなくなるのに）、二〇八一年まで待つ必要はないだろう。賭けてもいい。

第24章 素晴らしき電気の力②

電力の使用から見るムダ

生みだした電力全体を私たちはどのように使用しているだろうか。アメリカでは、家庭と商業と製造業とで電気使用量がほぼ均等に分かれる。家庭では、使用電力の半分が何かを温めたり冷やしたりするのに回されている。要するに、エアコン、ヒーター、温水器、冷蔵庫の電源としてだ。

しかし、ムダを計算しようと思うなら、電気の使われ方をもっと細かく正確に把握しなくてはいけない。ネットフリックスはビジネスモデルを転換して、ＤＶＤのレンタルから動画配信に軸足を移したが、それでムダが減ったのかどうかは難しい問題である。この場合、インターネット自体がどれだけエネルギーを消費しているかがわからないと突きとめられない。これを実際に調べた研究はいろいろあるものの、結果には非常に大きなばらつきがある。ジョシュア・アスランらによる論文「インターネットデータの電力強度」では、この問題にけりをつけることを目指した。論文ではこう指摘されている。「二〇〇〇年から二〇一五年のあいだにインターネットデータ伝送の電力強度を推定した研究を見ると、結果は二〇〇〇年の一三六キロワット時（ｋＷｈ）／ＧＢから……二〇〇八年の〇・〇〇四ｋＷｈ／ＧＢまでと、最大で数字に五桁の開きがある」

これはとてつもない開きである。一三六は〇・〇〇四の三万四〇〇〇倍だ。これじゃまるで『ザ・プライス・イズ・ライト』〔賞品の価格を当てるアメリカのテレビクイズ番組〕でふたりの解答者が値段を当てるのに、ひとりが一〇〇ドルといってもうひとりが三四〇万ドルと答えるようなものだ。些細な違いという言葉ではとうてい括れない。最大推定値の場合、電気代として最も一般的な一ｋＷｈ当たり一〇セントで計算すると、一ギガバイトの情報に約一三ドルかかることになる。だとすれば、三ギガバイトの映画をダウンロードするとおよそ四〇ドル相当の電力を消費し、約二〇〇キロのCO_2を発生させることになる。一方、最小推定値が正しいとしたら、同じ映画をダウンロードするのに〇・一セント相当の電力しかいらない。ムダの問題と大いにかかわってくるのは明らかである（念のためにいっておくが、四〇ドルなり〇・一セントなりが実際の電気料金ということではない。あくまでデータ伝送に使用されるエネルギーの端から端までのコストを指しており、ユーザーとデータソースのあいだにあるサーバーやコロケーション施設がすべて含まれる）。

なぜ数字にこれほどの差が生じるのだろうか。状況をひどくややこしくしている要因がふたつある。ひとつは、インターネットを動かす装置の効率が時とともに向上することであり、これが理由の非常に大きな部分を占めている。この装置もムーアの法則のような独自の法則に従って、電力消費量が二年ごとに半分になっているのである。つまり、高く見積もった数字は決まって古いほうの研究から来ている。低い数字はもっと最近の研究のものであって、装置のエネルギー効率が良くなったことを反映している。データ伝送の効率がどんどん高まる傾向は、今後も減速する気配を見せない。

もうひとつの要因は、インターネットの始点と終点に関係している。あなただったら計算するときに、コンピューターがオンになっている時間をすべて含める？　それとも盛んに情報を送受信している時間に限る？　もしくは、ＣＰＵの中でデータ伝送にかかわる部分だけを対象にして、キーボードやディスプレイを扱う部分は省く？　ネットフリックスのサーバーからあなたのタブレットまでのあいだに、似たような曖昧さがずっと存在している。

こうした複雑な状況はあるにせよ、一本の映画をダウンロードするのに必要な電力コストは、先ほどの論文の示した下限の数値のほうにかなり近い可能性が高い。ストリーミング配信であなたが映画を観た場合、たぶん五セント分にも満たない電力しか使用しなかっただろう。変動の余地があるとすれば、どんなデバイスで観るかが一番大きな決め手になる。したがって、ＤＶＤレンタルからストリーミング配信に移行したことは、実際にムダを大幅に減らしたといえる。

あなたのｉＰａｄ（アイパッド）は電気で動いているので、映画を観ようと思ったら充電しないといけない。充電にはどれくらいコストがかかるだろうか。こちらの疑問のほうはかなりすんなりと答えが出る。スマートフォンのバッテリーは約四ボルトで二〇〇〇ｍＡｈ（ミリアンペア時）程度の容量をもつので、およそ八Ｗｈ（ワット時）の電力をたくわえていることになる。計算してみると、スマートフォンなら一セントで一二回フル充電できるという答えが出る。ｉＰａｄなら一セントでフル充電が三回、ノートパソコンの場合は機種にもよるが、たぶん約二セントでフル充電が一回程度だ。この三つのうちのどのデバイスで映画を観る場合も、ＤＶＤをあなたの家まで届ける車のガソリンに比べたらはるかにムダが少ない。しかも、ＤＶＤだったらＤＶＤプレーヤーとテレビの電源も入れないといけなくなる

（バッテリーに関してついでにいうと、アルカリ電池――懐中電灯に入っているようなやつ――を製造するには、電池自体にたくわえられているエネルギー量の一〇〇倍あまりを必要とする）。

■インターネットが生み出すムダ

ムダのなかには、さまざまなデバイスがあらゆるところでつながり合っているせいで生まれるケースもある。たとえば迷惑メールがそうだ。推定によると、毎日一五〇〇億通の迷惑メールが送信されている。それを処理する時間を度外視するにしても、迷惑メールにはいったいどれだけの電力がムダにされているだろうか。平均的なサイズの迷惑メール一通には、だいたい約二五キロバイト相当の情報が含まれている。いま話題にしていた電力使用量にこのデータを当てはめてみよう。下限の推定値を用いると、迷惑メールは年間五〇〇万kWhを消費し、大気中に三〇〇〇トンのCO_2を放出している計算になる。このCO_2は、ロンドン－ニューヨーク間を一年間に飛行機で一〇往復した場合とだいたい同じ量だ。

もちろん、迷惑メールは別のかたちでもムダをひき起している。迷惑メールがいっさい存在しなければ、インターネットのサービスプロバイダーはいちいちすべての電子メールをスキャンして、それが同僚からの連絡なのか、怪しげな強壮剤を勧めているのかを判断する必要がなくなる。そのために電力やプロセッサーのパワーを費やすこともない。そもそも、迷惑メールを検出するアルゴリズムを書くための人間の時間もムダになっている。迷惑メールのムダ・フットプリントは相当に大きい。

ほかの事業、たとえば暗号通貨などはどうだろうか。エネルギー研究者のジョナサン・クーミーの論文「ビットコインの電力使用を推定する――初心者用ガイド」によると、ビットコインのマイニング

（採掘）〔暗号資産の売買取引を記録し、その報酬として仮想通貨を手に入れること〕と使用に消費される電力は、二〇一八年の時点で世界全体の〇・二パーセント程度を占めていた。かなりの割合である。これが確かなら、ポルトガルの全人口一〇〇〇万人が使用する電力にほぼ匹敵する。国際エネルギー機関（IEA）による別の研究では、ビットコインのマイニングが「年間一〇～二〇メガトン〔一メガトンは一〇〇万トン〕のCO_2を発生させている可能性が高く、それはエネルギーに関連した全世界のCO_2発生量の〇・〇三～〇・〇六パーセントに相当する」と指摘している（電力使用の割合とCO_2発生量の割合が異なるのは、推定七五パーセントのビットコイン・マイニングが安価な再生可能エネルギーの存在する地域——たとえばアイスランド——で行われているためにCO_2発生量が少ないか、ゼロだからである）。

発電と送電にひそむ本当のムダを計算したければ、どこから手をつけたらいいだろうか。私たちが電気とつきあいだしてから一世紀以上の経験が蓄積されてきたので、この種の計算はかなり正確にできるようになっている。

まず、発電は相当程度に非効率である。前章でも見たように、石炭のエネルギー変換効率は三三パーセントくらいしかない。天然ガスやディーゼル発電機もだいたい同じだ。太陽電池はさらに効率が悪く、およそ二〇パーセントである。ところが水力は効率が良く、八〇パーセントを超える。ぜんぶ合わせると、発電全体のエネルギー変換効率は平均三三パーセントとなる。つまり、ムダのいっさい生じない世界であれば、同じ量の電力を得るのに三分の一の燃料で済むことになる。

以上すべてをまとめると、電力に関して私たちは、「はじめに」で見た「ムダの物差し」の中でかなりムダ寄りに位置しているという結論になる。しかも、電力が生まれる発電所から、電力が使用される都市まで、高圧線で長距離送電される間《かん》に全電力の四パーセントが熱として失われている。さらには、そこから個々の家まで低圧線で送られる際にまた四パーセントをロスしている。

　ムダはそこで終わりではなく、まだまだ続く。私たちが家で電力を使用するときにはそれ以上のエネルギーがムダにされている。コンピューターのエネルギー効率は七五パーセントであり、残り二五パーセントは熱に変換されている。カスタムメイドのコンピューターメーカーであるピュージェット・システムズ社は、これがどれほどのものかをわかりやすく示そうと、ゲーミングPCと電気ヒーターが生みだす熱の量は同じだと指摘している。パソコンの排熱がほぼ活用されていないことを思うと、これは正真正銘のムダだといえる。話はそこからさらに進んで興味深い思考実験も生まれている。家のヒーターの代わりにスーパーコンピューターを置いたら、プラスアルファの処理能力を使って何ができるかというものだ。

　だが、コンピューター以外の家電製品に目を向けると、エネルギー効率はさまざまである。まだ家にあるなら、の話ではあるが、「最も効率が悪いで賞」を受賞しそうなのは白熱電球である。使用電力の五パーセントしか可視光線に変換できず、残りは熱となって消えていく。ムダな熱をあまりにも多量に生みだすために、その使用を制限する法律が成立したときには、法の網をかいくぐるためにそれを「空間ヒーター」として販売しようとした企業もあったほどだ。そして何を隠そう、空間ヒーターとしては本当に優れモノなのである。

　電力を使用しない機器のエネルギー効率は種類によってかなりばらつきがある。家庭用の暖房炉は低いもので五〇パーセント、高いものでは九〇パーセントを超える。暖を取るために天然ガスを燃やすのは非常に効率が良い。多量の熱を放出しながらも、ほかの形態として散逸するエネルギーはごくわずかで済む。

『スター・トレック』のエピソードのひとつ「地底一六〇キロのエネルギー」では、ある異星人グループと手を組むべきだとカーク船長が部下の上級士官を説得する。カークは機関主任のスコットに対し、彼らはエンタープライズ号を「クルミ大のエンジンで」動かす方法を教えてくれると話す。スコットは半信半疑ながらも、「その設計図に目を通すくらいならいいでしょう」と答える。

クルミ大のエンジン? そもそもそんなことが可能なのだろうか。じつはお安い御用である。一グラムの物質を残らずエネルギーに変えられれば、二五〇〇万kWhを手に入れられる。これは、五人のアメリカ人が生涯に使用するエネルギーに相当する。物質をそれくらいのエネルギーに継続して変換できるエンジンであれば、サイズはかなり小さくていい。

私たちはそういうエンジンを(まだ)もっていない。この事実からは、例のムダの物差しの中で私たちがいかにムダ寄りに偏っているかが浮きぼりになる。逆にいえばそれは、進歩の余地がたくさん残っていることの裏返しでもある。

コロナ禍という邪魔が入って、私たちの電力使用はどういうふうに変化しただろうか。答えは、誰もが直感的に思いうかべるとおりだ。電力使用量は減少したのである。店が閉まったり、人がテレワークをしたりするようになって、製造業でいうところの「日曜レベル」にまで電力使用量は低下した。いってみれば、発電に関してパンデミックは長い日曜日であり、使用量は以前の一割減となっている。

第25章

太陽から届くエネルギー

植物の光合成はムダだらけ？

太陽の表面温度は約六〇〇〇度と比較的穏やかだが、中心部は途方もなく熱い。具体的にはおよそ一五〇〇万度である。太陽はサイズも桁外れで、質量は地球の三〇万倍を超える。あまりの大きさに、自らにかかる重力も半端ではない。このふたつの要素、つまり熱と、巨大な質量から来る重力の圧力が合わさって、太陽では核融合が起きている。

太陽はほとんどが水素でできている。水素といえば周期表の一番初めに出てくる元素であり、原子番号は1だ。これは原子核に陽子が一個しかないという意味である。だが、十分な圧力と十分な高温のもとで水素原子どうしが押しあわされると、二個の水素原子が融合して原子番号2のヘリウムになる。遠い未来には太陽がどんどん熱くなっていき、ヘリウムを融合してもっと重い元素へ、その元素も融合してさらに重い元素へ、と続いていく。最終的に太陽は爆発し、重い元素をまき散らす。私たちの太陽は第二世代の恒星である。なぜそれがわかるかというと、内部に重い元素の存在が確認されているからだ。

だとすれば、すでにすべてのサイクルを終えた古い星の残骸でできているに違いない。

しかし、いま現在の太陽はほとんどが水素である。一個の水素原子が融合すると、光子（要は光）と熱というかたちでエネルギーが放出される。NASAによると、この光子は太陽の内部を四万年ほど跳ねまわったあと、自由の身になって宇宙空間へ飛びだしていく。およそ八分二〇秒後、二〇億個につき一個くらいの割合で、宇宙に浮かぶ小さなしみ、すなわちわれらが地球に光子が打ちあたる。残りは広大な宇宙空間へと消えていき、彼方の惑星の夜空にきらめく光となる。だから人類の視点に立つと、太陽エネルギーの九九・九九九九九九九五パーセントはムダにされている。

実際に地球にたどり着くエネルギーのうち、三分の一は雲や大気や地表によって宇宙空間にはね返される。とはいえ、はね返されなかったエネルギーだけでも依然として膨大である。来る日も来る日もおよそ一万エクサジュールものエネルギーが、地球の大気や海や、それから陸地に吸収されている。

毎日やって来るその一万エクサジュールのうち、約九九八五エクサジュールはたいしたことをしておらず、地表を温めて日焼けをひき起こすくらいがせいぜいである。残り一五エクサジュールは人類が生存するうえで欠くことができない。植物がそのエネルギーを取りこみ、光合成というプロセスを通してそれを自らの質量に変換するからだ。

■植物の光合成のムダ

ここでしばし立ちどまって、ひとつ思考実験をしてみたい。土の入った大きな植木鉢に種子をひとつ植えたとしよう。種子自体の重さはなきに等しいが、それはやがて重さ一〇〇キロの木に成長する。その木を引きぬき、鉢に残った土の重さを量ったら、どれくらい減っているだろうか。言葉を換えるなら、成長した木の質量のうちどれだけが土に由来していて、土から植物の質量へと変換されたのか、ということだ。答えは「ごくわずか」である。木の種類によって差はあるものの、平均すると土からの分は木の質量全体のわずか一パーセント程度にすぎない。今の一〇〇キロの木の場合であれば一キロだ。では、残りの質量はどこから来るのだろうか。

答えの半分はすぐにわかるのではないだろうか。たいていの生物の例に漏れず、この木もおもに水でできている。植物も動物もほとんどがそうであり、生命にとって水がいかに欠かせないかを思えばそれも驚くにはあたらない。平均して五〇キロが水で、一キロが土だとすると、残り四九キロはどこから来るのだろう。

答えは空気だ。小学生なら誰でも知っているように、植物はCO_2を「吸いこんで」、酸素を「吐きだして」いる。CO_2は炭素と酸素でできている。炭素原子一個に、酸素原子二個だ。植物は太陽のエネルギーを利用してそのCO_2分子を分解し、炭素を残して、酸素（O_2）の一部（ぜんぶではない）を放出する。

深夜の通販番組ばりにいくなら……ちょっと待ってください、まだありました！　植物は太陽エネルギーを利用して水（H_2O）の分子もばらばらにし、酸素の一部（ぜんぶではない）を解きはなっている。それから炭素、水素、酸素を結合させて分子をつくる。これが炭水化物だ。糖は非常にありふれた炭水化物の一種だが、ほかにもある。植物の中には、炭水化物から脂肪やタンパク質をつくることのできる種類もあるものの、ほとんどの炭水化物は炭水化物のまま残る。

このプロセス全体にはどれくらいのムダがひそんでいるだろうか。植物が太陽エネルギーの一部を取りこんで、それを炭水化物としてたくわえる過程で、失われるものがどれだけあるのだろう。

それは植物の種類によってかなり異なる。多くの植物は、受けとったエネルギーの一〇〇〇分の一しか保存できない。一方、人間の植えた作物ははるかに効率が良い。それはそうだ、日光を吸収して、私たちに米なり豆なりを与えてくれるように品種改良されてきたのだから。全体として見ると、植物は葉に降りかかった太陽エネルギーの約五パーセントをつかまえている（いま流通している太陽電池は効率がおよそ二〇パーセントなので、それと比べるとかなり悪い）。

さらに効率の良くないことに、イモ、マメ、ベリーなどとして可食部にたくわえられるのは、作物が吸収したエネルギーの一〇分の一にすぎない。残りのエネルギーすべては、葉や茎を生やし、水を吸いあげ、光合成を行い、等々につぎ込まれ、それが私たちの目にはどうにももったいなく映る。作物は平均して、降りそそいだエネルギーの二〇〇分の一しか私たちの食べ物に換えてくれず、残りはムダにされる。サイエンスライターのガブリエル・ポプキンが何種類かの植物について計算したところ、トウモロコシの株一本から私たちが得られるのは九〇キロカロリーなのに対し、その木が生涯で消費する日光は二万七〇〇〇キロカロリーである。つまり、吸収したエネルギーの三〇〇分の一しか私たちによこしてくれない。小麦はさらにひどくて一〇〇〇分の一程度だ。それにひきかえサトウキビは成績優秀で、体に打ちあたったエネルギーの五〇分の一を私たちに与えてくれる。

■植物はムダだらけ？

立ちどまって考えてみると、植物には著しくムダの多いことがわかる。私たちがつくる太陽電池は日光の二〇パーセントを使えるのに、なぜ植物はそのレベルに近づくことすらできないのだろう。

まず、エネルギーの半分は即座に失われている。というのも、植物は光スペクトルの一部の波長範囲しか利用できないからだ。緑色光は植物に吸収されずに反射されている。私たちの目に植物が緑色に見えるのはそのためである（ソーラーパネルはあらゆる波長を吸収するので黒く見える）。植物が実際に取りこんだエネルギーについても、光合成プロセス自体の効率の悪さのせいでその半分あまりがムダになる。残ったエネルギーの半分は呼吸に使われる。そしてようやく質量に変換できるエネルギーを手にするわけだが、これがビジネスの世界だったら「諸経費がかかりすぎる」とみなされるに違いない。たくさんの茎や葉などを生長させなければいけないので、私たちの消費する可食部には結局ごくわずかなエネルギーしかたくわえられないことになる。

このとおり植物は恐ろしく効率の悪い生物だが、ほとんどの作物の収量を飛躍的にアップさせる方法があるかもしれない――しかも単に肥料を与える以上に。じつは光合成には三つの種類があり、私たちにとって重要なのはそのうちふたつである。ひとつはC_3型光合成であり、進化の歴史から見るとこちらのほうが古くてムダが多い。もうひとつのC_4型光合成はもっと最近になって登場したもので、サトウキビやモロコシといった作物が用いている。小麦のような作物にC_4型光合成を利用させる方法を見つけられたら、栽培できる地域が広がるし、収量も向上する。C_3植物がひとりでにC_4植物に進化する現象はすでに五〇回以上起きている。だとすればそれほど珍しい特徴とは思えず、人間の創意工夫で進化を手伝ってやるのも夢ではないかもしれない（三つ目のＣＡＭ型光合成は多肉植物、パイナップル、ランなどに使用されているが、光合成全体に占める割合は非常に小さい）。

いうまでもないが、人間の消費向けに作物を育てるには日光だけあればいいというものではない。栽培や収穫といったさまざまな作業をすべてこなす労働力もいる。ほかにも、農業機械、灌漑のための水、肥料に除草剤に殺虫剤に殺菌剤。これらをどれだけ投入するかは状況によって異なる。しかし、信頼できる試算でこうした要素をすべて総合したところ、作物の価格の半分程度が原価という結果が出た。これを大まかに換算すると、一〇〇キロカロリー当たり原価が一セントとなる。

いっさいのムダがない世界へと進む過程で、太陽からのエネルギーをもっとうまく活用できるようになれば、数えきれないほどの機会が開ける。次の章では、現在の私たちがいかに太陽の恵みをムダにしているかに目を向け、効率を上げるにはどんなことが起きる必要があるかを探っていく。

第26章

燃料としての食料

私たちが食べ物から得るエネルギー

私たちが口に入れる食物は、生きるエネルギーへとどのように変わるのだろうか。体のその基本的な営みの中にムダはどれくらいあるのだろう。

この疑問に取り組むには、ふたつの用語の意味を整理しておく必要がある。「カロリー」と「ワット」だ。

カロリーとは具体的に何だろうか。第20章でも取りあげたが復習しておきたい。この言葉が少し厄介なのは、ふたつのまったく異なる意味で使用される場合があるからだ。化学の授業を覚えている人は、一立方センチ（つまり一グラム）の水の温度を摂氏一度上昇させるエネルギー量が一カロリーだと答えられる。ここまではいい。

しかしそのカロリーは、食品について語る場合のカロリーと同じではない。仮にそうなら、フィグ・ニュートン〔イチジクペーストをはさんだアメリカのクッキー〕を丸ごとひと箱食べても、大きなグラスで冷たい水を一杯飲んで、体の代謝機能がその水を体温にまで上げるのを待てばぜんぶ相殺できることになる。そうだったらどんなにいいか！

だがそんなわけにはいかない。化学の授業のカロリーは「カロリー」であって、食品との関連で話題にされるのは「キロカロリー」である。一キロカロリーは一カロリーの一〇〇〇倍に相当する。具体的にいうと、一キログラムの水の温度を一度上昇させるエネルギーが一キロカロリーだ。

あなたが摂氏二度の水を一キロ（一リットル）飲んだとすると、体は三五キロカロリーを消費してその水を温め、体温の三七度にする。フィグ・ニュートン一枚はおよそ五〇キロカロリーなので、食べても罪悪感を抱く必要はない。一枚平らげるごとに、冷たい水を一・五リットル近く飲む覚悟さえあればいい。

カロリーは不変のエネルギー単位である。小麦粉を計る「カップ」やバターの「グラム」のように、他とは切りはなされたひとつの単位だ。時間にも左右されない。一キロの水の温度を一度上げるのに一分かかろうが一〇〇〇年かかろうが、どちらのエネルギーも同じ一キロカロリーである。鍋の水を沸騰させるのにマッチを使おうが、溶接用のガスバーナーを使おうが、必要なエネルギーの量は変わらない。ただ、実際問題としては、カロリーをどれだけ速く伝えられるかが重要になってくる場面は多い。

ここで登場するのが「パワー（仕事率）」という概念である。ガスバーナーはマッチよりもパワーが大きく、湯を沸かすのに必要なエネルギーをはるかに短時間で与えることができる。別の考え方としては、ホースの中を水が流れているところを思いうかべるといい。エネルギーは水であり、パワーは一定の時間内にどれだけの水が端から出てくるかである。

パワーはワットという単位で測定する。時間の要素を加えると、一定の時間内（たとえば一時間）にどれだけのエネルギーが使用されたかが説明しやすくなる。一ワットの電球を一時間点灯させておくと、一Wh（ワット時）のエネルギーを使用する。だが、六〇ワットの電球を一分点灯させた場合も、使用されるエネルギーは同じく一Whだ。

私たちの体を動かすエネルギーに戻ろう。幸い、一キロカロリーも一Whもほぼ同じエネルギー量を表しているので、計算は単純だ。私たちの体が一時間かけて一〇〇キロカロリーを消費したとしたら、およそ一〇〇ワットのエネルギーを使用したことになる。これは、明るい白熱電球を一時間つけっ放しにしているのと同じエネルギー量に相当する。だから、これは真面目な話なのだが、私たちの体がいっさいのエネルギーをムダにしないとしたら、五〇キロカロリーのフィグ・ニュートン一枚で一〇〇ワットの白熱電球を三〇分点灯するだけのエネルギーが生みだせることになる。

■生きていくのに必要なエネルギー

たいした活動をせずに、ただ生きつづけるのに必要なエネルギーはどれくらいだろうか。一日ほぼ寝ているだけだとしたら、どれだけのエネルギーを消費している？　そういうレベルのエネルギーは基礎代謝率（BMR）と呼ばれる。要は、心臓を拍動させ、脳を働かせ、体温を保ち、それを二四時間続けるためのエネルギーだ。BMRは加齢とともに低下する。年を重ねていったときに、健康的な体重を維持するのが難しくなっていくのはそこに理由の一端がある。私たちは厳密な話をしようというわけではないので、ここはひとつざっくりと区切りのいい数字を選んでBMRを二〇〇〇キロカロリーとしよう。

これは身長一八〇センチで体重一〇〇キロの三〇歳男性の数値である。

この二〇〇〇キロカロリーはただ人を生かしておくだけのエネルギーだ。余分なエネルギーはかけらもない。では、たとえば動力芝刈り機で芝を刈るとしたらどれだけのエネルギーがいるだろうか。庭が広めで、歩きながら刈って一時間くらいかかるとしたら、三五〇キロカロリーを燃焼させることになり、それはだいたい平均的なハンバーガー一個分である。その三五〇キロカロリーは、炭水化物、タンパク質、脂質の三つからもたらされ、そのいずれもがハンバーガーの中に入っている。植物は（ほぼ）炭水化物であり、一方の動物の可食部はおもにタンパク質と脂質でできている。脂質は一グラム当たり約九キロカロリーであり、タンパク質と炭水化物はグラム当たりそれぞれおよそ四キロカロリーなので、脂質のほうがエネルギー密度がずっと高い。

前章でも見たように、植物は水（水素＋酸素）と二酸化炭素（炭素＋酸素）を取りこんで炭水化物をつくる。だから、炭水化物にはその三つの元素がどれも含まれている。炭水化物を合成する際には酸素が少し余るので、植物はそれを廃棄物として放出する。こうしたプロセス全体を吸エルゴン反応という。簡単に説明すると、原子の配置を変える過程では、分子がどこかからエネルギーを吸収しなければならない。植物はそのエネルギーを日光から得ている。まとめると、ブドウ糖は水素、酸素、炭素でできていて、しかもブドウ糖分子には日光からの余剰エネルギーが化学結合の中にたくわえられている。

人間がそのエネルギーを利用するにはどうすればいいのだろうか。まず、私たちが何かの食物を食べると、食物はさまざまな消化プロセスによって分解され、それが体のすべての細胞に送られる。人体のエネルギーはすべて個々の細胞レベルで消費される。ひとつひとつの細胞に残らず栄養を与えているわけだ。細胞内にはミトコンドリアという構造があり、ブドウ糖を取りこんでCO_2と水に分解する。どちらももとは植物がブドウ糖をつくるのに使用した原料である。

植物はブドウ糖分子をつくる際、その分子の中にエネルギーを貯蔵しているので、分子をばらばらにすることでエネルギーは解きはなたれる。そのエネルギーはＡＴＰ（アデノシン三リン酸）という新しい分子にたくわえられる。ＡＴＰこそがあらゆる生物にエネルギーを与える存在であり、それは植物でも動物でも変わらない。自然界における普遍のエネルギー供給源である。

ブドウ糖を分解して生じたCO_2は細胞から肺へ、水は腎臓へと送られ、どちらも廃棄物として体外に排出される。

植物がブドウ糖をつくるプロセスはかなり効率が悪い。そのうえ、たぶん予想がつくだろうが、ヒトという生物もけっして完璧な機械ではない。このため、ブドウ糖を分解して水とCO_2とＡＴＰに変える過程でもやはりムダは発生する。ブドウ糖内にあったエネルギーのうち、ＡＴＰにたくわえられるのはその四割にすぎず、残り六割は体温として放出されている。

体温はムダだろうか。そうとはいいきれない。体内を温かく保てるおかげで、変温動物を苦しめる数々の有害な真菌の生長を防ぐことができている。微生物学教授のアルトゥーロ・カサデヴァルによれば、熱のもつ抗菌作用を最大限に高めながらも熱生成のコストをできるだけ抑えるには、体温は三六・七度がちょうどいい。したがって、この方面に関しては人体はそれほど非効率ではない。

とはいえ、生みだされた熱がすべて体内にとどまっているわけではなく、やはり体外に放出されてもいる。なので、多少の熱はムダにされている。人間にはお粗末な断熱材しか施されておらず、皮膚体温は深部体温より五〜六度程度低いだけだ。しかし、断熱効果を高めたら高めたでコストを伴う。現状を見る限り、どうやら進化はそのコストを支払う価値はないと判断したようである。

私たちが放散している熱は、小型ノートパソコンを動かせるくらいのエネルギーになる――その熱を動力にする手段が見つかりさえすれば、の話だが。いまのところ、そのエネルギーをうまく利用する手段を私たちはもたない。技術的に不可能なのではない。かつてセイコーは、人体の放出する一〇〇万分の一ワットの熱で駆動する腕時計を発売した（「サーミック」という商品。体温と外気温の温度差によって発電する仕組み）。発電できるウェアラブル機器の開発にはいまもさまざまな試みがくり広げられてはいるが、思いきった発電能力を目指しているものでも一ワットには遠く及ばないのが現状である。

大便と尿についてはどうだろうか。どちらもムダ？　それ自体がムダというわけではない（そういう意味ではバナナの皮と同じ）。問題は、それを私たちがどうするか、だ。いろいろな固形廃棄物と同じように大便もリサイクルして、エネルギーを生成できるメタンのような商品に換えられるのなら、ムダとはいえないことになる。尿にだって、利用可能な量のリン、カリウム、硫黄が含まれている。いずれも現状では、手に入れるために採掘しなければならない鉱物だ。しかし、たまたま住んでいる地域に近代的な衛生設備がないのなら尿はムダだし、しかも相当に有害なムダでもある。

明るい面をあげるなら、人間の排泄物をぜんぶ合わせると年間ほぼ一〇〇億ドル相当の価値があると、国連のシンクタンクが指摘している。テクノロジーが向上すれば、世界の極貧地域で排泄物を使ってかなりの電力を生みだせるようになるかもしれない。

先ほども触れたように、庭の芝刈りをするのに必要なエネルギーはハンバーガーおよそ一個分である。

そのハンバーガーをつくるためのエネルギーがどこから来るのか、これでようやく全貌がつかめた。太陽光が地球に到達して植物を生長させ、それが牛に食われ、それを人間が食べた。私たちはそのハンバーガーのエネルギーを使って芝刈り機を押し、考え、体を動かし、熱を放散した。

そこからさらにさかのぼって、ハンバーガー内のエネルギーの大元に目を向けると、想像を絶する世界が待っている。

ハンバーガーのバンズをつくるために、まず太陽は広島型原子爆弾二万個分のエネルギーを放出しなくてはいけなかった。私たちにとってはじつに大きな数字だが、太陽からすればどうということはない。原爆二万個分のエネルギーのうち、地球に到達するのはその二〇億分の一であり、その一〇〇〇分の一が植物によって小麦粒に変換され、それがバンズになった。そのうえ、小麦をバンズにするには水が二〇〇リットル近くのほか、労働力・殺虫剤・肥料が一セント相当必要だった。

牛肉のパティをつくるために、太陽は原爆一〇万個分のエネルギーを放出する必要があった。そのエネルギーのうち、やはり二〇億分の一が地球に届いた。そのうちの一〇〇分の一が牧草となり、それを牛が二年間食べた（牧草は小麦よりエネルギーを効率的に利用できる）。

バンズとパティのほかにも、ハンバーガー一個は水およそ二〇〇〇リットルと、労働力・原材料・副次的なコストを二五セント相当必要とした。肉を生産する過程では、約六キロの温室効果ガス（CO_2相当量）と、一七・五キロほどの糞が排出された。肉を輸送し、加工し、冷蔵し、ハンバーガーとして調理するには、およそ〇・五リットルのガソリン（もしくは同等の燃料）からのエネルギーを要し、CO_2を一キロ程度発生させた。このすべてに加えて、人件費を含む雑費がさらに二〇セント相当かかっている。

一個のハンバーガーをつくって、あなたに庭の芝を一回刈らせるために、これだけのことが起きなくてはいけない。こうして改めて考えてみると、なんと途方もないことだろうか。

このプロセス全体にどれくらいムダがあるだろう。

何から何までムダ、というのが答えである。でもなぜ？

例の物差しの右端、つまりいっさいのムダが発生しない世界であれば、私たちは太陽のエネルギーを一〇〇パーセントの効率で吸収できる。もしくは、体内にミニ核融合発電所を備えて、物質を「物質の質量×光速度の二乗」分のエネルギーにじかに変換できる〔アインシュタインの有名な公式 $E=mc^2$ による。Eはエネルギー、mは質量、cは光速度〕。さもなければ、太陽エネルギーを集めて貯蔵しておき、必要になったときに必要な場所に向けてそれを送ってもらい、私たちはただ単にそれを利用するという手もある。

エネルギーは宇宙空間を旅し、植物に取りこまれ、それから動物の体内に入り、最後に私たちに食べられる。その間《かん》にエネルギーの状態が何度も変化するために、結果的に損失が非常に大きくなる。空港に一〇〇ドルもっていってユーロに換え、それを円にし、次に英ポンドに両替し……と続けていったら、たちまちわずかな小銭が残るだけになる。両替のたびに手数料を支払わなくてはいけないからだ。

■人間が光合成するには？

中間の段階を（せめて一部だけでも）取っぱらって、人間が太陽からじかにエネルギーを吸収するようにはできないのだろうか。人間とわかる程度には人間らしさをとどめながら、光合成して生きるわけにはいかない？

答えはイエスでもあり、ノーでもある。

イエスのほうからいくと、光合成のできるアブラムシが実際にいる。真菌から遺伝子を盗み、それを自分の遺伝暗号に挿入した結果だ。おかげで、太陽光のエネルギーをもとにATPを合成することができる。先ほども説明したように、ATPはヒトを含むあらゆる生命を動かす燃料である。また、キボシサンショウウオは発生の初期に、ある種の藻類と共生関係を築く。その藻類はサンショウウオの細胞内にすんで光合成を行い、得られたエネルギーをサンショウウオに分けあたえている。だから遺伝子をちょいといじれば、人間だって少なくとも部分的にはソーラーパワーで駆動するのも夢ではない。ただし、そうなる過程で体が緑色になるのは避けられそうにないが。

しかしノーのほうに移ると、私たちの体はそもそも光合成に適した形をしていない。人間の形は基本的に電柱に似ていて、表面積が二平方メートル程度である。地球に打ちあたる日光は平均すると一平方メートルにつきだいたい一五〇ワットだが、私たちは二平方メートルの表面を同時にすべて太陽に向けることができない。その半分でも日に当てられればいいほうだろう。太陽が頭上に来る正午には、日を浴びられる面積がそれより一段と小さくなる。

ためしに、太陽が出ているあいだは、つねに太陽のほうを向く台の上に寝そべったままでいるとしよう。そうすれば体の半分が日光を浴びられる。この場合、もしもいっさいのムダが生じなければたぶん一五〇ワットほどのエネルギーを得ることができ、私たちに必要な一〇〇ワットを超える。赤道に近いほど都合が良く、それは日光が真上から地球に降りそそぐからだ。北極や南極に近づくにつれて日光が斜めから差すようになり、手に入れられるエネルギー量は大幅に制限されてしまう。

だとしたら、光合成のほうを改良できないだろうか。受けとった日光を植物が残らず吸収し、それをすべて利用して一〇〇パーセントの効率で光合成を行い、生みだしたエネルギーをぜんぶ使って私たちに作物を提供する。そんなふうにできるとしたらどうだろう。仮にそれが可能なら、メイン州程度の面積の農地がひとつあれば世界中の人口を養える。だが現実の私たちは、アメリカとカナダを合わせた面積の農地を必要としている。

牛などの家畜にもムダは多い。もしも家畜の取りこむカロリーが、私たちの食べるカロリーとして余すところなく貯蔵されるとしたら、アラスカ州大の牧草地がひとつあれば事足りる。だが現実には、南北アメリカ大陸並みの広い牧草地がないと世界中に飼料を供給できない。しかも、たとえそれができたとしても、日光を牧草に変換する過程でムダが発生するのは避けられない。

食品ロスに関する第19章でも見たとおり、栽培や飼育といったプロセスを介さずに食物を人の手で直接的に製造するのがひとつの解決策だ。とくに牛肉の生産は現状のままでは度を越して効率が悪い。こういう考え方はいまに始まったものではなく、かのウィンストン・チャーチルは「五〇年後」と題した一九三二年のエッセイで次のように述べている。

われわれは胸肉や手羽を食べるために鶏を丸ごと育てるような馬鹿げた慣行を脱し、適切な手段でそれぞれの部位を生産するようになるだろう。将来的には当然ながら合成食品も使用されるようになる。……この種の新しい食品は、天然物の商品と初めからほとんど見分けがつかないうえに、変化は徐々に進んでいくので気づかれない。……巨大なエネルギー源が利用できるようになれば、食料は日光に頼らず生産されるようになる。広大な地下室で人工の光を照射すれば、世界中のトウモロコシ畑とジャガイモ畑に取ってかわれるかもしれない。

五〇年後という見通しは明らかに甘かったにせよ、この発想自体はじつに的を射ている。理論上、牛の幹細胞を用いてゼロから牛肉をつくるためのエネルギーは、牛一頭を二年間飼育するエネルギーよりはるかに小さくて済む。おまけに水もそんなにいらないし、メタンもCO_2も糞も出ない。このように直接的に人工肉を生産する試みはまだ始まったばかりではあるが、それがいずれ実現することはまず間違いないだろう。食肉産業はアメリカだけでも数千億ドル規模にのぼるので、このプロセスを推進するのは経済的に見てじつにおいしいのである。

ムダを減らすためのもうひとつの選択肢は、食品を3Dプリンターで出力することだ。理屈のうえでは、ごく単純な手順でできる。タンパク質とブドウ糖と脂質のそれぞれ入ったチューブを3Dプリンターにセットし、あとはボタンを押すだけでいい。一見すると、これで最終的に効率が高まるようには思えないかもしれない。材料を手に入れるには、やはり効率の悪い手法を用いなくてはいけないからだ。しかし、うまいやり方を考えれば、不要とみなされている葉や皮などを原料に変換して、それをプリンターに「食べさせる」こともできる。タンパク質のチューブには昆虫の粉末を詰める手もある。

食欲をそそるアイデアには思えないかもしれないが、こういうことは実際に試してみないとわからないものだ。なにしろ食はアメリカだけでも数兆ドル規模の産業なので、食に変革を起こすだけの誘因は十分にある。八〇億の人間を養わねばならない惑星を脱して、理論上はもっと大勢の命を支えられる惑星へ、もしくはもっと小さい環境負荷で同じ数を維持できる惑星へと私たちが移行していくためには、とりわけそれが重要になってくる。

第 IV 部

ムダの哲学

第27章 お金をムダにする

二〇一九年、国際NGOのオックスファム・インターナショナルは報告書で次のように指摘した。地球で最も裕福な二六人を合計すると、世界人口のうちの所得の低い半数よりも多くの富を所有している、と。この主張の細かい部分については異論があってもおかしくないが、資産にも所得にも世界に圧倒的な格差のあることは誰も否定できないだろう。

一九一二年、イタリアの統計学者コッラド・ジニは、この不均衡を測る指標を開発した。これをジニ係数といい、ゼロから一のあいだで表される。社会の中ですべての富（または所得）が完全に均等に分配されているとき、ジニ係数はゼロになる。たったひとりが社会の富を独占し、ほかの人間は何ももたないときには一になる。世界銀行の試算によると、二〇一三年の所得に関しては世界のジニ係数が〇・六二五だった。

これはどういう意味だろうか。おおまかにいうと、年間所得が四万ドルを超えれば、その人は所得で世界の上位一パーセントに入るということである。経済学者ブランコ・ミラノヴィッチの分析も注目に値する。ミラノヴィッチが二〇一一年に気づいたのは、アメリカで下位五パーセントに入る世帯の平均所得よりも、世界の三分の二にあたる世帯の平均所得のほうが低いということだった。低い中には、インドの上位五パーセントの世帯も含まれていた。言い方を換えるなら、アメリカで最も所得の低い五パーセントのほうが、インドの最も裕福な五パーセントより稼ぎが多いということである。大富豪の数でいったら、インドはアメリカ、中国に次いで世界第三位だというのに。

アメリカでは、自分と違う所得層の金《かね》遣いをとやかくいって不服をにじませるのが、ほとんど国民的娯楽になっている。人がお金をどう使うかが善悪の色合いを帯びてくるのである。お金をムダにするのは単に浅はかなだけでなく、倫理にもとる行為だと受けとめる向きは多い。自分のお金の使い方は控えめで賢明だけど、他人はむやみに札びらを切っているように思いがちなものだ。

二〇一九年の終わりには、アメフトのボルティモア・レイブンズ所属のクォーターバック、ラマー・ジャクソンが、クリスマス休暇を前にチームメイト数人にロレックスの腕時計を贈ったと報じられた。それを知ったファンのひとりはお金のムダだと憤慨し、わざわざ『ボルティモア・サン』紙に投書して、そのお金は慈善事業に寄付するべきだったと指摘した。ロレックスの工場に時給制で働く従業員からは共感が得られなかったかもしれないが。

少なくとも高級時計は時間を教えてくれる。ところが、金持ち向けの商品の中には、何の役に立つのかと首を傾げたくなるものもいろいろある。それをくだんのボルティモアのファンがどう見るかは気になるところだ。たとえば、たまたま四二五ドルが懐《ふところ》に入っていれば、金箔《きんぱく》の詰まったカプセルを一個買うことができる。これを飲みこむと、目くるめくようなお通じが楽しめる。つまり、大便をきらめかせるのである。一方で、ひとり当たりの年間所得がその四二五ドルに届かない国は世界に六か国ある。

通販業者のアマゾンでは一本六万ドル前後の万年筆が売られている。その万年筆を評価した三〇〇件ほどのレビューの中には、こんなふざけたコメントもあった。「小作農の血を切らしているときには、このペンを使って赤インクで書くとまあまあの代用になる」「この価格にしては予想外にいい」「よく買わずにいられるね」。有名宝飾品ブランドのティファニーは、犬の食事を入れるスターリングシルバー〔純度九二・五パーセントの銀合金〕製の容器を販売し、「最高品質の素材」からつくられたと謳っている。確かにその容器は可愛らしいし、実用的な機能を果たしてもいるが、値段は一八〇〇ドルだ。ティファニーはスターリングシルバー製の毛糸玉も売ってくれる――九七二〇ドルで。これ以上の銀の毛糸玉はどう頑張っても見つけられないだろう。

銀は好みじゃないという方のためにいうと、アメリカの高級百貨店ニーマン・マーカスは一四金メッキのスリンキー〔階段をひとりでに下りるなど、特徴的な動きをするバネ状の玩具〕を販売したことがある。こういう現象はアメリカに限るものでもない。オランダのネットショップ、オームスでは、一四金メッキのホッチキス針二ダースを五九ユーロで売っている。「次回の報告書を金で彩れば、きっと上司も感心しきり。あなたの気持ちが伝わります」。ひょっとしたらそうかもしれないが、社員の支出報告をチェックする会計監査役がはたしていい顔をするかどうか。

アニメの『ザ・シンプソンズ』で、息子のバートが金持ちの子どもと友だちになり、家に遊びに行く。すると、金持ちにありがちなありとあらゆるものが備えつけられている。その子が大ファンだというアメフト選手ジョー・モンタナのポスターが壁に貼られていると思って、バートが近づいてよく見てみると、それはポスターではない。壁に凹んだ場所があって、そこにモンタナその人がお金をもらって立っているのだった。ボールを投げるポーズをして。

いくらなんでも大げさだろうと思うかもしれない。だが伝えられるところによると、あるヘッジファンドマネージャーが歌手のケニー・ロジャースに四〇〇万ドルを支払い、代表曲のひとつ「ザ・ギャンブラー」を自身の誕生日パーティーのBGMとしてくり返し歌わせたことがあったという。「事実は小説より奇なり」である（ちなみにそのヘッジファンドマネージャーはのちに共同謀議と証券詐欺で有罪になり、一一年の禁固刑と罰金一億五〇〇〇万ドルをいい渡された。どうやら「ザ・ギャンブラー」の歌詞とは違って、退《ひ》き時も逃げ時も心得ていなかったようである）。

サウジアラビアのアル＝ワリード・ビン・タラール・ビン・アブドゥルアズィーズ・アール・サウード王子が所有していたとかいないとかいう噂のベンツについても、ムダのレッテルを貼りたくなる。そのベンツにはミンク毛皮の内装に加え、スワロフスキー・クリスタルが三〇万個ちりばめられていて、価格は五〇〇万ドルくらいだったらしい。そのベンツの持ち主は、車に触れさせるだけで一〇〇〇ドルを請求したと伝えられている。

一〇〇〇ドル払って車にさわるのはムダだろうか。では、青一面の真ん中に白の垂直線の引かれた絵があって、その絵に数ドル払うのはどうだろう。数ドルではなく、仮にその絵が四四〇〇万ドルだったら？　二〇一三年、抽象表現主義の画家バーネット・ニューマンの手になるその一九五三年の絵画のために、どこかの誰かがそれだけの現金をポンと出した。

コロンビアの犯罪組織メデジン・カルテルのリーダー、パブロ・エスコバルは、低体温症になった娘の体を温めるために二〇〇万ドル分の紙幣を燃やしたと、息子のセバスチャン・マロキンが語っている。これはムダだろうか。この「支出」はほかの話より納得しやすいかもしれない。自分の子どもの命を救うために、使える手を何でも使わない親がどこにいるだろう。

贅沢品を買うのはムダだろうか。ムダだといいたくなるが、そう単純な話ではない。バーのジュークボックスに一ドル硬貨を放りこんで音楽を聴きたいから聴くのは、四二五ドルと引きかえに自分のうんちをキラキラさせたいからそうするのとたいした違いはない。つい後者に眉をひそめたくなるものの、その人は大便を金ぴかにする以外に四二五ドルの使い道が地球上で何ひとつ思いうかばなかったのかもしれない。その商品によってこの上ない喜びが得られるのだとしたら、私たちにそれを断罪する資格があるだろうか。そういうお金の使い方は浅はかなんじゃないですか、軽率なんじゃないですか（あと、相当に気色悪いんじゃないですか）などと伝えるくらいならいいにしろ、それをムダ呼ばわりすることはできない。清教徒的な感覚からすればそう呼ぶべきなのだとしても。

映画『ジャッキー・ブラウン』を思いだす。サミュエル・L・ジャクソン演じるオデール・ロビーが愛人のメラニーに対して、マリファナばかり吸っているとやりたいこともできなくなると忠告する。メラニーはこう返す。「ハイになってテレビを観るのがやりたいことならいいのよ」。先ほどの例の場合でいえば、やりたいことがピカピカうんちをすることであって、四二五ドルのカプセル一個でそれが叶うなら、最もムダのない買い物だという見方もできる。

金持ちの金遣いに目くじらを立てたくなるのは無理もない。なにしろ、札束に火をつけるやつまでいるのだから。とはいえ、ヘッジファンドマネージャーがカントリー歌手を雇って歌を歌わせても、富が実際に破壊されたとはいえない。そのお金は歌手の手に渡っただけであり、歌手は自分で価値があると思う用途にそのお金を使えばいい。貧しい人に寄付するのでも、整形手術をするのでも。

エスコバルのケースのようにお金が実際に破壊される場合でも、富が実質的に失われたわけではない。あなたの親戚に金袋《かねぶくろ》氏という名の裕福なおじさんがいるとして、その人が一〇〇ドル紙幣で葉巻に火をつけたとしたら、確かにおじさんの財産は一〇〇ドル減る。だが、本当の意味でムダになるのは紙のコストだけだと経済学者ならいうだろう（ジョージ・メイソン大学の経済学者アレックス・タバロックは現にQuora《クオーラ》〔ユーザーが運営を行うQ&Aサイト〕でそう語っている）。連邦準備銀行によれば、そのコストは一四・二セントである。その紙幣の表す一〇〇ドルが煙となって消えたとき、経済全体にデフレーションをひき起こし、あらゆる商品・サービスの価格をわずかに下げた。一〇〇ドル紙幣を燃やすことで、ほかの通貨すべての合計価値を一〇〇ドル分上昇させたのと同じだ。結局、差し引きすればムダはほぼゼロである。

■「効用」にお金を支払う

だが、富を破壊する金持ちの話はこの辺でいいだろう。大富豪を見習うだけの余裕がたぶんない人たちのあいだにムダはないのだろうか。

たとえば宝くじを購入するのは、所得分布の下から二割の層が圧倒的に多い。低所得層が限られた資金を宝くじに充てることに対し、中間所得層と高所得層はとかくさげすみの目を向けがちである。宝くじは「数学が苦手な人に課せられた税金」だと、皮肉たっぷりにいいさえしている。

そうはいっても、宝くじの人気はすさまじい。アメリカ人が宝くじにかける金額は、音楽や映画や、本やビデオゲームや、スポーツ観戦などにかける金額をぜんぶ合計したより多い。合計した、よ、り、だ！

当選する確率は限りなくゼロに近いわけだから、宝くじを買った連中はお金をムダにしたのだろうか。いや、バーでジュークボックスにお金を使う人間となんら変わらない。自分の置かれた金銭的状況を脱してどうすれば金持ちになれるのか、その具体的な道筋がたいていの人には見えていないのだ。かつて『じゃじゃ馬億万長者』というテレビドラマがあった。主人公のジェド・クランペッツがウサギを撃とうとしたら、弾が地面に当たってそこから原油があふれだし、たちまち億万長者になるという物語である。しかし現実には、そんなふうに成りあがって、しまいにはゴールデンタイムのテレビドラマになるような人はそう多くはない。また、昔のテレビコマーシャルのように、エド・マクマホン〔アメリカのコメディアン・司会者。二〇〇九年に死去〕が巨大な小切手をもって玄関先に現れることもまず期待できない。エドが二〇〇九年にトークショーの舞台を空に移してからはなおさらだ。そう、大金持ちになるなんてことは、大多数の人にとって起こる見込みがないのである。それでも、わずか数ドルのお金を惜しまなければ誰もが宝くじを買えて、もしも当選したらそのお金をどうしようかと何日か夢にひたれる。一括で受けとる？　もちろん。何を買う？　誰に豪華なプレゼントを贈ってやる？　表向きだけ仲良くしている嫌なやつのうち、どいつの家の前でフェラーリをぶっ飛ばしてみせる？　もしくはジョナサン・ヴァーガスの例にならってもいいかもしれない。ヴァーガスは宝くじで三五〇〇万ドルを当て、その一部を使って『レスリシャス・テイクダウン』という女子プロレス番組をつくった。これだけ夢想をふくらませられるうえに、もしかしたら、ひょっとしたらという期待も加わるわけだから、娯楽としての価値は二ドルではぜんぜん足りないくらいだ。映画チケットの一〇ドルと比べると、宝くじはお買い得品に思える。

ただし、外れたときのがっかり感にも値段をつけないといけない。宝くじ自体が二ドルで、白昼夢に五ドルの価値があり、当選しなかったことで二ドルがムダになるのだとしたら、それでも差し引きすればプラスである。

それに、実際に当選する可能性もないわけじゃない！「かならず誰かには当たる」というのは万国共通の決まり文句であるようだ。ロアルド・ダール著の子ども向け小説『チョコレート工場の秘密』〔邦訳には（柳瀬尚紀訳、評論社）などがある〕では、主人公の少年チャーリーがくじ付きチョコレートの包みをあけようとする。部屋の大人たちは外れることが「わかっている」ので、ゴールデンチケットなんて当たりっこないといってぬか喜びさせまいとする。だがチャーリーはこう考える。「でも、大人がわかっていることはもうひとつある。当たりを引くチャンスがどんなに小さくても、チャンスはそこにあるんだ、ってこと」

宝くじに当選すると、そのあとろくな人生を送れないというのが通説である。だがそうとは限らない。確かにH・ロイ・カプランによる一九七八年の研究は、宝くじが人を幸せにしないことをうかがわせる。だが、その後の研究からはもっと複雑な構図が浮かびあがっているようである。たとえば、リチャード・D・アーヴィー、イツァーク・ハルパス、フイ・リャオによる論文「宝くじ当選者の仕事の重要性と当選後の勤務態度」では、当選者のほとんどがその後も働きつづけ、しかも職を変えないことが多く、一〇〇ドル紙幣で葉巻に火をつけることはまずないことを明らかにした。それに対して当選者の近隣住民は、にわかに裕福になった隣人に追いつこうと、投機的な投資や支出を増やしがちな傾向にある。

金持ちと貧乏人の話はこの辺にして、その中間はどうなんだろうか。中間所得層はどのようにお金を使い、どんなムダを生んでいるのか。なにしろ、世界には飢えに苦しむ人が八億人もいるのに、欧米人はその全員を食べさせられるくらいのお金を化粧品だけに使っている。世界人口の六割はいまだ屋内のトイレがない状態で暮らしているのに、アメリカ人は年間五億ドルのお金をハロウィーンの仮装に費やしている――しかもペット用の。

いうまでもないが、ここに因果関係があるわけではない。貧しい国の誰かの家にトイレがないのは、ひとりのアメリカ人がダックスフンドにホットドッグの仮装をさせたからではない。とはいえ、世界全体を眺めわたしたときに、欠乏に苦しむ人々のかたわらでそれだけの化粧品とペットの仮装があふれているのは、ムダではないのかと疑問に思う人がいるのも無理からぬことである。

だが、これもまたムダ呼ばわりはできないのだ。飼っているセントバーナード犬の首につけるためにウイスキー樽のミニチュアを買う人は、経済用語でいうところの「効用」――つまり自身の満足感――をその買い物によって高めている。四〇ドルを所有しているよりそのミニ樽のほうが欲しかったわけだから、その人にとってはいい取引だ。買うことで以前より幸福になり、その商品をつくったり売ったりした人も幸せになる。四〇ドルを寄付して、飢えた子どもに食べ物をあげることのほうが、ペットの仮装より満足と幸福を得られるような世の中を私たちは願うべきかもしれない。だがどう考えても現実はそうではなく、それを五億ドルが物語っている。

人が自分のお金でどんな選択をしようと、安易に善悪を決めつけるのは考え物である。宝くじじゃなくて美術館のチケットを買いたがるようになりなさいと、人に指図するわけにはいかない。青より緑を好きになれというわけにいかないのと同じだ。では、お金が実際にムダにされている状況をどうやって見分けたらいいのだろうか。

■お金がムダになる四つの状況

本当の意味でお金がムダにされる状況は四つある。

ひとつ目は、偽情報や詐欺のせいで、取引から期待通りの価値が得られなかった場合。つまり、売買に対する期待が裏切られた場合である。何年も前、雑誌の全国広告で、太陽光で駆動する衣類乾燥機が四九・九五ドルと宣伝されていた。その乾燥機を購入した人が受けとったものは……物干しロープ一本だった。ファストフードの店でメニューの写真を見てハンバーガーを注文したのに、実物が写真とまったく違っていた経験があればこの気持ちがわかるだろう。シーモンキー（小型の甲殻類を愛玩用に改良した生物。日本でも一時期は飼育が流行った）に芸を教えこめるという触れこみはどうなったのか、少なくとも著者らふたりは知らない。それにつぎ込んだお金はムダになった。

ふたつ目は、取引の内容を正しく理解していなかった場合だ。契約書に「小さい文字」で書かれた但し書きのせいで、取引から得られると期待していた価値が減ってしまったとしたら、それはムダである。契約法には「見解の一致」という概念がある。契約の内容に関して当事者どうしが同じ理解をもっていなければ、拘束力のある契約とはいえないということだ。新車を購入したら、自動的に下塗り代の五〇〇ドルをディーラーに払うという条件だったのに、それを知らなければその五〇〇ドルはムダになる。タイムシェア物件を利用できるのが、子どもが学校に行っているあいだだけだということに気づいていなければ、やはりそれもムダである。

三つ目は、自分では意図せずに不利な取引をした場合である。携帯電話の契約プランに、いつのまにか謎の項目がつけ足されたら、それはお金のムダになる。

最後の四つ目は、取引できる心的状態にないとみなされる場合である。これは思った以上によくあることで、だからこそ契約書のサインやある種の活動が子どもには認められていないケースが多い。ヤクで朦朧《もうろう》となったまま、アカプルコで上腕二頭筋にベティ・ホワイト〔アメリカの女優〕の入れ墨をしてもらったら、それはお金のムダだ。

ついでにいうと、ほかに誰もかかわっていない取引でお金をムダにすることは実際にある。というより、ほとんどのムダ金はそうやって消えていっている。たとえばイギリスのジェイムズ・ハウエルズの例を考えてみよう。ハウエルズはIT業界で働き、どうにか七五〇〇ビットコインを稼いだが、当時としての価値は非常に低かった。ビットコインを保存していたノートパソコンが古くなったので分解し、ハードディスクを引出しにしまった。まかり間違ってビットコインに多少の価値が出るかもしれないと踏んでのことである。ところが、いつしかハードディスクは図らずも最終処分場送りになった。そうそう、結局そのビットコインの価値は一億ドルあまりになりましたとさ。この場合はどう考えてもお金がムダになったといっていい。現在、ハウエルズは町に掛けあってゴミ埋立地を掘りかえそうとしているが（気持ちはわかる）、事はそううまく運びそうにない。しかも、確実に破壊された一〇〇ドル札と違って、ビットコインが再び現れるかどうかは不確実なので、流通しているほかのビットコインが同じだけ価値を増すこともない。

誤解のないようにいっておくと、ここで実際に取引がなかったわけではない。どこかの時点でハウエルズは、「この古いハードディスクと引きかえにすっきりした引出しを手に入れよう」と決めた。ところが、いつのまにか先ほど述べたひとつ目の状況に陥っていた。正しい情報を得ていなかったせいで、期待していた価値を取引から得られなかったのである。この場合、捨てる時点ですでにハードディスクに一億ドルの価値があったという情報をハウエルズはつかんでいなかった。おまけに、気づけばふたつ目の状況にも入りこんでいた。つまり、取引自体の内容を正しく理解していなかったということである。いらないハードディスクを厄介払いしてきれいな引出しを手に入れたつもりが、そうではなかったわけだ。

一九七七年に似たようなことがあった。アイルランドのダブリンにある天文台で、アポロ11号のもち帰った月の石が展示されていたのだが、火災が起きて瓦礫《がれき》と一緒に捨てられてしまった。月の石には数百万ドルの価値があったので、それが失われたことは同じ理由からムダとしかいいようがない。

だが、この「誤り」のカテゴリーを広げすぎるのは禁物だ。私たちが話題にしているのは、金銭なり、金銭に無理なく変換できる何かなりが、取引の根本的な部分を理解していないために失われたり壊されたりすることである。思いどおりに事が運ばなかった、というのとは状況が違う。自動車保険に加入したのに一度も車が破損しなかったからといって、保険料がムダ金だったとはこの分析では考えない。ムダどころか、破損事故を起こす可能性は実際にあり、仮にそうなっても損害額が保障されるという安心感をもてたわけだから、保険の価値は十分に得られたといえる。

医療ミスのようなケースはどうだろうか。医療ミスはアメリカの主要な死因の第三位を占める。患者が医療という取引に対して期待することは、医師に殺されることではない。仮に死んだら、その不慮の死はムダとみなされるだろう。しかし、その処置に対して支払った医療費はムダではない。リスクを伴うことを承知のうえで処置を受けたからである。そう考えると、自動車保険と違いはないことになる（ただし、一〇〇パーセント安全だと医師が請けあっていながら、処置の最中に患者の命を奪ったのだとしたら、私たちのムダのカテゴリーに複数当てはまることになる）。同様に、ルーレットで黒に賭けたのにボールが赤に落ちた場合も、その賭けはムダではなかった。

凍った歩道で滑ったり、車で事故を起こしたりするのはどうだろうか。この場合も、その問題を修復するために費やすお金はムダではない。リスクを承知で凍った歩道を歩き、車を運転したのだから。

以上をすべてまとめると、心的能力の正常な人間が取引の内容をきちんと理解し、正確な情報を得たうえで自らの意思でその取引を行うのであれば、支払ったお金がムダになったとはいいがたいということである。

第28章 時間をムダにする

私たちは時間にとりつかれている。『オックスフォード英語辞典』の編纂《へんさん》者が調べたところによると、英語の名詞の中で最も使用頻度が高いのは「time（時間）」だという。「year（年）」が第三位であり、「day（日）」と「week（週）」もトップ二〇に入っている。

私たちが時間に執着するのは、いかにそれを重視しているかの表れであり、裏を返せばそれだけ時間をムダにしたくないということである。私たちが時間のムダを気に病むのはいまに始まったことではない。およそ四〇〇年前に書かれたウィリアム・シェイクスピアの『リチャード二世』では、主人公のリチャード二世がこんなセリフを吐く。「私は時間を浪費した。そしていまや時間が私を浪費している」

しかし、「時間のムダ嘆き隊」に加わったのはシェイクスピアですら遅い部類に入る。二〇〇〇年ほど前、古代ローマの哲学者セネカは次のように記した。「われわれの生きる時間が短いのではない。われわれが時間を大いに無駄にしているということだ。人生は十分に長く、余さず正しく投ずれば最高の成果を得られるだけの時間がわれわれには潤沢に与えられている。しかし、その時間を無頓着な贅沢に浪費したり、良からぬ活動に充てたりすれば、死という最後の強制によってようやく気づかざるをえなくなる。過ぎたことすら知らぬ間《ま》に時は過ぎさってしまったのだと」。興ざめセネカと呼ばれていたのも無理はない。

■睡眠はムダ？

一日はちょうど二四時間しかなく、この条件は素晴らしいことに地球上の誰にとっても平等である。その費やし方をどう選択するかはひとりひとり違っている。だが、私たちが全体として二四時間をどのように使っているかに目を向けて、ムダかもしれない時間がどれくらいあるかを考えてみたい。

順当なところからいって、まずは睡眠から始めよう。これがほかの何よりも私たちの時間を奪っている。仮に私たちが一日九時間眠っているとしよう。八〇年生きるとして、毎日九時間の睡眠をとっていたら、一生のうち三〇年を寝て過ごすことになる。では睡眠はムダな時間だろうか。ムダだといえるのは、睡眠が避けられるものであって、しかも楽しくないとみなされている場合に限られる。睡眠が生存に必要なものであり、人がそれを楽しいと感じるならムダではない。

睡眠をどれだけ楽しいと見るかは人それぞれだとしても、不思議なのは、人間が生きるうえでなぜ睡眠が必要なのかがいまだ科学で解明されていない点だ。それでも、どうやら必要であることは間違いない。食事を抜くほうが睡眠を抜くより長く続けられる。二四時間ずっと起きているなどして、多少の睡眠が奪われただけでも、酩酊《めいてい》状態と同じくらいに認知能力は損なわれる。

多くの睡眠科学者が信じるところによれば、私たちは少ない睡眠で済むように体に教えこむことができない。睡眠時間を減らせば睡眠障害が積みかさなって、行動の遂行能力が落ちるだけだ。いずれはかならずしっぺ返しが来る。一度にまとめて眠るより効率の良い眠り方があるとの説もある。事実、ほんの数世紀前の私たちの祖先は、短めの睡眠と覚醒を交互にくり返して、全体としていまより少ない時間を眠りに費やしていた。このやり方を二相《にそう》睡眠という。

人間が睡眠なしに生きていけるとしたら、世界中の軍隊がその方法を知りたがるに違いない。『ニューヨークタイムズ』紙の記事によると、ハリモモチュウシャクという鳥は、渡りのためにアラスカからマーシャル諸島まで一万キロ近くもノンストップで飛ぶ。平均時速が三〇キロ程度だとすると、一三日あまりも眠らないことになる。アメリカ国防総省の研究開発機関である国防高等研究計画局（DARPA）は鳥類を調べ、兵士も同じことを継続できないかどうかを研究している。もちろん、「飛ぶ」部分ではなく「ずっと起きている」部分だ。あの手この手で兵士に活力を与えようとするのは、昨日や今日に始まった話ではない。ナチスドイツがフランスに侵攻し、電撃戦で国土を破壊しつくしたとき、軍は兵士にアンフェタミン（覚醒剤の一種）を与えて何日も覚醒した状態を保てるようにしていた。一度に行軍できる距離も伸ばした。しかも、興奮剤で兵士をハイにすることは一〇〇年以上前から行われている。第一次世界大戦では軍で広くコカインが用いられていたし、それ以前にも兵士に薬物を使用させる行為は少なくとも古代ギリシャにまでさかのぼる。

眠りをまったく必要としなかったとされる人間については、興味深い逸話がいくつか残っている。フランス生まれのアメリカ人アル・ハーピンは一九四七年に九四歳で永遠の眠りについたが、人生最後の数十年間はこれっぽっちも寝ていないと主張していた。ハンガリーの兵士パウル・ケルンは第一次世界大戦で頭に銃弾を受け、以後の四〇年間は眠ることができなかったといわれている。催眠術や睡眠薬やアルコールの力を借りてもだめだったらしい。この手の話はほかにもいろいろあって、どれもそれぞれの時代には広く話題になって信じられていたものの、現代の科学者からは強い疑念を向けられている。

近年の事例では、人間が覚醒したままでいる最長記録が一九六四年のスタンフォード大学で樹立されている。これは科学的に厳密な環境で確認されたもので、被験者となった高校生のランディ・ガードナーは一一日連続で眠らなかった。その間《かん》は徹底的に監視され、自分でも気づかぬうちにマイクロスリープ〔瞬間的にごく短いあいだ眠りに入ること〕に陥っていないかがチェックされた。結局、不眠のあいだもまあまあ正常に活動できたものの、認知機能には明らかな低下が認められた。実験後、ガードナーは一四時間爆睡し、次の晩も一〇時間寝て、以後は正常な状態に戻ってどこにも変わりはないかに見えた。ところがそうはいいきれなかったようである。その後、何十年もしてからガードナーは深刻な不眠症に悩まされ、それを若気の至りの「因果応報」だと自ら語っている。

ある種の病気のせいで睡眠に支障をきたすこともあり、なかには死に至るケースもある。まるでホラー小説から抜けだしてきたようなプリオン病という病気の場合、患者は脳にプリオンが感染して致死性の不眠症にかかる。プリオンとは、折りたたみ構造の異常なタンパク質のことで、さまざまな症状をひき起こすと考えられている。発症から四か月のあいだ、不運な患者は不眠が高じてパニック発作や妄想をきたす。次の五か月間には幻覚が現れる。しまいには急速に体重が減少するとともに、認知症を発症し、ついには息絶える。発症から死亡まで普通は一年半程度である。

致死性の不眠症ほど重篤ではないにせよ、睡眠不足が続くとあらゆる人にダメージが及ぶ。睡眠不足から来る疲労は、エクソン・バルディーズ号の原油流出事故からチョルノービリ原発〔かつての呼称はチェルノブイリ原発〕の事故まで、数々の大惨事の一因になっていると考えられている。

■睡眠以外の時間の使い方

睡眠に九時間が費やされているとして、一日のうちの残り一五時間を私たちはどのように使っているだろうか。一生のあいだに私たちに割りあてられた時間はおよそ七〇万時間。そのうち、平均九万時間は仕事をしている。ずいぶん長いように思えるかもしれない（現在の職務内容によってはもっと長く感じるかもしれない）。だが計算してみればわかるとおり、これを一生（八〇年）でならして平均すると、一日につき三時間あまりにすぎない。もちろん一生ずっとは働かないので、幼い時分や老後、週末や長期休暇などは差し引かなくてはいけないし、人によっては上司の監視がゆるいときの分も引いたほうがいいだろう。

平均すると、私たちは一日八時間、年間二二五日、計五〇年を労働に充てている。従来の西側の価値観でいくなら、この時間はムダとはほぼ対極にある。どんなに平凡で退屈で、取るに足りない仕事に思えても、誰かに金をもらって何かをするからには自分にとって何がしかの価値はあるし、自分に稼げる手段を与えてくれている。だとしたら、有償の仕事をムダな時間に分類するわけにはいかない。

眠っても働いてもいないときに私たちは何をしているだろうか。アメリカの場合、その次に長い時間を充てているのは何を隠そう……テレビである。調査会社のニールセンによると、二〇一八年にアメリカ人はテレビに一日四時間を費やしていた。これはテレビ放送をリアルタイムで観る場合の話で、いわば昔ながらの視聴法についてである。DVR（デジタル・ビデオ・レコーダー）を利用したタイムシフト視聴やYouTube（ユーチューブ）は含まず、ただのテレビに限っている。その時間の四分の一近くはコマーシャルだ。ということは、息が臭いだの薄毛にご注意だの車がイマイチだのとテレビからいわれながら、私たちは一日一時間相当を過ごしていることになる。これを一生に直せば、ゆうに二年以上はコマーシャルを見ている計算になる。これはテレビCMだけで、ラジオや看板やインターネットの広告は入っていない。その二年間はムダな時間だろうか。たぶんそうではない。観ている番組を大事に思うなら、その番組も対価を得る必要があるわけだから、視聴者は広告を見ることでその役目を果たしているのである。

テレビだけが私たちの消費するメディアではない。同じニールセン社の調査によれば、私たちは一日に一一時間を費やしてメディアを消費している。そこには読む・聴く・観るが含まれる。この一一時間は先ほど取りあげた仕事の時間と重複している。職場で動画を観ることがあれば、その分は二重にカウントされる。

その一一時間のうち、三時間はスマートフォンを見て過ごしている。これは昔にはなかった現象であり、私たちのメディア消費量が増えている原因でもある。この方面に関して、私たちの行動は過去一〇年のあいだに大きく変わった。いまでは、エレベーターに乗ったらスマートフォンでメールをチェックせずにいられない人が大勢いる。だって、七階に行くまでの永遠にも思える間《ま》をほかにどうやってもたせたらいい？　だがここでもやはり、どれについてもムダな時間として括ることはできない。

車の中で過ごす時間はどうだろうか。アメリカで車を運転する人は、平均して一日およそ一時間を運転に充て、平均五〇キロほどを移動している。一生のあいだでは信号待ちの時間が合計数か月に及ぶ。それはぜんぶムダな時間だろうか。概念のうえではそうだ。だって、理想をいったら『スター・トレック』みたいなトランスポーターに乗りこんで、行きたい場所にさっと転送されたいよね？　でもトランスポーターなんてこの世にはないし、目的地に着くのに時間がかかるのはやむをえないと誰もが思っている。だとしたら実際問題として、ほかにいい代替手段が登場するまではこの時間をムダと呼ぶことはできない。

渋滞に巻きこまれる時間はどうだろうか。テキサスA&M大学の輸送研究所が通勤者に関する調査を行ったところ、二〇一四年には「都市部のアメリカ人は渋滞のせいで移動に六九億時間も余計にかけ、ガソリンを一一七億リットル余分に購入し、渋滞のコストは一六〇〇億ドルとなっている」ことがわかった。重要な用事で高速道路を利用する場合には、渋滞を見越して普段より平均三〇分早く出発していることも同じ報告書で指摘されている。この時間はムダだろうか。厳密にいえば確かにムダだが、それは私たち自身が選んだムダでもある。もっと道路を建設してもよかったし、公共交通機関の利用を義務化するとか、都市の規模に上限を設けるとか、近隣住民どうしの相乗りを求めるとか、その気になればいくらでも手は打てた。なのに私たちは全体としてそういう選択をしなかった。そうした対策を取るより、渋滞で待つほうがいいということなのだろう。

次に来るのが……その他もろもろである。平均的な人間は一日のうちの一時間を食事に充て、さらに一時間を家事や雑事に費やしている。一生で見ると、それぞれに対して約三年分を割いていることになる。そして、トイレで座っている時間があと一年分だ。

本章では数字を大ざっぱに丸めているが、ここまで細かく記録してきた人なら、睡眠と仕事とメディアとその他もろもろで合計二四時間を超えているのに気づくはずである。なんでそんなことに？　それは、私たちが同時に複数のタスクをこなすことができるからであり、いろいろな時間が二重にカウントされている。たとえば私たちは風呂に入りながらリアリティ番組を観たり、アイロンをかけながら音楽を聴いたりする。もっともっと頑張りたければ、仕事中にパソコンで動画を映しながら仮眠をとったらいい。これで一挙に三得点だ。

ここまで、時間のムダをなくす方法についてはいっさい触れていない。そう、理屈のうえでは、渋滞を避けるためにヘリコプターに乗ったっていいのだ。しかし、ほとんどの人にとってそれは現実的な解決策ではない。要は、自分にとって何が大事かを判断基準として、本人の意思で時間の使い方を決めるのであれば、他人が口を出してそれがムダだと簡単には決めつけられないということである。

その線で考えれば、ビデオゲームやビールに自由時間のすべてを捧げている人がいたとしても、人生をムダにしているとはいえない。まさしく自分の使いたいように時間を使っているのだろうから。それに、その人からすれば、いまよりいい仕事を探すために外に出ることのほうが時間のムダだ。したくもないことをするために時間を費やすなんて、まっぴらごめんなのである。それなら家でだらだらしていたい。

漁師と銀行員の登場する古いジョークがある。銀行員が休暇で海辺の小さな村に出かけ、漁師に向かって「進んで事を始める気概に欠けている」と難癖をつける。なにしろ、一日に二〜三時間働くだけで、家族を養える程度しか稼がない。銀行員は説明する。金を借りて、もっと長い時間働いて、それを二〇年、三〇年と続ければ引退できる、と。「引退？」と漁師は問いかえす。「引退して何をしたらいいんだい？」銀行員は答える。「そうだな、ぼくなら海辺の小さな村に引っ越して、一日二～三時間魚を釣って過ごすよ」

よくいう「楽しくムダにする時間はムダじゃない」というやつだ。だが、ヘンリー・フォードだったら、そんな言い分に首を縦には振らないだろう。こんな言葉を残している。「誰かが時間を無駄にしているあいだに、ほかの人は前に進んでいる。それが私の見てきたことだ」。ミケランジェロもそうだぞうだとうなずくかもしれない。ミケランジェロの死後、弟子に宛てたメモが見つかり、そこにはただ次のように記されていたという。「描くんだ、アントニオ、描けったら描け！　時間を無駄にするんじゃない」

気分が悪くなってきた人のためにいうと、動物界は時間をムダにするぐうたらぞろいだ。ある計算によると、アリのコロニー内では全体の三パーセントが仕事中毒で働くのをやめず、約三分の一はいっさい仕事をしているように見えず、残りは少し働いては少し怠けている。この比率はヒトのコロニーでも大きくは変わらないのかもしれない。アリは明らかにムダに思える行動にふけることもある。仲間の死骸を複雑な形に積みあげたり、死骸を特定の場所に埋めたりしておいて、結局はあとになって配置を変えたり、掘りかえして移動させたりもするのだ。

■時間のムダとテクノロジー

怠けて何もしていないとしても、楽しんでいればムダとはいえないのなら、実際に時間をムダにすることなんてできるんだろうか。時間に関しては、ムダゼロの方向に進む余地はもうないということ？　いや、もちろんある。具体的にいくつか見てみよう。

なくしたものを探す時間というものがある。たいした時間ではないように思うかもしれないが、自分がどれだけ鍵やスマートフォンや、リモコンや傘の置き場所を忘れるかを考えてみてほしい。しかもそれだけではない。パソコンのファイルが見つからないとか、先月閲覧したサイトにまた行きたいのにどこだかわからなくなったなんてことは？　前にネットで観た動画が見当たらないとか？　ほら、あの青いシャツを着てたやつ、なんて名前だっけ。どうやって突きとめる？　パスポートや源泉徴収票や出生証明書を紛失した？　鍵の番号の組みあわせは何だっけ？　パスワードがわからない？　こういうのがぜんぶ解決したとしても、元いた位置に戻るだけで一歩も先に進んでいない。ベンジャミン・フランクリンの言葉ではないが、失われた時間は「二度と戻らない」のである。

なくした物を探すのに、いったいどれだけの時間がムダになっているのだろうか。この現象についてはあまり研究が進んでいない。だが、仮に毎日何かひとつの置き場所を忘れて、それを見つけるのに五分かかっているとすると、一生のあいだにはその作業に一〇〇日程度かけていることになる。

同じように、ファイルを保存しわすれたり、山ほどの仕事をやり直さなければならなかったりしたときに気持ちが沈むことも、避けられた物事の部類に入れられなくはない。道に迷ったときも間違いなく時間をムダにしているし、運転免許の更新などで行列に並ぶのも時間をムダにしているように感じられる。

避けようのあった病気にかかった場合も、ムダな時間にカウントしていいかもしれない。いずれはテクノロジーによって、たぶんあらゆる病気の予防と治療が可能になるだろう。しかしそれまでのあいだは、風邪にしてもほかの病気にしても時間のムダに思える。

利用できる時間を増やすために、寿命を延ばすのはどうだろうか。ひとつの候補は、ジョギングのような運動を始めることである。少し古い研究では、習慣的にジョギングをすると寿命が三年延びる可能性があると指摘されていた。だが計算してみると、その延びた三年分で何をするかといえば……そう、その三年はジョギングに費やされるのである。はたしてそうする価値があるのかどうか、それは自分で決めることだ。

もっと最近の研究からは、それよりずっと大きな見返りが示唆されている。週に六〇分のジョギングを四日に分けて行うと、大人になってからの人生のうちの六か月をジョギングに費やすことになり、寿命は六年延びる可能性がある。自転車に乗ることからも同程度の効果が期待できる。それにひきかえ、ストレスの多い生活を送っていると、それと同じくらいの時間が奪われてしまう。ご機嫌でいることにまさる薬はないのかもしれない。

とはいえ、ムダな時間を減らす一番簡単な方法はテクノロジーを活用することだ。私たちはもう、井戸から自宅まで水桶を引きずって坂を上ったりはしない。ただ蛇口をひねる。電気が発明される前の時代に家事がどれだけ大変だったかを想像してみてほしい。手で衣類を洗濯し、薪《まき》で暖を取り……と、ほかにも数えあげればきりがない。職場では、仕事の手間を省いてくれる装置があっても、人が仕事に費やす平均時間は減っていない。だが家庭では、仕事の手間を省いてくれる装置によって、奪われていた時間が取りもどされた。その時間はいわば労せずして懐《ふところ》に転がりこんできたようなものであり、いまや私たちはそれを娯楽のために使えるようになった。一日に一一時間もメディアを消費できるのはそのおかげである。

あとはとにかく誰かがトランスポーターを発明してくれさえすれば……。

第29章 人の潜在能力をムダにする

人類がこの世に誕生してからというもの、私たちは目覚めている時間のほとんどを費やしてただひたすら生きのびようとしてきた。最も時間を使うのは食料探しであり、それは狩猟採集民でも農耕民でも変わらない。住居や衣類などのように、生きるうえで欠かせないものに対しても私たちは時間とエネルギーを傾けてきた。わずかに時間が残ったとしても、生存にかかわるそれ以外の活動にふり向けてきた。たとえば自分の身を守ることなどである。私たちは火打石で矢じりをつくり、青銅の剣をこしらえ、弾道ミサイルを製造するまでになった。敵も同じようにしてきた。

要するに生きのびることがフルタイムの仕事だったわけである。世界を支配する原理は「欠乏」だった。良いもの――食料、薬、金銭、教育、自由な時間――があっても、あらゆる人に行きわたるだけの量にはまったく足りなかった。すべての経済理論はこの単純な事実を根本原理として打ちたてられている。資本主義から共産主義まで、そしてその中間についてもすべてそうである。

食品や衣類のムダの章でも見たように、私たちは時とともに自らの効率を飛躍的に高めるすべを身につけてきた。さらにはテクノロジーを生みだし、それを利用することで、自分たちの基本的ニーズを満たしてなお余りあるものをつくれるようにもなった。自らの能力を広げ、生産性を高めることで実現したのである。こうして築きあげた世界では、もはや生きのびることだけにみなが一丸となって腐心する必要はなくなった。

生みだされた余剰をどう利用したかというと、それはそれはいろいろなことをした。私たちは芸術を発明した。芸術家は生存を助けることに主眼を置くのではなく、同胞の人間たちを感動させたり、喜ばせたり、怖がらせたり、ほかのさまざまな感情をかき立てたりすることでみなの役に立った。私たちは余暇という概念を確立もした。生きるうえでどうしても必要というわけではないが、楽しんだり自分自身を高めたりする活動のために取っておく時間のことである。さらに私たちは富もつくりだした。これにより、将来必要になったときのために、もしくは贅沢なお楽しみのために、財産をたくわえられるようになった。あり余るほどのものを目の前にしたときに、こういう行動をとるのは人間だけではない。蜜のある花を自然が余分に与えると、ミツバチはその分余計に働いて、いつもよりはるかに多いハチミツをつくる。自分たち自身で使用できる量を大幅に超えて。もちろん、ミツバチはそうする以外のことを知らないわけだから、ワーカホリック的な生き方になるのは理解できる。だが、人間の場合はそこまではいかない。最初の一〇億ドルを稼いだ翌日に、朝早くから次の一〇億ドルのために働くような人はめったにいないものだ。

■（理想の上では）持てる力を発揮できる世界？

私たちは時間と富と余暇を手に、選択と自己決定の圧倒的に増えた世界を築きはじめた。それより前の時代には、農民の家に生まれたら――ほぼ全員がそうだったわけだが――成長して農民になった。隣人と同じ作物を植え、まったく同じように育てた。

世界のどこに生まれおちたとしても、たいていはその場所から歩ける範囲内で生涯を終えた。信仰する宗教、口に入れる食べ物、身につける衣類――そのすべてが親から決められた。配偶者もたいていは誰かの見立てで与えられ、相手に身体的な問題がなければ子どもをつくった。親しくなる人間にしても、狭い範囲の人間関係の中から選ばれ、その人間関係は年齢や性別や人種や社会階級が自分と同じ人々、もしくは地理的に近い人たちで構成されていた。

ちょっと考えてみてほしい。そんな世界で本当の意味での選択ができるだろうか。監獄のように狭い範囲内から一歩外に出たら、自分が朝何時に起きるかも、誰の支配を受けるかも、暮らしの中でふと生まれたわずかな空き時間をどう使うかすら自分では決められないのだ。

長い長い人類の歴史の中には、レオナルド・ダ・ヴィンチのような才能に恵まれた人物がきっと何人もいただろう。しかし、何の機会も選択もない世界で短い人生を終えるしかなかった。そのことを考えると、興味をかき立てられると同時に胸のつぶれる思いがする。ミケランジェロの原型ともいうべき才能をもっていても、砂に絵を描きなぐって家族に一瞬ほほえんでもらうくらいがせいぜいだったかもしれない。来る日も来る月も来る年も、生きのびるだけのために絶えず骨身を削るしかない世界で、どれだけの人が生をうけ、そして死んでいったことか。

面白いのは、本書の定義でいくと、そういう人たちの命がムダにされたとはいえないことである。ムダとはそもそも不必要なもののことであり、かつては誰もが自分の時間のほとんどを捧げて生きのびようとすることが必要だった。命を保つことに忙しすぎて、自己決定について思いわずらっている暇はなかったのである。そうはいっても、厳格で画一的な暮らしを送らなければならないせいで、もてる力を開花させる機会がなきに等しい時代が何世代も続いたのは、やはり不幸なことではあった。マリー・キュリーになれたのに、性別のせいで才能を抑えこまれた人。ジョージ・ワシントン・カーヴァー〔アフリカ系アメリカ人の植物学者〕になれたのに、皮膚のメラニン量のせいでついぞ能力を発揮できなかった人。ほかにも数えきれないほどの人たちが、たまたま自分がどういう者として生まれたかに左右されて、自分の生き方と運命を自力で切りひらくことが実際問題としてできなかった。これははかり知れないほどのムダといっていい。

それから時代は変わった。いまの私たちが生きる世界では、たとえ一時期でも自分の興味を深めて能力を伸ばすことのできる人が昔より増えているはずである――理屈のうえでは。この最後の「理屈のうえでは」がミソであり、実際にはその種の自己決定を支障なくできる人はいまなお非常に少ない。なぜだろうか。もてる力を余すところなく発揮するのを何が阻んでいるのだろう。まず、何よりも大きいのが貧困である。世界人口の半数は一日四ドル以下で暮らしている。そのうちの半数はその半分の額で生活している。世界は依然として貧しく、年に四万ドル稼げたら世界の上位一パーセントに入るほどだ。所得の流動性は確かに昔より高くなってはいるものの、莫大な富は特定の場所に集中し、それが世代を超えて変化しない。『ガーディアン』紙によると、イングランドの人口約五五〇〇万人のうち、およそ一六万人――全体の〇・五パーセントにも遠く及ばない人数――が土地の三分の二を所有している。しかもその土地のほとんどは、一〇〇〇年前のノルマン・コンクエスト〔一〇六六年のノルマンディー公ウィリアムによるイングランド征服のこと〕後に分配されて代々相続されてきたものだという。

一日四ドル以下で暮らす世界人口の半数にとって、人生は依然として祖先と大きく変わらず、余暇の活動に充てる時間などほとんどない。あなたがアメリア・イヤハート〔女性初の大西洋横断飛行を成功させたアメリカの飛行家〕だとしても、そういう場所に生まれてしまったら飛行訓練など受けられない。あなたがパブロ・ピカソでも、絵の具を買う金がない。

人の能力を押しとどめるさまざまな要因は、すべて貧困にその根源がある。世界の貧困層はワクチンのような予防医療を受けることもできない。一〇億人が清潔な水を飲めず、三〇億人が基本的な衛生設備をもたない。栄養不良も貧困に端を発するものであり、その影響はさざなみのように世界中に広がっている。たとえば年間五〇万人の子どもが、わずか数セント相当のビタミンAが足りなくて失明している。また、一億人の子どもが飢えのせいで正常に発育できずにいる。栄養不良はこの惑星をむしばむ病弊であり、それがはびこる時代はとっくの昔に終わっていなければいけなかった。世界から飢えを完全に一掃するには年間一〇〇〇億ドルがあれば足りる。これは、私たちがペットフードに費やしている額をわずかに下回る程度である。

金が足りないと、教育も不足するのが普通だ。高等教育だけでなく、最も基本的な教育でさえ貧困地域ではままならない。一五歳以上で文字が読めるかどうかを基準に判断すると、地球上の大人およそ七人にひとりが文盲である。金がなかったら医療だって受けられない。何らかの異常や病気を抱えていて、しかもそれは治療可能かもしれないのに、放置されたまま潜在能力を発揮する機会を奪われている人は実際にいる。

人間の能力を制限する要因には慣習にかかわるものもある。性差別や人種差別はもちろん、階級主義や国家主義もそうだ。生まれおちた状況のみのせいで、大勢の人がいろいろな方面への道を閉ざされている。それから、歩けはするが負傷している人たちもいる。彼らは手ひどいダメージのせいで永続的な障害を負っているので、おそらくは一生のあいだ他者の手助けを必要としている。ほかにも、虐待を受けた人、薬物乱用に手を染めた人、心の傷や体の傷で衰弱している人、有害化学物質などにさらされたせいで発育不全になった人もいる。それだけではない。戦争に行かされて戦わされ、幼児期を奪われた人もいる。戦場で命を落とした人についてはいうまでもない。冤罪《えんざい》で投獄された人。声を上げたばっかりに、もしくは違う党派を支持したばっかりに、監禁されたり殺されたりした人。簡単に防げた事故のせいで、あるいは犯罪のせいで、ほかにも数々の理由によって、人生に無理やり終止符を打たれたり、人生を台無しにされたりした人もいる。

もてる力を誰もが最大限に発揮できる世界があったらどんなにいいだろう。しかし、さまざまなことを考えあわせる限り、自分の人生をそこまで自力で決められるのはひと握りの選ばれし人たちしかいないのが現状だ。「頑張れば何でもできる」という言葉は、ごくごくわずかな人たちにしか当てはまらないのである。

あなたがそうした幸運な少数のひとりであれば、たぶん大学まで行くような教育の道を進むことができ、職業も選べる。ひとつの仕事が気に入らなければ、別の仕事につける。そのあいだには働かずに長々と休みをとるかもしれない。十数年のあいだ仕事を続けたあとで科学者やロウソク職人に転身したいと決めたら、それまでの生き方を捨てて新しいスタートラインに立つこともできる。それはけっして簡単なことではなく、借金をしたり、かなりの時間をつぎ込んだりしなくてはならないかもしれない。それでもちゃんと手の届く範囲にはある。迫害を恐れることなく思うところを自由に口にし、興味ある物事を追いかけ、自分を奮いたたせるような理想に向けてエネルギーを傾けることもできる。

そういうふうにして自分の生き方を切りひらく力を誰もが手にしていたら、世界はどうなるだろうか。病気を研究する人数が現状の一〇〇倍に増えれば、いろいろな病気を治すことができる。私たちの暮らしには芸術があふれ、素晴らしい文学作品が生まれていく。この想像の世界と現状とのあいだにどれだけギャップがあるかを思えば、今日の世界で人間の潜在能力が途方もない規模でムダにされているのがわかるだろう。そのムダはあまりに大きすぎて、文字どおり私たちの想像を超えている。

可能性と現実の落差を考えると、心が沈むかもしれない。しかし、大いに希望を抱いていいと思える材料もある。自分の人生を切りひらく力と自己決定権を市民に与えることに関しては、ほとんどどんな場所でも、ほとんどどんな尺度で眺めても改善が見られるのである。

読み書きの能力も、自治も、医療へのアクセスも、個人の自由も、法のもとでの平等も、生活水準も、目を向ける先々で日を追うごとに向上している。そもそも始まるまでに何千年もかかったような事柄でも、いまならもっと短い時間で進む。韓国の識字率は一九四五年には二二パーセントだったのが、一九七〇年には八八パーセントに上昇し、今日では九九パーセントに達している。こうした状況は急速に改善しつつある。とはいえ、そのプロセスはまだ切ないほどにゆっくりだ。これを思えば、ネットショップで違うサイズのスニーカーを注文したくらい、ムダとしては可愛いものである。命や人生がムダにされる現実と比べれば、ほかのすべては取るに足りない。

第30章 人間が消えればムダも消える？

映画『キングスマン』の一作目で、悪役のヴァレンタインは世界人口を大幅に間引くことをもくろみ、その理由を次のように語る。「ウイルスに感染したら、熱が出る。……地球もそれと同じだ。地球温暖化は熱で、人間がウイルスだ。われわれはこの惑星を病気にしている。間引くことが唯一の希望だ」

同じ考え方は映画『ゴジラ キング・オブ・モンスターズ』にも登場する。エマ・ラッセル博士は、世界中に眠る怪獣を目覚めさせて人類に災いをもたらそうとしており、その理由を夫と娘に話して聞かせる。地球に対して人類が犯した罪を並べたてたあとで、こう語るのである。「世界は変わりつつある。恐れていた大量絶滅はすでに始まっていて、その原因は私たちにある。私たちが病原体だということ。でも、どんな生物もそうだけど、地球も熱を出してこの病原体と戦っている。その熱こそが、この惑星の本来の正当な支配者であるタイタン〔映画に登場する怪獣。世界各地で休眠状態にあるところを発見される。環境再生の力をもつ〕なの」

同様に、映画『アベンジャーズ／インフィニティ・ウォー』では悪役のサノスが、なぜ宇宙の全生命体の半数を消しさろうとしているのかを説明する。「宇宙は有限だ。その資源も有限だ。生命を野放しにしていたら、生命は存在しなくなる。修正が必要だ」

やはり映画『マトリックス』では、人間ではないエージェント・スミスが、人間のどこがおかしいと思うかを語る。「お前たちは新しい場所に移動して、数を増やし、さらに増やし、しまいには天然資源を残らず使いつくす。生きのびる道は別の場所に広がることだけ。この惑星には同じパターンで行動する生物がもうひとつある……ウイルスだ。人間は病気と同じなんだ」

人類を病原体ととらえる比喩は大衆文化にくり返し現れる。確かに、人類をこうして否定的に見るのは普通は悪役だ。だが、邪悪な意図ではないように映るために、この種の悪役は同情の余地ある存在として描かれる。

要はこういうこと。毎朝、目覚めるたびに「われわれはウイルスだ」と一〇回唱え、寝る前にも同じ言葉を一〇回くり返せば、それが正しかろうがそうでなかろうがそのうちそう信じるようになるのである。こういう考え方に基づく物語には、その種の蓄積効果がある。

地球上でほぼすべてのムダを生みだしているのは人間だ。だからこの惑星を本当に救いたければ、痛みを伴わずに人間を瞬時に蒸気に変える処刑室をつくって中に入り、そして——スイッチオン——存在することをやめたらいいんじゃないだろうか。町角に設置された処刑室の前で、ムダを憎む善意の人間たちは列をなして順番を待ち、ムダをなくすためや母なる地球のために、ささやかな貢献を喜んで果たそうとするだろうか。

読者は鼻で笑うかもしれないが、「自主的な人類絶滅運動」なるものが実際に存在して、私たちのいないほうが世界は良くなると主張している。この主張を展開するウェブサイトのひとつには、彼らの信じるところが次のような言葉で記されている。「無数の動植物が絶滅する代わりに、たったひとつの種、つまりホモ・サピエンスが自主的に滅ぶほうが未来に希望が残る」。さらにこうも訴えている。「すべての人間が生殖をやめることを選択するとき、地球の生命圏はかつての栄光を取りもどせる」

もちろんこれは極端な例だ。しかし、似たような考え方をもっと軟弱にしたバージョンなら、私たちの文化の隅々にまでしみ込んでいる。子どもが増えたら地球がさらに劣化するというその一点を恐れるがために、子どもを産まなかったり、子どもの数を減らしたりする現象は拡大しつつある。理由は単純明快だ。世界中でどれだけリサイクルをしようとも、そしてできる限りのゴミの分別を生涯続けようとも、単に人間を増やさないことの効果と比べたらその足元にも及ばないからである。子どもをつくらなければ、子どもの一生のあいだに生じるムダを防げるばかりか、その子の未来の子孫が生みだすムダもぜんぶ食いとめられる。子どもをふたりに限れば人口置換水準〔総人口の維持に必要な出生率のことで、国連によれば先進国では約二・一〕を下回るので、未来のムダを抑制するという意味でそれは善行になるとの主張もある。しかし、誰もがふたりしか子どもを産まなかったら、地球の人口は徐々に減少してゼロになる。人類はいずれ絶滅する。カップルがひとりしか子どもをつくらなければ、人類はわずか六〇〇年で消えてなくなる。私たちがいないほうが本当に地球のためになるのだろうか。

CO_2に関する第21章でも見たように、科学者のジェイムズ・ラヴロックは「ガイア理論」を提唱した。これは、地球のすべての生物が全体として一個の生命のように機能していると説くものである。ガイアとは地球およびその生物圏を指し、単一の生物さながらにいくつもの要素で構成されている。ひとりの人間が単一の存在でありながら、何十兆個もの生きた細胞で成りたっているのと同じだ。細胞が私たちを知覚できないように、私たちもガイアに気づくことはできない。それでも私たちが存在することは明らかであり、ガイアについてもおそらく同じことがいえるとしている。

だとすればどちらが正しいのだろう。私たちは生命の一部なのだろうか。それとも、圧倒的な数と飽くなき資源利用を通して地球を侵略するウイルスなのか。それが問題だ。でしょう？　この「人間＝ウイルス」という考え方の根幹には、倫理的に見てあらゆる生物は同等だという信念がある。つまり、ヒトであろうがヒト以外の動物であろうが、生物はほぼ同じ価値をもつということである。人間が過剰な人口と過剰な消費によって大量絶滅をひき起こし、しかもそれが始まったばかりであることを思えば、私たちの存在自体が――少なくとも現状の人口レベルが――倫理において間違っていることになる。

これに異を唱える見方もある。人間の命は甲虫の命にはもちえない意味をもっており、したがって私たちは厄災をもたらしたのではなく花を開かせたのだ、と。人類が登場する前にはたとえ楽園があっても、それは意味のない楽園だった。甲虫が夕日の美しさに感嘆したことは一度としてないのだから、私たちが現れて美しいと感じるまで夕日は美しくなかったといっていい。人類が誕生してからは、数々の素晴らしいことを行ってきた。ほかの生き物には望むべくもないことを。私たちはさまざまなものを発明した。文明、法律、人権、陪審裁判、民主主義、国民参政権。ほかにもいろいろある。ウィリアム・シェイクスピアは『ロミオとジュリエット』を書き、ルートヴィヒ・ヴァン・ベートーヴェンは「交響曲第九番」を作曲した。ミケランジェロ・ブオナローティは『ピエタ』を彫り、J・K・ローリングはハリー・ポッターの世界をつくりあげた。その半分でもなし遂げたビーバーがいるなら連れてくるがいい。

こういう見方をすると、現実から目を背けていると非難される。地球の存在を危うくしかねない難題が実際にはいくつもあるのに、見て見ぬふりをしているというレッテルを貼られる。だが彼らはそうした決めつけに反論する。むしろ、人間の創意工夫がそれらすべてをいい方向に導くのだ、と。確かに私たちは問題をひき起しているかもしれないが、それを解決するのもまた私たちだということである。

結局、私たちはウイルスなのだろうか。その疑問を突きつめると、人間の本質をどういうものとしてとらえるかに行きつく。私たちはほかに類を見ない特別な存在で、ひとりひとりの命自体に初めから価値が備わっているのか。それとも、長い生命の系譜につらなる生物の一種にすぎず、つかのまの繁栄を謳歌したあとは何の意味もなく滅びる運命にあるのか。私たちの前に生きた幾多の生命がまさしくそうであったように。

第31章 史上最悪のムダを生んだ人間

史上最もムダの多かった出来事は何だろうか。難しい問題である。近年に目を向けるなら、二〇〇一年九月一一日を候補にあげる人がいるかもしれない。一九人の男たちがカッターナイフを手に、合計二億五〇〇〇万ドル相当の航空機四機を乗っ取り、世界に二兆五〇〇〇億ドルの経済的損害を与えた。しかもその後は連鎖反応のように戦争が数十年続き、自由が奪われた。また、同様のことを二度と起こさせないために何億という人々が対策に多大な時間を費やし、再発防止に膨大な資源がふり向けられた。それを思えば、九・一一は間違いなく有力候補のひとつだろう。

もっと時間を巻きもどすと、ふたつの世界大戦はどちらが候補になってもおかしくない。何千万という命が犠牲にされ、いくつもの国で国土が破壊しつくされた。中国の文化大革命、ポル・ポトの恐怖政治、ソ連の強制労働収容所。そのほかにも、もてる者がもたざる者をさまざまなかたちで搾取した事例はすべて選ばれる資格がある。さらに時をさかのぼると、奴隷制度も有力候補のひとつといえそうだ。

第29章で見たように、人間の潜在能力をムダにする慣行もすべて同罪である。

■たったひとりの人間が生みだしたムダ

先ほどの疑問をもっと狭い範囲に絞ってみよう。たったひとりの人間が生んだムダのうちで、一番規模の大きいものは何だろうか。

まずはジェイムズ・スコットのケースから始めるのがいいかもしれない。スコットと妻はミシシッピ河畔のイリノイ州側に住んでいて、妻の職場は対岸のミズーリ州側にあった。一九九三年のある日、スコットは飲んでどんちゃん騒ぎをしようと考え、妻にうろつかれてはうっとうしいと思った。そこで、(少なくともスコットにとっては)理にかなった行動に打ってでて、道路脇の土手に積まれた土嚢《どのう》をいくつか取りさった。妻はその道を運転して帰ってくるので、道路が浸水すればミズーリ側で足止めを食うだろうとの思惑からである。

残念ながらスコットはやりすぎた。結局、五〇平方キロメートルあまりの範囲を浸水させ、その過程でいくつもの家屋や商店を破壊した。スコットの愚行のせいで、流域三〇〇キロあまりの橋もすべて押し流された。スコットは「大災害をひき起した罪」(実際に存在する罪状)に問われ、有罪となり、終身刑をいい渡された。この事件があったのはかれこれ三〇年前のことだが、いまもスコットは服役中で、二〇二三年になるまで仮釈放の権利は得られない。

ムダに関していうと、事実は小説よりはるかに奇である。スコットのもたらしたムダの大きさときたら、すさまじいとしかいいようがない。第一に、いくつもの家屋や建物が破壊された。第二に、スコットを三〇年間投獄しておくのに費用がかかっている。第三に、スコット自身にしてみても、刑務所で腐っていく以外にしたいことはきっとあっただろう。
ムダにまつわる話はたいていそうだが、結局は誰が得をしたのかはよくわからない。スコットは「史上最悪のムダを生んだ人間」という名誉ある称号を得ただけに終わった。この称号にふさわしい者がほかにもいないかどうか考えてみよう。
キリストが生まれる一〇〇年ほど前、古代ギリシャにシドンのアンティパトロスという詩人がいた。最も古い部類に入る「世界の七不思議」をまとめた人物である。お気に入りの名所を並べたてるのには何の造作もいらなかったらしく、次のように記している。

かつて私は難攻不落のバビロンの城壁を眺め、その脇を疾走したであろう戦車に思いを馳せた。アルペイオス川の岸に建つオリンピアのゼウス像も目に焼きつけた。また、バビロンの空中庭園を、ロードス島のヘーリオスの巨像を、ピラミッドという人造の山々がそびえ立つのを、そして壮大なマウソロス霊廟《れいびょう》を目の当たりにした。しかし、雲を突くようなアルテミス神殿を目の前にしたとき、ほかの驚異はその輝きを失った。

アンティパトロスがほめちぎったアルテミス神殿は、実際には再建されたものだった（元の神殿を忠実に再現したと古代人は主張していたが）。じつに広壮で、面積は一万平方メートル近く。直径二メートルほどの円柱が一二七本、高さは現在の六階建てビル相当もあった。古代ギリシャの神殿はどれもそうだが、アルテミス神殿も梁《はり》と垂木《たるき》に木材が用いられていたのが災いし、紀元前三五六年の七月二一日に火を放たれて焼失した。犯人はヘロストラトスという男である。伝えられるところによれば、その日はアレクサンドロス大王が生まれた日だったという。狩猟の女神であるアルテミスはこの慶事のことで頭がいっぱいで、自らの神殿を救えなかったとされている。

ヘロストラトスはなぜこんな理不尽な暴挙に及んだのだろうか。それは、自分の名を未来永劫残したかったからだと本人は白状している。当局はヘロストラトスに死刑を命じてゆっくりと残忍に処刑したばかりか、この男の名を記録することも、口に出すこともいっさい禁じた。だがそうまでしたにもかかわらず、結局はヘロストラトスのもくろみどおりになったようである。

なんというムダだろうか！　もっとも、恐ろしい行為ではあれ、史上最悪の称号を得るまではいかない。

次なる候補はトマス・ミジリー（一八八九～一九九四年）である。スコットもヘロストラトスも蛮行に走ったのは一度だったが、ミジリーは二度にわたって想像を絶するムダを生みだしてみせた。一度目は一九二二年、ガソリンに鉛《なまり》を添加してはどうかと提案し、その有鉛ガソリンはアメリカの一部で一九九六年まで残りつづけた。一九七〇年代の時点では、アメリカだけで一日五〇〇〇トンの鉛が大気中や土壌中や、水中に放出されるまでになっていた。鉛への曝露はとりわけ脳に有害であることが知られている。信頼できる研究によれば、鉛にさらされた児童全体のＩＱ（知能指数）が何ポイントも低下し、暴力犯罪への傾向が高まり、学習障害をはじめとするさまざまな不具合が生じたという。こういう視点から、近年のアメリカで暴力犯罪が減少している背景には有鉛ガソリンの廃止があったとされている（有鉛ガソリンは世界のいろいろな国でいまも使用されている）。

しかし、ミジリーはそんな名誉だけに甘んじてはいなかった——なんとも不幸なことだが。今度はクロロフルオロカーボン（ＣＦＣ）、いわゆるフロン類を発明したのである。フロンは奇跡の物質に思えた。ごくわずかな費用で、冷蔵庫や吸入器やスプレー缶に魔法をかけたのだから。ミジリーはこの発明であらゆる方面から拍手喝采を浴び、フロン類がオゾン層（有害な紫外線から地球を守っている）を破壊していることを知る前に亡くなった。一九八九年に発効したモントリオール議定書により、主要国ではフロン類の使用が禁じられている。

だが、史上最悪の称号をめぐる争いでは、こんなミジリーにさえライバルがいる。

もしかしたらこの称号に最もふさわしいのは誰あろうチンギス・カンではないだろうか。この人物は次のように語ったことで知られている。「男にとって何よりの喜びは、敵をうち負かし、やつらを目の前に引きずりだし、そのもてるものをすべて奪い、やつらの愛する者が涙にくれるのを眺め、やつらの馬に乗り、その妻と娘を腕に抱くことだ」。映画『コナン・ザ・グレート』でコナンがこれをもじったセリフを吐くが、元をただせばチンギス・カンから拝借した言葉である。

カンはモンゴル帝国による侵略と征服の口火を切り、最終的には四〇〇〇万もの人間を殺した。これは当時の世界人口のじつに一割に相当する。一世紀ののちに黒死病（ペスト）で命を落とした一六〇〇万人についても、カンの「手柄」と解釈できなくもない。その病気がモンゴルから西へ広がってヨーロッパにたどり着いたからである。

カンがあまりに大勢の命を奪ったために、アジアの広い範囲で人口が激減した。かつて人の住んでいた場所には木々が茂って森をなし、大気から七億トンの炭素を隔離した。現代の気候で考えればいいことのように思えるものの、当時はその森のせいで地球の気温が低下し、はかり知れないほどの打撃を経済にもたらした。また、惨殺した敵の妻と娘を腕に抱くとカンが豪語したのは、どうやら言葉の綾というだけではなかったらしい。いま現在生きている人間の二〇〇人にひとりはカンの直系の子孫だと推定されている。その数、四〇〇〇万人近くだ。

最後に猫のティブルスにも敬意を表しておこう。ティブルスは一〇〇年ほど前に、飼い主である灯台守と一緒にニュージーランド沖のスティーヴンズ島に暮らしていた。島に移ってまもなく、ティブルスは自ら仕留めたばかりの鳥（のちにスチーフンイワサザイと命名された）を飼い主のもとへもってくるようになった。スチーフンイワサザイはもともと数が少なかったために、不幸にもティブルスが誰の手も借りずに——誰の爪も借りずにというべきか——この鳥を絶滅に追いこんでしまった。もっとも、ティブルスを弁護する声もあって、島にいた猫がティブルスだけだったかどうかは不明だし、ティブルスに襲われてすぐに鳥が絶滅したかどうかもはっきりしないと指摘している。それでもやはり、ひとつの種を丸ごと滅ぼした主犯格であるとはみなすべきだろう。

第32章 ムダについて最後にひと言

本書の冒頭で「ムダ」を定義したとき、私たちはそれを「本人にとっては望ましくなく、客観的に見れば避けられる現象」と位置づけた。それからこの定義をもっと哲学的なものに深めていって、価値観や目的と分かちがたく結びついたものとしてとらえるようになった。

ムダのない世界は実現できるものなのだろうか。例の物差しの右端で私たちが存在するような世界は？　結局、人間がどれだけ頑張っても太陽エネルギーをすべてつかまえることはできない。摩擦をなくすことも、死者を生きかえらせることも不可能である。しかし、実際に私たちのコントロールの及ぶ場所は宇宙の中にわずかながら存在する。その場所を建設的な目的にふり向け、私たちが価値観と行動を一致させられるなら、いまよりムダの少ない世界に生きることはできる。

どうすればいい？　すでに述べたように、私たちの世界をつくりあげているシステムは複雑なので、ムダがどのように生じているかを見通すのはなかなか難しい。だから、どうやってムダを最小限にとどめればいいかがわかりにくいのが実情だ。因果関係は間違いなくあっても、それを探りだすのはまったくもって容易なことではない。

おまけに、ムダなことをして既得権益を得ている個人や機関も世界にはたくさん存在するために、話がなおのことややこしくなっている。彼らにとってはそのムダが大きなビジネスだ。だからPR会社やロビイストを雇い、公益を犠牲にして自分たちの思惑を優先させることに長《た》けている。そのうえ、ムダを減らすには多大なコストのかかるケースが多いため、そのコストの降りかかる人たちは負担をひき受けたがらない。これは大きな機関だけでなく個人でも同じだ。自分自身の外部性を内部化せざるをえなくなるとき、私たちは同じような抵抗を覚える。現代世界は「ムダを省く」という名のもとにさまざまな便利さを提供してくれており、それを手放したくないと思う者は少なくない。

ムダの削減を図るうえで、こうした思惑はすべて深刻な障壁となる。だが、そこからさらに一段深くもぐってみると、もっとわかりにくいかたちで別の障壁がひそんでいるのが見えてくる。ムダをどうにかしようと考えるとき、私たちは個別の行動を変えることにばかりに目を向けがちである。そのせいで、対策がどうしても場当たり的なものになりやすい。私たちは「プラスチックか紙か」から議論を始めようとするが、本来ならそれは最後の問いでなければおかしい。最初に問うべきは「私たちは何に価値を置いているか」である。というのも、ムダを省こうとすれば、いやでも私たちはトレードオフを迫られるからだ。そのトレードオフが見合うものかどうかは、往々にして人によって見解が分かれる。たとえば、一番ムダのないルートで幹線道路を敷こうとすると、傷つきやすい湿地をたまたま通らなければならないとしたらどうだろうか。湿地の上に橋を建設する資金と、湿地の生態系の多様性と、あなたならどちらを犠牲にしたいと思う？　私たちは一個の社会として、いろいろなトレードオフをどうやって比較検討すればいいのだろうか。現時点では、それを検討するときの私たちのやり方は非常に効率が悪い。

　私たちがムダを減らすためには、何に価値を置くかを社会が判断してそれを明言し、その価値観を実現するためのプロセスやシステムや慣習を綿密に構築する必要がある。このとき何が難しいかといえば、現実の世界に絶対的な基準がほとんど存在しないことだ。道路のせいで被害を受ける湿地の面積が大皿一枚分程度だとしたら、湿地を迂回するだろうか。たぶんしないだろう。じゃあ、広大な範囲が損なわれるとしたら？　だったらたぶん迂回するだろう。でも、その境界線はどこにある？　こうした微妙な加減をうまく説明できる言語を私たちはもたない。だから単純化しようとして、自分がおおむね賛同できる陣営に自分自身を位置づけ、別の思惑をもつ陣営に不信の目を向ける。

　難しいかどうかはさておいて、ムダの少ない世界を実現できるとしたらどういうメカニズムが考えられるだろうか。いい換えるなら、誰が「変化を率いる」のか、である。候補は六つあるので、それをひとつずつ検討していきたい。政府、企業、有志団体、組織化された宗教、世論、そして個人の行動である。

政府

　現代の官僚国家では、複雑に入りくんだ巨大行政機関の規制が幅を利かせている。市民が自分で自分を管理できないからこうなっているわけではない。むしろ、細かく専門化した技術官僚に生活の一部に関する決定権をゆだねることで、それぞれの市民が利益を得ている。自分の飲んでいる薬が安全かどうか私たちにはわからない。だから税金でＦＤＡ（アメリカ食品医薬品局）のような機関を雇って、安全であることを確かめさせている。どこが何を担当しているやら、もうごちゃごちゃでわけがわからないけれど、それが公益のために、また自分個人の健康と幸福のためになると思ってそうしている。欠点がないわけではないし、苛立ちを覚えることももちろん多々ある。しかし、「民主主義は最悪の政治形態だが、その他もろもろよりはましだ」という古い格言を思いだせば、現代の官僚国家についても仕方のないものとして納得できるのではないだろうか。

リサイクル率の高い国を見渡してみると、そのほぼすべてが徹底した規制を通じてそれを実現している。節水トイレやＬＥＤ電球への移行は、個人の自主的な行動ではなく政府の命令によって実行されている。ガソリンが安価に手に入るのに自動車メーカーが燃費の良い車を開発するのは、何十億ドルもの研究開発費のましな使い道がほかになかったからではない。国から義務づけられたからだ。私たちが以前よりきれいな空気と水を味わえるのは、世界を汚染していた者たちが改心したからではない。国の規制によって変化を余儀なくされたからである。このように、規制のおかげを数えあげればきりがない。

自由意志を重んじる陣営はこの種の法規制に異を唱え、節水トイレや低燃費車を買いたければ自分で買うんだから、商品選択を押しつけるなと訴える。また、政府が求める条件どおりにするとコスト増となり、そのツケに苦しむのは圧倒的に低所得層だとも指摘する。裕福な人たちと違って、彼らは規制の負担に耐える力が小さい。ワシントンＤＣで規制を策定する特権階級とはわけが違うのだ。事実、このコスト増はかなりの額にのぼる場合がある。ある試算によれば、新車の価格の二〇パーセントは規制に対応した結果だという。しかし、筋金入りの自由至上主義者ならすべてにおいてその思想を通すのだろうが、アメリカでは（それをいうならどの国でも）そういう考え方の人間は多くない。最近のギャラップ社世論調査によると、環境問題に関してはアメリカ国民の六一パーセントが政府にさらなる規制強化を求めている。たとえそのせいで経済成長が減速しようとも。規制をゆるめるべきと答えたのは八パーセントだった。

したがって、官僚が公益のみのために行動するなど絵空事にすぎないとしても、ムダの少ない世界へ私たちを導くのが政府だというのはまずまず妥当な線といえそうだ。何千という問題に関して取捨選択するのは本当に複雑きわまりない。その気になれば個人でやれなくはないが、どうせならそのわずらわしさの一部でいいから政府機関に肩代わりしてもらおう、というわけである。確かにやり方としてはムダが少ないように思える。

企業

ウォーレン・ベイティ主演の『天国から来たチャンピオン』というじつに楽しい映画がある。この中で、急死したアメフトプレーヤーのジョー・ペンドルトンが、レオ・ファーンズワースという大富豪の肉体を借りることになる。ファーンズワースは悪辣な経営で知られるＣＥＯで、経営するマグロ加工会社は網に掛かったネズミイルカを殺していた。ペンドルトン／ファーンズワースは役員会議の場で、これをやめようと訴える。経費を考えるようにと重役たちから反論されると、こう返す。「でも、どれだけコストがかかるかなんて、どうでもいいんじゃないだろうか。大切なのは、そうすることでどんなプラスが生まれるかだ。経費がかかりすぎるというのなら、商品を一セント値上げすればいい。それをゲームプランに組みこむんだよ。『知性のある魚を救うために、もう一セント余分に払ってくれませんか？』って」

ムダを削減したり、カーボンフットプリントを少なくしたり、電気や水の使用量を減らしたりするために何ができるかを考えるとき、私たちはつい個人の行動に目を向けがちである。しかし、注目するのはそこではないのかもしれない。あなたの個人的な知り合いの中に、ペットボトルやレジ袋を実際につくったことのある人はたぶんいないだろう。私たちは生産者ではなく消費者である。だが、一秒間に約三〇〇〇本のペットボトルを製造するコカ・コーラのような会社が、ペットボトルの代替品を見つけたいと本気で思うなら、じつに大きな影響を及ぼすことができる。

似たような話だが、かつて石油大手BP社はこんなツイートをしたことがある。「ひとりひとりの排出量を減らす第一歩は、自分の現在地を知ることです。弊社の新しい計算ツールでご自分の **#カーボンフットプリント** を確かめ、今日、誓いの言葉をシェアしましょう！」。ジャーナリストのアンドリュー・ヘンダーソンはこう返した。「私はメキシコ湾に四九〇万バレルの原油を流出させたりしないことを誓います」。なんとも辛辣なコメントであり、そういうことをBPがしでかしたのは事実である（二〇一〇年にメキシコ湾で掘削中に起こしたもので、エクソン・バルディーズ号をはるかにしのぐ史上最悪規模の流出事故となった」。実際のところ、ヘンダーソンが一〇〇〇回生まれかわりながら頑張るよりも、BPのほうがムダの削減に貢献できる。

難しいのは、企業が金を儲けるようにできている点である。それが彼らの存在理由であり、そのことは社会の役に立ってもきた。人の欲しがる商品やサービスを生みだし、人が買える値段でそれを提供する。私たちの暮らしを良くするためにさまざまなものを考案しもする。

社会の課題解決を企業のDNAに組みこもうとするのは、考え違いだと戒める声もある。そもそもそんなことを目指してはいないからだ。とはいえ、経済圏で多大なムダが生じているのは逃れようのない事実であり、その状況を左右できる位置にいるのは企業である。ムダとの闘いに企業の協力を取りつけるには、彼らに対する社会の期待を改めなくてはいけない。これは相当に遠大な目標である。注目と称賛に値する取り組みの事例がなくはないものの、やはりたいていの役員会議で本当に問題になるのは一株当たりの利益だ。

企業がこの先も利益を最大化することに主眼を置くとしても、政府による広範な規制監督の枠組みの中でそれを行わせ、社会の課題にどう取り組むかを具体的に定款に盛りこませる。長い目で見るならそのほうがいいとの主張もある。いずれにしても、議論の決着には程遠いのが現状だ。

有志団体

フランスの外交官で政治学者でもあったアレクシ・ド・トクヴィルは、一八三〇年代に発表した著書『アメリカにおけるデモクラシーについて』（邦訳には〔岩永健吉郎訳、中央公論新社〕などがある）でその名を知られている。これは、当時の新興国アメリカを実際に旅して回り、そのとき気づいた国民性の数々をまとめた一冊だ。トクヴィルはヨーロッパの読者を想定し、当時のヨーロッパ人が知っている暮らしとアメリカを比較して書いている。いまの私たちが読んでも非常に楽しい文章であり、アメリカに関する見解は現代にも通じるところがある。トクヴィルが目を留めたひとつは、アメリカでは市民が問題を認識したとき、政府に頼るのではなく「有志団体」を通して解決しようとすることだった。いまの言葉でいえば慈善団体のようなものである。トクヴィルはこう記している。

アメリカ人は年齢、境遇、気質を問わず、つねに団体を結成する。……その目的は、娯楽の提供、教育施設の創設、宿屋の建設、教会の建築、書籍の普及、地球の裏側への宣教師派遣などである。病院や刑務所や学校もこのようにして設立している。何らかの真実を広めたり、素晴らしい事例を奨励して何らかの感情を醸成したりすることが提案されたら、彼らは団体をつくる。

これはいまもなお続くアメリカ人の国民性のひとつである。アメリカでは国民の圧倒的多数が慈善団体に寄付をしていて、その総額は年間四〇〇〇億ドルを超える。これはGDPのおよそ二パーセントにあたる額だ。しかも、これ以外に二〇〇〇億ドル相当のボランティア労働を進んで提供してもいる。

今日のアメリカでは、活動中の慈善団体の数が一五〇万ほどにのぼる。彼らであれば、ムダの少ない世界へと私たちを導く手助けをしてくれそうだ。この種の団体の素晴らしいところは、誰からの許可ももらう必要がないことである。問題を見つけたら、慈善団体を始める。ムダ問題と取り組むのに木を一〇〇万本植えるのでも、ゴミを一〇〇万個拾うのでもいい。明日から開始できるし、実際にそうやっている人は大勢いる。ドン・ショーエンドーファーがいい例だろう。ショーエンドーファーはある発展途上国を訪れたとき、歩けないのに車椅子もない人を見てショックを受けた。そこで、地域のホームセンターで調達できるような材料を使って、安価で頑丈な車椅子をつくった。そしてフリー・ホイールチェア・ミッションという非営利団体を立ちあげ、以後はその種の車椅子一〇〇万個以上を発展途上国へ無償提供している。

ムダの少ない世界に通じる道のひとつが有志団体であるのは疑いようがない。解決すべき問題に近いところにいる人たちが情熱を傾ければ、政府や企業では太刀打ちできないきめ細やかな活動をピンポイントで展開できる。

ただし、小規模な団体が多いために、ムダの非常に大きい領域では実質的な影響を与えにくいところに難がある。それに、彼らの力はすべてソフトな力なので、政府のように強制することはできない。また、企業のように資源を投じる先を変更することもできない。さらには、こうした団体は効率が悪すぎるとの批判も受けている。政府なら税金を集めてそれを再配分するだけなのに対し、慈善団体は下手をすると非効率で肥大化した官僚組織になるおそれがある。監視の目もほとんど届かず、自らの存続を図ることのほうに心血を注ぎ、本来の活動目的だった対象者に奉仕することをおろそかにしかねない。もっとひどいと、金持ちの節税対策の域を出ないケースもある。

組織化された宗教

ムダ問題への取り組みを宗教が牽引するのは自然な流れである。宗教には明確に倫理的な要素があるからだ。ユダヤ教、キリスト教、イスラム教がともに啓典のひとつに数えるモーセ五書〔旧約聖書の最初の五書のことで、具体的には創世記・出エジプト記・レビ記・民数記・申命記〕では、人間はこの世界の世話をする仕事を神から与えられているとしている。この責務は、環境保護と持続可能な暮らし方を広く擁護していると解釈できる。

キリスト教の教会は何世紀も前からさまざまな社会問題に取り組んできたが、その成果の度合いはまちまちである。最近では教会に通う人の数が減りつつあり、組織化された宗教に帰属しない人が増えている。いくら説教をしたところで、ムダにかかわる日々の行動をどれだけ左右できるのかと、首を傾げる向きもあるかもしれない。だが、世界人口の八割が何らかの神を信仰していることを思うと、組織化された宗教の影響力はあなどれない。単なる経済の問題としてとらえるのではなく、善悪の枠組みの中にムダを位置づける力を宗教はもっている。

世論

社会への影響力がとりわけ大きいのが世論である。たとえば、喫煙を私たちがどう見るかにはその世論の力がはっきりと表れている。喫煙に対する世間の眼差しが大きく変化したのは、古い考えの世代が死に絶えて新しい考えの世代が台頭したからではない。みんなが考え方を改めたからだ。かつて喫煙はごく普通の習慣だったのに、わずか数十年で非難の対象へと移行した。四〇代以上の読者なら、人がそこらじゅうでタバコを吸っていたのを覚えているのではないだろうか。機内であれレストランであれ、お構いなしである。すると二、三のレストランがおかしなことを始め、「禁煙席」を設けるようになった。ものの数年ですべては逆転し、「喫煙席」お願いしますといわなければならなくなった。世論はさらに進んでいって、ついには公共の場での喫煙を禁じる法律が成立するまでになった。それでも吸おうものなら即座に罰せられる。こうした変化がどうやって起きたかといえば、世論が変わったからである。

世論はどうすれば変わるのかというと、「オヴァートンの窓」と呼ばれるものを移動させることで実現する。オヴァートンの窓とは、その時点で大多数の市民が受けいれることのできる政策の範囲を指す。喫煙は一夜にして汚名を着せられたわけではない。タバコの有害性を示す当時の科学的データはけっして十分ではなかった。初めは、タバコを子どもに売るのはやめようという話が盛んに議論されるようになった。年齢制限を設けるのはどうだろう？　それなら理にかなっているんじゃないかな。オヴァートンの窓が少し動いた。タバコの包装に有害性についての警告文を載せたほうがいいのでは？　それくらいならどうということはないから、やってみよう。オヴァートンの窓はまた少し動いた。旅客機の短距離便で喫煙を禁止できないだろうか？　みんな一時間くらいなら我慢できるだろう。オヴァートンの窓はさらに動いた。このくり返しである。そして次には、あなたが公園でタバコに火をつけようものなら、嫌煙家が怒りの形相であなたとあなたのタバコに氷水を浴びせるまでになった。

当然ながら、大多数の人が重きを置く価値観に関してはオヴァートンの窓がもっとすみやかに移動する。ムダに関してもオヴァートンの窓は動くだろうか。いくつかの地域では、すでにある程度それが起きている。二〇〇七年から二〇一五年にかけて放送されたテレビドラマ『マッド・メン』のドレイパー一家は、制作者の思う「絵に描いたような一九六二年頃のアメリカの核家族」として登場する。セカンドシーズンのあるシーンで、一家は公園でピクニックを楽しんだあと、敷いていたブランケットを無造作に振って、ピクニックで出たゴミをぜんぶそのまま地面に放置していった。ゴミがその後どうなるかを考えるそぶりも、ゴミ箱はどこかと探すそぶりも見せずに。現代人の感覚からすると、その無神経ぶりはほとんど犯罪にすら映る。

いまではほとんどの人がどこにいようとゴミを地面に捨てたりはしないし、大衆文化は目立つムダにはさげすみの目を向ける。たとえば一九八七年のテレビドラマ『21ジャンプストリート』をリブートした二〇一二年の映画版〔リブートとは、古い作品に新しい解釈を加えて一からつくり直すこと。リメイクとは異なる〕では、主演のチャニング・テイタムとジョナ・ヒルが、テイタムの一九七〇年製シボレー・カマロで自分たちの卒業した高校に乗りつける。ふたりの人物像も車も、明らかに過去の遺物として描かれている。現代的でクールな子どものひとりが声をかけてくる。「それ、どれくらい走るの？　ガロン当たり一〇マイル？」テイタムは自慢げに答える。「いや、七くらいだね」。燃費の悪さが笑いを誘うこと自体、オヴァートンの窓が大きく動いたしるしである。

だが全体として見た場合、ムダはひどく漠然としているところが厄介だ。公共の場での喫煙やゴミのポイ捨てなら白か黒かがはっきりしているものの、ムダは程度の問題なのでどこで線引きすればいいかが判断しにくい。それでもムダの少ない世界へとシフトしていくためには、世論を動かすことが必要である。

個人の行動

家にスプレー缶があれば、縁に赤いマークの付いた缶が何本か見つかるかと思う。そのマークはムダを減らすためのものだ。缶内部のチューブはカーブしていて、缶の底と内壁のつくる角のところに入りこんでいる。赤いマークはその位置を示しているので、ノズルの向きをそこに合わせてスプレーすると、中身を最後の一滴まで使いきることができる。このちょっとした事実をこの先も覚えていれば、スプレー塗料が前よりほんの少し長持ちするはずである。

トマス・ジェファソンはかつて次のように忠告したといわれている。「自由の代償は永遠の警戒である」。つまり、自由を維持したければつねに警戒を怠ってはいけないということだ。ムダの少ない世界もまた、その代償として油断なく警戒することが求められる。スプレー缶の赤いマークのような細かい事柄をいくつもいくつも、すべての人が――いや、ほとんどの人でもいいから――覚えられると期待していいのだろうか。できないことはないと思う。

ムダの少ない世界を実現するためには複雑な事柄が山ほどあり、それをぜんぶ並べて眺めたら途方に暮れたくもなる。では、私たちはどうすればいいのか。ここでは、哲学者ノーム・チョムスキーの次の言葉が参考になる。「われわれにはふたつの選択肢がある。希望を捨てて、最悪な事態が確実に起きるよう手を貸すのか、それともいまある機会を利用して、できれば世界を良くするためにひと役買うのか。これはそれほど難しい選択ではない」。ムダのない世界に近づくために、私たち個人にできることはたくさんある。

本当だろうかと疑うようなら、すでに私たちがどれほどの進歩を遂げてきたかをふり返れば安心できるはずだ。先人たちの時代と比べて、今日の世界にはムダがはるかに少ない。小さいところから始めよう。たとえば、GPSがなかったときの暮らしがどんなだったかを覚えているだろうか。A地点からB地点まで、どうやって向かっていた？　きっとシーツ並みに大きい紙の地図を使っていたんじゃないだろうか。そういう地図は、印刷されたその日のうちに情報が古くなった。その地図は最適なルートを教えてくれただろうか。あそこで事故が起きているからスピードを落とせと、警告してくれた？　地図のおかげで友人との待ち合わせ場所がわかったとしても、なかなか友人が来ず、車のパンクで遅れていたことをようやく知るまでにどれだけ時間をムダにしなくてはいけなかっただろうか。インターネットのない時代にはどうやってホテルを予約していた？　適当にホテルチェーンを選んで、そこのフリーダイヤルの番号に電話をかけ、オハイオ州アクロンにホテルがあるかどうかを尋ねる。そして予約をする。そのホテルは良かった？　それとも、地元の人が「殺人ホテル」と呼んでいるような場所だった？　わかりようがないのだ。予約して、そこに出かけて、チェックインしてくれた人がノーマン・ベーツ〔ヒッチコック監督の映画『サイコ』に登場する宿屋の主人で殺人鬼〕でないことを願うしかなかった。飛行機もそうだ。どうやってチケットを買っていた？　紙のチケットを覚えている？　どれもこれもそれほど昔の話ではない。しかも、なくす方向へ進むことのできたムダはそれだけではない。戦争による死者数や、極度の貧困、さらには合法化された奴隷制度についても同様である。

この先登場するであろう新しいテクノロジーを利用すれば、ムダの削減はさらに進む。もっと効率良く浄水し、もっと安価にクリーンなエネルギーを生みだし、もっと効果的に病気を根絶できるようになる。科学者は日々驚異の新素材を開発しており、それらは奇跡のような性能を期待させる。

嬉しいのは、こうしたテクノロジーの多くがとりわけ発展途上国の役に立つことだ。いまより優れた方法で食料を生産し、清潔な水を供給し、エネルギーを生みだすことができたらどうなるだろうか。最貧層にあたる一〇億ほどの人々は、過去数十年の驚異の科学技術進歩からこれまでとり残されてきた。だが、ついに本当に希望を抱いてもいいのだと思えるようになるのである。

最後にふり返ってみると、結局のところ本書は希望を語る本だったといえる。世界はムダに満ちている。しかしそのムダは昨日より少なくなっていて、明日にはさらに減っている。それでも現状では多すぎることに変わりはないものの、私たちはムダの少ない世界に向かいつつある。ムダのない世界に到達することはないかもしれないが、そこへ大きく近づいていけることだけは間違いなさそうだ。

訳者あとがき

これは日常のムダをなくしたり減らしたりするためのハウツー本ではない。「そもそもムダとは何か」から始まって、じつに大きなスケールでこの世のムダの全貌に迫り、ムダにまつわるありとあらゆるトピックについて考えようというユニークかつ意欲的な本である。そしてその「ありとあらゆる」トピックが掛け値なしに幅広いところが、何といっても本書の大きな特徴だ。

まず特筆すべきは、本書で扱われるムダの多様さである。ゴミや食品ロスやCO_2など、ムダの代表格と目されるものはもちろん、水のムダや電気のムダ、時間のムダにお金のムダ、さらにはネット通販やスマートフォンにかかわるムダ、飛行機旅やファッションやリサイクル自体にひそむムダもあれば、光合成のムダや代謝のムダもあり、果ては人間の潜在能力と命がムダにされる現実にまでメスが入れられる。著者のバイロン・リースとスコット・ホフマンはそれぞれについていくつものデータを示しながら、途方もなく広大なムダの世界へと読者をいざなう。

ムダの度合いを測る物差しがあるとするなら、いま現在の世界は「ムダだらけ」の目盛に限りなく近いと著者らは指摘する。確かに、ムダの種類の多様さのみならず、個々のムダの規模の大きさには愕然とするしかない。

しかし、本書で驚かされるのは現状のムダの多さに対してだけではない。ムダに関しては私たちの直感や前提が往々にして間違っており、そのことがページをめくるにつれて暴かれていく驚きもある。ムダとされている物事は本当にムダなのか、ムダをなくそうとする行為の中にムダはないのか、ムダとそうでないものの境界線はどこにあるのか。そういった問いを突きつけられて、自分がムダを表層的にしか捉えていなかったことに読者は気づく。そこが本書のもうひとつの特徴である。

思いこみが覆され、目からウロコが落ちていくプロセスを通して、読者は悟る――私たちが何気なく口にしている「ムダ」とは、じつは非常に複雑でつかみどころのない概念なのだ、と。それだけに、ムダをなくすことはもとより、場合によってはムダの有無を明らかにすることすらひと筋縄ではいかない。しかも、現代社会はさまざまな側面がつながり合っているために、ひとつのムダの全体像を把握するのも、その影響がどこまでどのように広がっているかを突きとめるのも、かえって難しくなっていると著者らは指摘する。このように、一見すると単純そうな「ムダ」というテーマが、実際にはその対極にあることを本書はあぶり出していく。

著者のひとりバイロン・リースは起業家・フューチャリスト・作家の顔をもつ。これまでに本書を含む五冊の著書を上梓し、そのうちの『人類の歴史とＡＩの未来』（古谷美央訳、ディスカヴァー・トゥエンティワン）は日本にも紹介されて高い評価を得ている。歴史を踏まえて未来を見通すリースの洞察力と、テクノロジーの今後に関する深い見識は、本書でもいかんなく発揮されている。

たとえば著者らは先ほどの「物差し」の反対端にも目を向け、ムダのいっさいない世界はどういう姿であるはずかを随所で思いえがいてみせる。これがじつに新鮮であるうえに、その理想に近づくための手段のひとつとして数々の最新テクノロジーが紹介されている点も本書の魅力だ。

また、著者らふたりがビジネスマンであることは、読者の理解を助けるうえで大いにプラスに働いている。経済の視点を効果的に用いながら、つねに具体的なデータを提示するとともに、工夫を凝らして金銭・重さ・カロリーなどに換算することで、とらえどころのないムダの実情をイメージしやすくもしている。こうしたすべてが簡潔なわかりやすい（ときにユーモアを湛えた）文章で綴られ、事実ベースで客観的に語られる点も、いかにもビジネスマンらしいといえるかもしれない。

だからといって、金銭的な損得のみでムダを分析するようなことはしない。あるときは政策の観点から眺め、あるときは倫理の領域に踏みこみ、科学の光で問題を照らしもすれば、文化や歴史への目配りもし、愉快な逸話を紹介したかと思えば、深遠で哲学的な問いを投げかける。ムダというひとつのテーマに対し、よくもここまでさまざまな角度から切りこめたものだと感心するばかりだ。まさに「ムダ大全」とも「ムダ百科」ともいうべき一冊である（少なくとも、「ムダ」の二文字がこれほど頻繁に使用された書籍は、古今を通じて無いと断言してよさそうだ）。

本書には考えるヒントが山ほど詰まっているものの、すべての話題に明確な結論が用意されているわけではない。それは、すっきりと割りきれる答えがそう簡単には得られないからであり、そのことがムダ問題の手強さと奥の深さを物語っている。それでも読者はこの本を通して、間違いなく多面的できめの細かいムダ観を養うことができるだろう。CO_2削減やＳＤＧｓが叫ばれ、いまなお戦争や飢餓などで多くの命がムダにされている現代にあって、その視点はけっして……そう、ムダにはならないはずだ。

最後になるが、このユニークで示唆に富んだ本を訳す機会を与えてくれ、さまざまな段階で細やかにサポートしてくださった白揚社編集部の萩原修平さん、丁寧にチェックしてくださった校正の方々、そのほか本書の刊行にかかわった大勢のみなさまにこの場を借りて心よりお礼を申しあげる。

二〇二四年五月

梶山あゆみ

バイロン・リース（Byron Reese）
フューチャリスト、作家、シリアルアントレプレナー（連続起業家）。現在はJJケント社のCEO。既訳書に『人類の歴史とAIの未来』（古谷美央訳、ディスカヴァー・トゥエンティワン）が、また未邦訳の著書に『無限の進歩（*Infinite Progress*）』、『物語、サイコロ、考える岩石（*Stories, Dice, and Rocks That Think*）』、および『われらは超個体アゴラ（*We Are AGORA*）』がある。テクノロジーの未来に関する講演などでも活躍。テキサス州オースティン在住。

スコット・ホフマン（Scott Hoffman）
インターナショナル・リテラリー・プロパティーズ社CEO。同社は版権とキャッシュフローを取得する会社であり、ホフマンは1,000以上のタイトルポートフォリオを所有・管理している。フォリオ・リテラリー・マネジメント社の共同創業者のひとりでもある。ウィリアム・アンド・メアリー大学で文学士号を、ニューヨーク大学スターン経営大学院で経営修士号をそれぞれ取得。テキサス州オースティン郊外在住。

梶山あゆみ（かじやま　あゆみ）
翻訳者。東京都立大学人文学部英文学科卒。訳書に、ビバードーフ『さぁ、化学に目覚めよう』（山と溪谷社）、ヘラップ『アルツハイマー病研究、失敗の構造』（みすず書房）、イーグルマン『脳の地図を書き換える』（早川書房）、ハラリほか『漫画　サピエンス全史　歴史の覇者編』（河出書房新社）、シンクレアほか『LIFESPAN』（東洋経済新報社）など多数。

ISBN 978-4-8269-0259-5

この世《よ》からすべての「ムダ」が消《き》えたなら
資源・食品・お金・時間まで浪費される世界を読み解く

二〇二四年七月二十九日　第一版第一刷発行

著者　バイロン・リース／スコット・ホフマン
訳者　梶山《かじやま》あゆみ
発行者　中村幸慈
発行所　株式会社　白揚社

〒101－0062　東京都千代田区神田駿河台1－7
電話03－5281－9772　振替00130－1－25400
装幀　藤塚尚子（etokumi）
印刷・製本　中央精版印刷株式会社